現代坐禅講義

只管打坐への道

藤田一照

角川文庫
21425

現代坐禅講義——只管打坐への道

拙い本書をいまは亡き三人の善知識たちに捧ぐ

野口体操創始者　野口三千三先生

伊那漢方思之塾塾主　伊藤真愚先生

紫竹林安泰寺六世　内山興正老師

今世において直接教えを受けることができたことに衷心からの感謝を込めて……

現代坐禅講義――只管打坐への道　目次

序講　帰家穏坐としての坐禅

第二講　正身端坐の坐禅

体軸と重力の関係

頭部と胴体

坐相の深まりのために

坐相降臨

第二対談　高度な「型」としての坐禅
対談者　調息整体指導者　舟橋史郎

◉プラスとマイナスがぴったりバランスして相殺されてゼロになった身体の状態。それを坐禅のかたちは表している。ゼロ＝無限大。その意味では非常に宇宙的なものなのだ。

第三講　尽一切と通い合っている坐禅

◉意識、「意」にはまだ作為があるのでそれを落として「識」だけになる。すると周囲の密度が濃くなり、全てが自分をサポートしする。

てくれ、成り立たせてくれていることに気づく。

第四講　活潑潑地の坐禅

◉煩悩即菩提——想念がない限り無念無想もわからない。想念そのものが、想念がない世界を知らせてくれる。さもなければ、仏の眼すら意識しようがないということになるのだ。

第五講　結果自然成の坐禅

序講　帰家穏坐としての坐禅

人間のさまざまな立ち騒ぎ、宮廷や戦争で身をさらす危険や苦労、そこから生ずるかくも多くの争いや、情念や、大胆でしばしばよこしまな企て等々について、ときたま考えたときに、わたしがよく言ったことは、人間の不幸というものは、みなただ一つのこと、すなわち、部屋の中に静かに休んでいられないことから起こるのだということである。

ブレーズ・パスカル著『パンセ』
前田陽一・由木康訳（中央公論社）

坐禅——パスカルへの贈り物

　これから坐禅《ざぜん》についての講義を始めさせていただくわけですが、その冒頭にいったいなぜ、ブッダとか道元《どうげん》の言葉ではなくパスカル（一六二三〜一六六二）の『パンセ』からの引用があるのか、といぶかしく思われたかもしれませんね。まず、そのことから話を始めることにしましょう。

　実はパスカルの『パンセ』はわたしの高校時代の愛読書の一つでした。この本のなかで出会う「この無限の空間の永遠の沈黙はわたしに恐怖を起こさせる」とか「わたしの一生の短い期間がその前と後に続く永遠のうちに没し去り、わたしの占めている小さい空間、わたしの見ているこの小さい空間が、わたしを知りもせず、またわたしの知りもしない無限の空間のうちに沈んでいるのを考えるとき、わたしは自分がここにいてかしこにいないということに怖れと驚きを感じる」といったかれの言葉の数々にそのころのわたしは百パーセント共感していました。

　十歳のころから感じていた「自分がこの世界にこうして存在していること」のなんとも言えない不可解さ、そのことについての怖れとおののき……、そういった自分ではうまく言葉にできない思いや感情に的確な表現と意味を与えてくれたからです。

パスカルは、遊戯、狩猟、賭《か》け事、異性との交際、多忙な日々の仕事や職務といった様々な活動に没頭することで自分を見失い、しかもそれで平然と生きている（かのような）世間の人々の日常をその透徹した眼で深く観察しました。そして人間のあらゆる行為の裏に潜む隠された動機を鋭く見抜いたのです。パスカルはそれを「気晴らし（仏語では divertissement）」と表現しました。

たとえば、かれはこんなふうに言っています。「わたしたちの悲惨さをなぐさめてくれる唯一のものは、気晴らしである。ところが、これこそ、わたしたちの悲惨さのなかで最大のものである。なぜなら、わたしたちに自分自身のことを考えないようにさせ、知らず知らずのうちに滅びに至らせるものは、主としてこの気晴らしだからである。これがなければ、わたしたちは退屈してしまうだろう。退屈すると、わたしたちはそこから逃れるためにもっと確かな手段はないものかと探し求めずにいられない気持ちに駆り立てられるであろう。しかし、気晴らしは、わたしたちを楽しませ、知らず知らずのうちに死に至らせる」。

気晴らしについてのかれの言葉をもう一つ紹介しましょう。「情念もなく、仕事もなく、気晴らしもなく、専心すべき営みもなしに、まったき休息のうちにあることほど、人間にとって耐え難いことはない。かれはそのとき、自己の虚無、自己の遺棄、自己の不満、自己の依存、自己の無力、自己の空虚を感じる。たちまち、かれの魂の奥底から、倦怠《けんたい》、憂鬱《ゆううつ》、悲哀、苦悩、悔恨、絶望が湧き出るであろう」。

当時のわたしは、こうした気晴らしをめぐるかれの考えにも深く納得させられました。そして、「おれはパスカルのように神への信仰などとても持てそうにないから、気晴らしで一生を終えるしかないのかもしれない。もしそうなら、なるべくなら長続きする、そしてできるだけ高尚な気晴らしを探さなければいけないな……」などと思いながら生きていました。

それから約十年後に全く思いがけない縁に導かれて、坐禅という行法を伝承してきた禅の伝統に出会うことができ、「自分で作り出した幻影を追ったり、それから追われたり、そういう一人相撲のような空しい生き方ではなく、今ここの自己を充実させて深く生きることを教えている確かな道がここにあった！」と眼からうろこが落ちるような思いをしました。そのとき、人間の最大の悲惨そして最大の不幸を「部屋のなかでじっと安静にしていることができず、様々な気晴らしに時間を費やしているあいだに空しく一生を終えてしまう」ところに見出《みいだ》した、あのパスカルのことを思い出しました。かれはキリスト教が説く神への信仰に悲惨と不幸からの救いを求めましたが、わたしはそんなかれに「坐禅が、仏教からの贈り物としてわれわれのような者のためにあったんだよ」と教えてあげたいと強く思ったのでした。そのときからずっと、「もしパスカルが禅や坐禅のことを知っていたらどうだっただろう？」という思いがわたしの胸のなかにありました。ですから、わたしのなかでは「坐禅とパスカル」というのはそう突拍子もない組み合わせではないのです。

もしパスカルが、穏やかにしかし端然と坐禅している、インドの菩提樹《ぼだいじゅ》の下の釈尊《しゃくそん》に、中国の少林寺《しょうりんじ》の洞窟《どうくつ》のなかの達磨《だるま》に、日本の永平寺《えいへいじ》の僧堂の道元に出会っていたらどういうことになったでしょうか？　かれもきっと、「まったき休息」、禅の表現で言うなら「休息万事　放下諸縁　一切不為（万事を休息し、諸縁を放下し、一切為さず）」（瑩山紹瑾《けいざんじょうきん》『坐禅用心記』）がどうしたらごまかしなしに実現できるか、浮き足立たない、地にちゃんと足のついた日々の生き方がどうすれば可能なのか、そういう道を真摯《しんし》に求めていたはずですから、まさにそれを体現しているかれらの佇《たたず》まいを見たら、「まったき休息、わたしはそんなことは人間にはできっこないと思ってきましたが、あなたがたを見ているとそれが間違いだったことがわかります。あなたがたのなさっている、その坐禅はいったいどうやればできるのですか、是非わたしにそれを教えてください！」ときっと熱心に学ぼうとするに違いありません。

わたしはそんな熱い眼をしたパスカルが自分の目の前にいるところを想像しながら、かれに話しかけるつもりでこれから坐禅の講義をしていきたいと思っています。

くつろぐのはネガティブ・ケイパビリティ

「部屋の中で安静にしていること」をここでは仮に一言で「くつろぐ」と呼ぶことにしましょう。これはそう的外れな言い換えではないと思うのですが、どうでしょうか？　ちなみに、わたしの手元の国語辞典をひも解くと、「くつろぐ　寛ぐ＝心身を休めたりきゅうくつな姿勢・服装をやめたりして、ゆったりとした気分になること」とあり、用例として「仕事を終えて家でくつろぐ」という文が挙げられています（『明鏡国語辞典』大修館書店）。そうすると冒頭の『パンセ』からの引用は「本当にくつろぐことができないというところから人間のあらゆる不幸が生じてくる」というふうに短くまとめることができます。わたしはパスカルのこの洞察――あるいは人間診断と言ってもいいと思いますが――は真実を言い当てた実に素晴らしいものだと思っています。もしわれわれが心底くつろぐことができるようになれば人間の不幸を根本的に乗り越えることができるという解決の方向性が、つまり単なる診断だけでなくその治療法、解決法も、暗に示されているからです。もしも不幸にではなく幸福になりたいと願うのなら、われわれは「くつろぐことができる力」をなんとかして身につけ、それを育てていかなければならないということです。

しかし、ことはそう簡単ではありません。先ほどの引用にもあったように、パスカルは「まったき休息」つまり「くつろぐこと」は「人間には最も耐え難いことだ」と言っています。われわれにはくつろぐことは「至難の業」だというのが現実なのです。

最近読んだ古東哲明《ことうてつあき》氏の『瞬間を生きる哲学——〈今ここ〉に佇む技法——』(筑摩書房)という本のなかに、著者の訳で「あなたはこの世でくつろいだことがない。あなたはいまだかつて、《ここ》にいたことがない。いつもどこか《よそ》にいる。あなた自身の一歩前かそれとも一歩後に。まるで秋の瞳に宿っている冬のように。それとも春の瞳に映っている夏のように。それとも過去か未来の世界に。」というエドモン・ジャベス(Edmond Jabès 一九一二〜一九九一 エジプト生まれのユダヤ人詩人)の『問いの書』(Le Livre des Questions)からの一節が紹介されていました。

この詩人もパスカルと同じ洞察を持っていたようですね。ジャベスによれば、われわれはまだ「この世でくつろいだことがない」。だから、そもそもどういうことが本当にくつろぐということなのか、それが実感として全くわからない、知らないというところから出発しなければならないのです。パスカルの診断を受けて、われわれが不幸から脱するために、もうこれ以上不幸を生み出さないために、くつろぐことができるようになろうとするとき、これがまず最初にぶつかる問題です。「くつろぐこと」、それはわれわれがまだ経験したことのない未知の領域に到ろうとすることだったのです。

それに加えてもう一つ厄介な問題があります。くつろぐということは少なくとも、目的意識やはからいといったものからすっかり解放された状態になることですから、くつろぎを目的意識やはからいに染まった行為によって獲得することはできません。くつろぎを手に入れるためのマニュアル、メソッド、あるいはテクニックを作って、それに従ってくつろぎを手に入れようと頑張れば頑張るほど、逆にくつろげなくなってしまいます。こちらの願いや期待、努力とは裏腹に現実はくつろぎからますます遠ざかるばかりです。眠りと同じようにくつろぎ——実は幸福とか友愛といった人生において本当に大切なものはみんなそういうものだとわたしは思っているのですが——は力ずくの努力によって強引に奪いとれるようなもの、つかみとれるようなものではないのです。むしろ、こちら側が「くつろごうとする努力」をやめて待っていることができるようになったときに初めて、向こう側からくつろぎが——恩寵《おんちょう》のように、贈り物のように——おとずれてくる、現われてくる。どうも、そういうからくりになっているようです。それは、くつろぐことを直接の目的にしたアプローチではほんもののくつろぎに到ることはできない、ということです。くつろいでいることと、くつろいでいる状態を頭で考え、そうなろうと思って自分で何かを行なって得た（ような気がする）くつろぎとではどこか出来が違うのです。

こう考えてくると、「くつろぐ力」というのは「わたしが〜する」という積極的、能動的な力ではなくて、「〜をやめる」、「〜しない」という消極的、受動的な力としてしかあり得ないということになります。

こういう消極的な「力」について、イギリスのロマン派詩人のジョン・キーツ（一七九五〜一八二一）が弟宛の書簡のなかで「ネガティィブ・ケイパビリティ（Negative Capability）」という言葉を造語して次のように言っています。「どのような特質（これはシェイクスピアが非常に豊かに持っていたものですが）が偉大なことを成し遂げる人、ことに文学において偉業を達成する人を形成するようになるのかということがただちに私の脳裏にひらめいたのです。それは、あえて消極的でいられる能力（Negative Capability）、すなわち、事実や理屈を苛立って追い求めたりせずに、不確かさ、謎、疑問のなかに安住していることができる状態、ということです」。

くつろぐことができる能力はキーツがここで言っているネガティィブ・ケイパビリティとほとんどぴったり重なっています。わたしが思うに、哲学者のパスカルと詩人のキーツ、この二人は実は同じような性質の力、能力を問題にしています。パスカルはその能力がないことが人間の不幸の原因であると言い、そしてキーツはその能力を持つことが人間の創造性の原動力となると言っているのですが、文脈は異なっていても、二人ともがこの上なく重要なものとして注目しているのは同じ能力なのです。「事実や理屈を苛立って追い求めたりせずに、不確かさ、謎、疑問のなかに安住していることができること」、これは「くつろいでいられる能力」に他なりません。

わたしはかれらの洞察に全面的に賛同しています。幸福で創造的な人生を生きるには、確かにくつろぐ力、ネガティブ・ケイパビリティを身につけ、磨いていくことが必要だと思います。しかし、今の学校や社会では積極的、能動的な力、つまりポジティブ・ケイパビリティのみが重視され評価されているのが現状です。それは、「何をすることができるか」ということだけが問題にされているということです。そこでは「そんなところに腰を落ち着けてボーっとくつろいでいないで、さっさと何かをしなさい！　動きなさい！　あなたに何ができるかを見せなさい！　さもなければあなたに価値はない」という暗黙のプレッシャーがいつもわれわれを突き動かそうとしています。「猫の手も借りたいほど忙しいのが現実なのに、くつろぐなどという悠長なことはあってはならないことであり、それを能力として伸ばすなんてとんでもないことだ」というわけです。

しかし、偉大なことを成し遂げる人の最大の特質としてネガティブ・ケイパビリティに注目したキーツなら「まあそう言わないで何はともあれ、何もしないで、そこに坐《すわ》ってゆっくりくつろいでごらんなさい。そこから新しい何かが始まるかも知れませんよ」と言うことでしょう。パスカルなら「みなさんはくつろぐ力の意義をもっと真剣に考えるべきです。人が当たり前に部屋で安穏にくつろげるようになればなるほど、それだけ不幸の原因が少なくなるのですからね」と言うはずです。

もちろん、積極的な「する」力を伸ばすことが決して悪いわけではありません。それが必要な局面があることは確かです。ただ、現在の風潮ではあまりにもそちらの方にばかり眼が向けられていて、生きることを全体として見たときにあまりにもバランスを欠いていることが問題なのです。吸う息ばかりではなく、吐く息も同じように必要であるように、活動的な昼間だけでなく休息のための夜が必要であるように、そして手を上手に使うためには、つかむことばかりではなく放すことができなければならないように、消極的な「しない」力、「やめる」力の意義がもっと真剣にとり上げられ、そういう力の育成にも正当な光を当てるべきだと思うのです。

マジック・アイ

ネガティブ・ケイパビリティという耳慣れない、そして馴染《なじ》みのない、消極的な「しない」力の意義をわかってもらうために、わたしはよく「マジック・アイ（日本ではマジカル・アイと言われています）」を例に持ち出します。マジック・アイというのは、コンピュータで作られた二次元の繰り返しパターンの図柄ですが、それをある見方でじっと見ていると、その絵のなかからそれまで普通の見方で見ていたときには全く見えていなかった別の絵が立体的に浮かびあがって見えてくるというとても不思議で面白いしかけの絵です。日本では「眼がどんどんよくなる」というふれ込みでかなり人気のようですから、みなさんのなかにはすでに「マジック・アイ体験」をされた方がいるかもしれませんね。

図柄のなかにはもともとある三次元の絵が隠されているのですが、普通の眼の使い方で積極的に「見よう」としている限りそれは決して見えてきません。しかし、眼球を動かす筋肉を緊張させて対象に焦点を合わせてそれを見つめ、つまり「目を凝らして」、そこに何かを見ようとする通常の能動的な眼の使い方をやめて、眼筋をリラックスさせ――つまり、まさに「眼をくつろがせる」わけです。何かを見てやろうとする努力をやめて、焦点を合わせないようにして、それまでとは全く別の受動的・受信的な眼――こういう眼を「マジック・アイ」と言います――になってじっと注意深く待っていると、それまで見えていたものとは全然違う三次元の絵がそのうち思いがけない仕方で向こうからフッと立ち上がってくるのです。「おっ、やったぞ！」と思ってもっとよく見ようとして思わず普通の見方に戻った途端、つまり眼が力んだ途端、その三次元の絵は消えて、元の二次元の絵に戻ってしまいます。

この「マジック・アイ」という現象が興味深いのは、同じ一つの画像を普段の眼の使い方で見るのと「マジック・アイ」といわれる眼で見るのとでは全く異なった視覚体験の世界が開かれるということです。こちら側の眼のあり方と向こう側の見えるものとの対応関係はとても厳密なもので、そこではごまかしがききません。普通の目つきでは三次元の絵はどうしても見えないのです。「マジック・アイ」においていったいどういう理屈で三次元の画像が立ち現われてくるのか、わたしは寡聞にして知りませんが、それは単なる「こころの持ちよう」というような心理的なレベルのことではなく、眼の使い方という身体的・生理的レベルでの違いが関わっていることは確かです。それはともかく、見ようと努力するとかえって見えない、見ようとしないで、つまり眼をくつろがせてしかし注意深く待っていると見えてくる……。マジック・アイはくつろいだ眼であり、ネガティブ・ケイパビリティが働いている眼なのです。

ネガティブ・ケイパビリティを発揮して、くつろいで待っていることで初めて開かれてくる世界が確かにあるということをこのマジック・アイの絵がよく例示していま す。ここまでお話ししてきた――極めてざっとしたものですが――パスカルやキーツの洞察を受け入れるのなら、ポジティブ・ケイパビリティを行使することではたどり着くことができない奥深い世界、くつろいでいなければ現われてこない豊かな世界が確かにあるということを、われわれは認めなければなりません。そして、そういう世界にアクセスしたいと願うなら……、いや、こちら側からアクセスしていくなどという積極的、能動的な表現はポジティブ・ケイパビリティの世界の表現形式になってしまいますね。それではまずいので、受身形の表現に言い直します。そういう世界がこちらにアクセスしてくることを願うなら、われわれにはくつろぐことができる力、ネガティブ・ケイパビリティが必要なのです。

マジック・アイの例を拡張して考えてみると、今ここの自分に満ち足りることができずにじっとしていられないで、どこかに自己への不満からの気晴らしを求めて動き回らないではいられない人と、無理やり我慢をしてそこにいるのではなく本当に現在に安住してくつろぐことができている人とでは、この世、あるいは人生という同じ部屋のなかにいるようでも、ナマの体験としては全く違う部屋にいるということになります。その人にとって体験される世界、人生が全く違うのです。前者にとっては「あれもない、これもない」、何の楽しみもなく退屈極まりない、一刻も早く逃げ出したくなるような部屋であるものが、後者にとっては「あれもある、これもある」、この上なく風流で豊かな、飽きることのない、くつろげる部屋なのです。

坐禅というのは、結晶が溶液のなかでだんだん析出してくるように、後者のような人が育っていくためのいわば触媒のようなものだとわたしは思っています。禅の伝統にはそういう人のことを表現するぴったりの言葉があります。「絶学無為《ぜつがくむい》の閑道人《かんどうにん》」（永嘉《ようか》玄覚《げんかく》『証道歌』）、つまり何ものにも引き回されない人、何ものからも逃げず、何ものをも追いかけることのない閒《ひま》な人という意味です。

くつろぎと坐禅

さて、坐禅に関わりのなさそうな話をながながとしてきましたが、ここからやっと坐禅の話に入っていきます。

われわれが坐禅を行じるということは、パスカルが言った「あらゆる人間の不幸を引き起こすただ一つのこと」を乗り越えていることになります。それは坐禅がくつろぐことそのものだからです。くつろぎの純粋なかたち、あるいはくつろぎが結晶化したものとさえ言えるかもしれません。「絶学無為の閒道人」の姿そのものです。わたしがキーツならきっと言うだろうとさっき述べた「何もしないで、そこに坐ってゆっくりくつろいでごらんなさい。そこから新しい何かが始まるかも知れませんよ」というアドバイスを真に受けて、まさにそれをストレートに、徹底的に洗練されたやり方で実践しているのが坐禅です。

さらには、そういう坐禅のなかで「部屋のなかでじっと安静にしていることができる力」、つまり「くつろぐことができる力」が最高度に洗練されたやり方で自然に醸成されているのです。くつろぎのなかでくつろぐ力量がさらに身についていくと言ったらいいでしょうか。

しかし、次のことは強調しておかなければなりません。それは、坐禅をしている当人には、「さあ、これからくつろぐぞ」とか「くつろぐ力を身につけよう」といった目的意識や「かくかくしかじかの方法を駆使してうまくくつろいでやろう」とか「これこれこういう具合にしてくつろぐ力を強くしよう」というような目論見《もくろみ》やはからいが全くないということです。くつろぐという結果や効果を一切忘れて、ただ単純に坐禅しているだけです。それだからこそ、自然なくつろぎがいつのまにかそこにおとずれてくるのだし、知らないうちにくつろぐ力が自《おの》ずと育っていくのです。目的意識やはからいを坐禅のなかに持ち込むとたちまちに、坐禅がくつろぎではなくなり仕事になってしまうので、くつろぐどころか身心に緊張やあせりが生まれてしまい、かえってそういう力が育たなくなってしまいます。ここまでの話を理解していただいた方にはもうその理由がおわかりでしょう。

くつろぎ、つまり目的意識やはからいのない状態を目的意識やはからいによって作り出すことはできないのです。たとえ目指していたくつろぎが手に入ったとしても、くつろごうとしてくつろぐのと、結果として知らないうちにくつろいでいるのとでは大きな違いがあります。前者の方のくつろぎではそれを達成、維持するのに多くの力が費やされているのに対し、後者のくつろぎは「自ずとそうなっている」だけなのです。ましてや、坐禅をくつろぐための方法や手段だと考えるのは全くの的外れです。坐禅自体がくつろぐことそのものとして理解され、そのようなものとして正しいやり方で行じられなければなりません。坐禅して、それからあらためてくつろごうとする努力が始まるのではなく、坐禅をするそもそものはじめの一歩からすでにくつろぐことになっていなければならないということです。最初の一歩の方向が見当違いならいくら前に歩いてもみんな間違いになります。

ですから坐禅における工夫や努力はポジティブ・ケイパビリティを発揮して行なう普通の「～をする」努力とは質的に違い、ネガティブ・ケイパビリティ主導の「～をしない」、「～をやめる」努力なのです。英語でいうなら doing モードではなく、undoing モードということになります。

道元が出家、在家を問わず全ての人に普《あまね》く勧めた坐禅は、まさにこのような坐禅なのです。さっき言ったようにわたしがパスカルにぜひ教えてあげたいと思い、また今回の講義でお話しする坐禅とはこのタイプの坐禅に他なりません。同じような恰好《かっこう》の坐法で坐るもののその上さらに、公案《こうあん》にとり組んだり、呼吸や身体感覚などこちらがあらかじめ指定した特定の対象を観察したり、こころのなかでマントラを唱えたり、視覚的イメージにこころを凝らすといった他のタイプの坐禅と特に区別するときには「只管打坐《しかんたざ》」、あるいはただ単に「打坐」とも呼ばれる、そういう坐禅です。そのように呼ばれるのは作法にのっとってただ正身端坐《しょうしんたんざ》（正しい坐相で坐ること）をねらってひたすら坐ることに徹底する坐禅だからです。

このような坐禅はまたの名を「帰家穏坐《きかおんざ》（自分の家に帰って安穏に落ち着くこと）」とも言います。まさにその表現からして、「人間のあらゆる不幸は安らかにくつろげる〝家〟を持たないことから生まれてくる」とパスカルが指摘した不幸の原因におそろしいくらい符合しているではありませんか。ゆったりとくつろぐことができるわれわれにとっての本来の家、つまり本来の自己に帰って穏やかに坐ること、それが坐禅なのですが、こういういかにも地味な坐禅のことは、あいにくのところまだ一般にはよく知られていないというのがわたしの印象です。こういう坐禅の実態は通俗的な理解とはかなりかけ離れているところがあって、常識の枠組みのなかにはおさまらないからです。

このように道元禅とパスカルの問題意識には非常な親近性があることを思えば、坐禅に出会うはるか以前にパスカルに共感していたわたしが、後に道元禅の世界に飛び込むことになったのもあながち偶然とは言えないものがあります。今になって振り返ってみれば、わたしは自分のなかでかたちにならないままもやもやとしていた人生上の疑問がパスカルの『パンセ』のなかで見事に言語として表現されていることを発見し、道元禅のなかにその疑問を解きほぐしていく筋道があると直感した……どうもそういうことだったようです。

パスカルの驚愕と歓喜

只管打坐の坐禅についての最も端的な説明の一つだとわたしが常々思っているのは、『大智禅師仮名法語』のなかの「生死の大事を截断《せつだん》すること、坐禅にすぎたる要径なし。いわゆる坐禅は、しずかなる処に蒲団一枚を安じ、その上に端身正坐して、身になすことなく、口にいふことなく、意《こころ》に善悪をはからず、唯しずかに坐して壁に面《むか》ひ坐して日をおくる。この外に何の奇特玄妙の道理なし」という一節です。人が部屋でゆっくり休息しくつろいでいることができない、という一つのことにあらゆる不幸の原因があると言ったパスカルが、くつろぐことを修行として行なう坐禅という実践法があることを知ったらきっとまず、「信じられない！ 人が何もしないでじっとくつろいでいることができるようになる可能性を、わたしみたいに『人間にはそんなことできるはずがない』とあきらめてしまわずに、積極的に探究し深く掘り下げてきた宗教伝統があったなんて！」と驚愕《きょうがく》し、そして「ああ、なんとありがたいことだろう。ただ純粋に今ここに在ることをこれほど簡素にしかも美しく実現してくれる坐禅という修行法が伝承されてきているとは！ ここには人間の不幸を根本的に解決する道がある。わたしはまさに、こういう実践法を探していた、それがとうとう見つかった！」と歓喜したことでしょう。

人間の不幸についての観察と思索を深め、冒頭の引用のような洞察を得るところまでぎりぎり煮詰まっていたかれなら、坐禅のなんたるかを理解することができる機がそこまで熟していたかれなら、大智禅師《だいちぜんじ》によるこの坐禅についての短い一節を聞くだけでも、坐禅が全く単純そのものであると同時に決してありきたりの行ないではなく、人間がなしうる最も崇高で深遠な営みであることをすぐさま直感できたのではないかとわたしは想像するのです。

自分に落ち着けない理由

それにしてもわたしたちはどうして部屋でじっと休息していることができないのでしょうか？　どうしてこころの底からくつろぐことができないのでしょうか？　くつろぐことなんて至極簡単なことのように思えるのに、実際にやってみるとわかりますが、本当に驚くほど難しいことなのです。その点でパスカルは正しいのです。

坐禅が難しいのは、よく言われるような、からだが硬いので脚を組んだりするのが痛くて大変だとか、背中をまっすぐにして坐っていると腰がすぐに痛くてたまらなくなるとか、すぐ眠くなるとか、考えごとが次から次に湧いてきてとまらないとかいったことのせいではありません。そういうことはいわば症状であって根本的な原因ではないのです。坐禅それ自体が難しいのではなく、それにとり組むわれわれの側に坐禅を難しくしてしまういろいろな原因というか問題があるせいなのです。一番奥底の原因だと思われるのはそれら表面的な困難の底にある「くつろぐことの難しさ」なのです。だから、くつろぐ能力が欠如しているか、未熟なわれわれがくつろぎの純粋形のような坐禅をするのにひどく骨が折れるのは当たり前といえば当たり前なことです。

われわれがくつろぐことができないのは、現在の自分に落ち着いていることができないからです。今の自分に満足できず、じっと向き合っていられなくて、ゆっくり親しんでいられなくて、いてもたってもいられなくなって、どうしても外に向かって何かもっとマシなものはないかとそれを求め始めてしまうのです。もの欲しそうな顔をして部屋から外にとび出し、あちこちを探し歩いてしまうのです。まるで安住できる家を持たない放浪者のように……。

それは言い換えると、自分自身にどこか疑いを抱いているということです。つまり、自分への不信感ですね。自分ほど身近なものはないはずなのに、どういうわけか本当の自分というものが自分にあきらかになっていない。だからこそ、自分で自分に落ち着けないし、自分に親しむということがこれほどにも難しいのです。

人間にとって自己の存在ほど重大な問題はないはず（大智禅師が先ほどの引用で「生死の大事」といっているのはそのことに他なりません）なのですが、多くの場合、人はその問題から眼をそらし、それについて無知と無関心のままに日々を過ごしています。しかし、それは問題の解決でもなんでもなく単なる逃避に過ぎませんから、こころの底には絶えず不安な気分や焦燥感、不満が滓《おり》のように残っています。それがしばしばわれわれを様々な形態の気晴らし行動へと駆り立てるわけです。それは、「もがき」、「あがき」と言ってもいいでしょう。

道元禅師の『正法眼蔵　唯仏与仏《ゆいぶつよぶつ》』のなかに「本当の自分を見得ている者はほとんどいない。ただ仏だけがそれを知っている。それ以外の者たちは空しく、本当の自分ではないものを自分と思っている」とある通り［註1］、人間は本当の自己がわかっていないと本当のような偽《いつわ》りの自己、いかにも本物のように見える、偽の自己にすがるようになります。それに執着するようになります。そうしないとどうにもこうにも自分の身が持たないように感じてしまうからなのですが、あいにく偽物では結局のところは役には立ちません。せいぜい一時しのぎが関の山です。それどころか偽物の自己にすがろうとすればするほど、結果的に自分や他人を傷つけ苦しめることになります。これはパスカルが「人間の不幸」と呼んだこととの仏教流の表現に他なりません。パスカルが言った「部屋のなかでじっと安静にしていることができない」という事態と

「今ここの自己に安住することができない」、「現実の自己を信じることができない」ということは本質的に同じことだからです。

坐禅の背景には仏教があり、仏教の背景にはこういう「人間の不幸」についての切実で痛みを伴った自覚、洞察があります。ですから自分の人生に切実な問題があることを感じていない者には、はっきり言って仏教も坐禅も意味をなしません。そういう人には仏教は単なる耳に心地よいお話以上のものではなく、坐禅は精神鍛錬のエクササイズとしか見えません。一回限りのこの自分の人生をいったいどう生きるべきなのか、あれやこれやで忙しい忙しいだけで終わっていいのかという切実な問題意識を持っている人にして初めて仏教の話も生きたものとしてビンビン響いてきますし、坐禅の本当のねらいもはっきりつくようになるのです。深いところでは少しもくつろげてはいない自分、本当の安心を見出せていない自分を、観念レベルだけではなくもっと切実な実感を持って認知するところから、仏教を学ぼう、坐禅をしようという本気の思いが起こるのです。そういう発心《ほっしん》があって初めて仏教や坐禅との本当の出会いの道が開かれていきます。

自己の正体としての坐禅

坐禅という行があらゆる人にぜひとも勧められなければならないのは、坐禅が他ならぬ「自己の正体」(『正法眼蔵随聞記』)だからです。そこには「この世で起こる全ての問題の原因はわれわれが自己の正体を見失って右往左往しているところにある」という洞察があります。自己の正体を見失っているからこそ、安心してくつろいでいることができずに、自己の幻影を追いかけてさまよい歩いてしまうのです。この禅の洞察はパスカルの洞察にまっすぐ繋《つな》がり、しかもパスカルの人間診断に対して具体的で根本的な治療法までも提供してくれています。それこそが坐禅だったのです。

坐禅は、自己の正体を本尊とし自己の正体を生き生きと働かせて生きるという、文字通り人生の「姿勢」です。それはどう生きるかという自己の人生態度の決定《けつじょう》であり、一生の坐り(落ち着きどころ)です。そういうところから見直してみると、何か特殊な心理状態を作り出したり、煩悩や妄想を一時的に片寄せておいたり、個人的な力量や技量をつけたりする——そのための方法であったり手段であるという、世間一般に流布している坐禅についての理解は全く的外れだということに気がつきます。これでは、せせこましくこざかしい自分のあざとい願望、希望、欲求を実現するための個人的営みとして坐禅をすることになります。それをいくら一生懸命にやっても、あいかわらず流転輪廻《りんね》のなかの泡立ち、つまり「もがき」や「あがき」でしかありません。坐禅の実際のやり方についても、そういう間違った理解をそっくりそのまま反映して、自分のアテや見込みを坐禅のなかに持ち込んで、子供がおもちゃを欲しがるような態度（「お母さんの言う通りするから、それと引き換えにお菓子をちょうだい！」）で坐ったり、なんとか所定の目的を遂げようとがむしゃらで一方的な要求をからだやこころに強制するようにして坐ったり……という具合に、自己が自己に落ち着く、現在安住の「安楽の法門」であるべき坐禅には全く相応しない、したがってとうてい坐禅に命中しないようなお粗末で的外れな坐り方をしている場合が多いのです。でも、それは坐禅がお粗末なわけではなく、それをやっている自分がお粗末なだけなのです。「ああなりたい、こうなりたい、あれがほしい、これはきらい……」といった人間の欲求や思惑が先導しているような坐禅では、パスカルの言う気晴らしとその質において大同小異というしかありません。ですから、とうていかれを納得させられるようなレベルに達しているとは言えません。かれのような、人間の気晴らしを見やぶる眼の肥えた人ならば、こういう人間臭のただよう、人間という生命の癖、人間の業に甘え妥協したような坐禅には眼もくれないでしょう。

そんな眼力を持つパスカルが関心を抱き、ぜひとも学びたいと思うような坐禅は、極端な言い方かもしれませんが、人間の跡形が一切残っていない、人間が尽き果てたところで行なわれている坐禅でなければなりません。「人間が尽き果てたところ」にしかくつろぎはおとずれないのです。道元はそういう坐禅のことを「仏行」と言いました。つまり人間＝凡夫ではなく、仏が行じている坐禅と呼んでいるのです。そんな仏行としての坐禅を、われわれのように頭のてっぺんから足の先まで凡夫であるような者が果たして行ずることができるのでしょうか？　そんな道が開かれているのでしょうか？　どちらの問いにも、道元禅師は「そうだ、われわれにも可能である。釈尊や達磨を見よ。かれらを見習ってわれわれもそういう坐禅をこそ行じていかなければならないのだ」と高らかに断言しています。坐禅の素材はどこまでもわれわれ凡夫のからだとこころなのですが、それを用いてなされている坐禅は立派に仏なのです。ここに坐禅の素晴らしさも不思議さもあるのですが、それがなかなかわれわれにはそう受けとれません。このあたりの問題は坐禅を理解する上でも、また実践する上でもとても大切なところなので、今後の講義でもいろいろなかたちで話すことになると思います。

おんいのちに南無する

さて、ここまで自己という言葉を何回か使いましたが、これは普段われわれが「自分、自分」と思っている自分のことではありません。そういう「自分」は実はアタマが分泌した「思い」の産物でしかありません。仏教ではそういう思いでしかない自分のことを吾我《ごが》と言います。そういう思いの根底にあって、思いが全く知ることのできないところから思いそのものを浮かばせている、生み出している、思い以上の、自己を自己ともなんとも思っていない、自己をわすれた自己こそが本当の自己なのです。

それはわれわれが夜ぐっすり眠っているときにも息をさせ心臓を動かしているような生命的自己です。それはからだやこころを生み出し、働かせているいのちの地盤ですが、それ自体はからだでもなくこころでもありません。そのどちらでもありながらそれを超えているとしか言いようのない何かです。道元禅師はそれを「おんいのち」と呼びました（「おん」は敬意を示す接頭語）。われわれは何がどう起きようとこの本来の自己、「おんいのち」の地盤から落ちこぼれることは決してありませんし、それをどこか自己の外側にあらためて求める必要もありません。われわれがなすべきことは安心してそこに落ち着き、くつろぐことだけ、そこに向かってどこまでも深まっていくだけです。このようなおんいのちに関しては、それより他にわれわれは何もしようがないのです。

おんいのちが最も生き生きと働き出すのは、われわれが余計なことを全くやめてとことんくつろいだときです。それが「南無《なむ》する」ということです。南無というのはサンスクリット語の namas、パーリ語の namo の中国語への音写で、「帰命頂礼する（全身心を挙げて帰依する）」という意味です。自分の身心をまるごと挙げておんいのちに南無している姿、それが坐禅なのです。しかしここでしつこいようですが大事なことなのでさらに言いますが、その身心もやはりおんいのちに他ならないのですから、坐禅はおんいのちがおんいのちに南無している（拝んでいる）、おんいのちがおんいのちに安らっている姿であるということになります。

わたしが野口《のぐち》体操をならった野口三千三《みちぞう》先生はよく「信ずるとは、まけて（負けて）、まいって（参って）、まかせて（任せて）、まつ（待つ）ことである」とおっしゃっていました。坐禅というのはまさにおんいのちを信じて「負けて参って任せて待っ」ていることだと言えるでしょう。ですからおんいのちに何かをおねだりしながら坐禅しているようでは南無していることにはなりません。それはあくまでもおねだりでしかありません。

わたしがパスカルに向かって自信を持って紹介したいと思っている坐禅は、今言ったような意味での本来の自己が本来の自己にどこまでも深まっていく、おんいのちがおんいのちへと澄《す》み浄《きよ》くなっていくような坐禅なのです。そういう坐禅ならば、パスカルが見出した人間のあらゆる不幸の原因が潜んでいる存在の深みにまで必ず届くはずだと思っているからです。われわれが本当にくつろぐとしたら、安らうとしたらこの方向に向かうしかないのではないでしょうか。

吾我が自分はおんいのちから浮かんできた思いでしかないことを知って、自分の生命地盤、いわば「わが家」であるおんいのちに向かって深まっていこう、帰っていこうとしている姿が坐禅です。これはまさに吾我にとってみれば帰家穏坐です。その深まっていく様子を吾我の方から見れば「休息万事　放下諸縁　一切不為」、つまり徹底的なくつろぎです。吾我はいわば「開店休業状態」（ありながらありつぶれ）です。その同じ様子をおんいのちの方から見れば、おんいのちの自由自在な働きが坐禅という具体的な場でいきいきと発揮され躍動しています。おんいのち、つまり仏がそこに降臨して坐禅というかたちをとって坐っていることになります。吾我から見れば百パーセント坐禅ですが仏から見れば百パーセント仏坐。坐禅と仏坐、二つが別々にあるのでもなく、坐禅がぼちぼち仏坐になっていくのでもなく、ただ一つの事実があるだけです。坐禅が仏坐であり、仏坐が坐禅なのです。坐禅は吾我の側にとってはどこまでも修行ですが、同時に仏の側にとっては、仏、つまりおんいのちの働きを実際に証明していることになっているのです。修行と証明、これも二つが対立して別個にあるのでもないし、修行が実って証明が成果となるのでもなく、ただ一つの事実があるだけなのです。だから修行は証明に出会うことがないし、出会わなくてもいいのです。修行がそのまま証明になっているからです。われわれはそのような修行をこそ、間違いのないように行じていかなくてはなりません。

講義のねらい

　わたしはこれからの講義を通して、このようなおんいのちに南無している坐禅、「負けて参って任せて待っ」ている坐禅の輪郭をできるだけ鮮明な線で描いていきたいと思っています。今われわれの周りでは様々な宗教的伝統のなかで練り上げられてきたいろいろな瞑想法《めいそう》やタイプの異なる坐禅──実は同じ坐禅という言葉を使っていても内実にはいろいろ違いがあるのです──が百花繚乱《ひゃっかりょうらん》のごとく咲き乱れています。わたしはこのこと自体は決して悪いことだとは思っていません。それぞれの人がそれぞれの機根や必要性にあった行法を見つけて、それを実践することによって自らの人生を豊かで意味深いものにしていくなら、これほど喜ばしいことはありません。この一連の講義でわたしがやりたいと思っていることは、いろいろな瞑想法や坐禅の優劣を判定し、それらをランク付けすることではありません。ましてやわたしのしている坐禅をその序列のトップに置こうとしているのでもありません。

　この最初の講義のなかでもすでにいろいろな言い方で指し示してきた「只管打坐の坐禅」だけを主題としてとり上げ、その坐禅が実際にどのようなものであるかを、できるだけ多方面から光を当てながら論じてみたいと思っているだけです。そういうわけで、これ以後「坐禅」という言葉を使うときは（これまでもそうだったのですが）、特に断らない限り「只管打坐の坐禅」を意味するということをご承知おきください。

もちろんいくら論じても論じ尽くすことなどできないのが坐禅というものであることは重々承知しています。思いでは思えないこと、言葉では言えないこと、その実物を実際にやるのが坐禅だからです。しかし、わたしが見るところ、ここで話したいと思っているような坐禅はあまりにも誤解されたかたちで理解されています。あるいはまだよく知られてすらいないのではないかとさえ思うのです。そのせいでいわれのない批判やとり扱いを受けたり、正しく行じられないために本来の力、真価を発揮できていなかったり——というのが現状なのです。これではまさに宝の持ちぐされです。あまりにももったいないことだし、残念至極なことです。

こういう現状を踏まえて、坐禅はこういう素敵な姿をした奥深いものですということを、いろいろな描線を何本も引くことで浮かび上がらせてみたいのです。そうすることで、なるべく正確な坐禅の図を描くこと、それがこの講義のねらいの一つです。

もう一つのねらいは、そういう坐禅の図を単なる「絵に描いた餅」に留《とど》めることなく、われわれのナマの身心を素材にして事実として修行し、その「図」を生き生きと現成させることができるような、いわば「受肉」させることができるような、坐禅の行じ方とはどのようなものであるべきなのかを解明することです。これまでわたしが参照した多くの坐禅の手引き書のなかで説かれている「坐禅の仕方」の通りにやったのでは、どうしても自分の身心で坐禅の図を描くことができそうにないか、あるいはたいへん難しいのではないかという印象を受けるのです。坐禅と似た外形にはなるのですが、微妙なところで食い違いを感じるし、なんといっても中身、実質が違ったものになってしまうように思えるのです。「形同実異《けいどうじつい》（形は同じようでも中身が違う）」ということです。外見は似ているようだけれども、やり方そのものが坐禅に相応《マッチ》しない、ふさわしくないので、坐禅ではない何か別の営みになってしまうのです。それを一言で言えば意図的な作為や造作であってはならないはずの坐禅を意識的コントロールを通して作為的に、造作的にやろうとしているのではないかということです。ではそうではないとしたら、どのようなやり方が坐禅にふさわしいのか、坐禅がそこに自ずと生まれてくるようなやり方はどのようなものでなければならないか、それについて論じてみたいのです。

坐禅の図の描き方

この二つのことを大きなねらいとして、これからの講義を進めていきたいと思います。ここでは、学術論文のように緊密な構成案をもとに、一つ一つ独立したテーマを系統立てて順に論じながら最終的な結論に持っていくというようなやり方はとりません。こういうやり方は譬《たと》えて言えば、一つ一つ点を打っていって、それを順番に結んでいくことで結果的に一つの坐禅の図を描こうとするデジタルなやり方です。しかし、坐禅は分解・分割ができない一つのまとまりを持った生きた有機体のようなものですから、わたしはそれとは別なアナログなやり方で図を描こうと思います。それを譬えて言えばこうなります。まず、点ではなく一本の線で一筆書きのようにしてある角度から見た坐禅の全体図を描く。次にそれに重ねるようにまた新しい一本の線で別の角度からの坐禅の全体図を描く。さっきの線と重なるところもあれば重ならないところも当然あります。こういう作業を繰り返していくことで、三次元的な坐禅の図ができ上がります。

つまりどういうことかと言うと、ある一つのテーマを中心にしてそれをめぐっていろいろと坐禅について論じます。次にまた別のテーマを中心にしてあれこれと坐禅について論じるのです。当然重なっているところ、繰り返しの部分もたくさん出てきますし、それぞれの講義で別々な問題が論じられるところもあります。こういう作業を繰り返していくことで、聴いている人のなかに結果的に立体的な坐禅の描像が浮かび上がってくることになるのを期待しているのです。

というわけで、第一講では坐禅が目的達成のためのテクニックやメソッドではないことを中心にして坐禅を論じます。キーワードは「無所得無所悟」。第二講では坐禅の本質が正しい坐相で坐る努力であることを中心に坐禅を論じます。キーワードは「正身端坐」。第三講では坐禅が内外のありとあらゆるものに支えられて初めて成立していることを中心に坐禅を論じます。キーワードは「尽一切」。第四講では坐禅においてはダイナミックな生命の躍動が発現していることを中心に坐禅を論じます。キーワードは「活潑潑地《かっぱっぱっち》」。最終の第五講では第一講から第四講までで論じられたような坐禅は実際にはどのようにして行じられていくのかという実践面を中心に坐禅を論じます。キーワードは「結果《けっか》自然成《じねんじょう》」。

理論的な講義を先にしたのは、人間はまず最初にある程度の正しい理解や方向付けなしには正しい実践を始めることができないからです。このことは、坐禅においては特に強調されるべきだと思います。あらかじめ考え方を底の方から総入れ替えしておかないと、これまでと同じ坐禅の繰り返しになるだけです。多くの坐禅の手引き書でも、あるいは坐禅を指導しているところにおいても、坐禅が本来どういうものであるかをほとんど理解していない人にいきなり坐り方をざっと教えて、とにかくかたちだけでも坐らせようとすることが多いからです。たいていの人は坐禅とはこういうもんだろう程度のイメージは持っていますから、そのイメージのままに坐禅をすることになってしまいます。坐禅はそういう通俗的イメージとは全く次元を異にしているのですから、そのままではいつまでたっても坐禅が坐禅にはなりません。もちろん、いくら巧みに坐禅を説明し得たとしてもそれだけで坐禅がわかるわけではありませんし、たとえわかったとしても知識が実際に行なう坐禅の代わりになるわけでもありません。やはり、坐禅は実地に坐って、そのことを通して冷暖自知するしかありません。しかし、正しい方向付けなしにかたちだけ坐っていたのではとうてい坐禅にはなりません。わたしはここに現在の坐禅をとりまく大きな問題があると思っています。一つにはそういう問題意識が背景にあってこういう講義を思い立ったのでした。

五人の善知識との対談

わたしはこの講義を準備しているあいだに、本当にありがたい仏縁に恵まれ、坐禅についての理解や行じ方を探究する上でたいへん貴重な対談を五人の方々と行なうことができました。わたしにとって、かれらはまたとない善知識（修行の過程において親しく接し正しい教えを聞くべき人物　横山紘一『唯識　仏教辞典』春秋社）でした。その五人とは登場の順に紹介すると、臨済宗僧侶《りんざいそうりょ》の佐々木奘堂《ささきじょうどう》さん、調息整体指導者の舟橋史郎《ふなはししろう》さん、気功師の小林俊雄《こばやしとしお》さん、ヨーガ指導者の塩澤賢一《しおざわけんいち》先生、身体感覚教育研究者の松田恵美子《まつだえみこ》さん、です。かれらとの五つの対談をそれぞれの講義のあとに一つずつ配置してあります。その前に置かれているわたしの講義の内容と対談の内容とのあいだには直接的な関連はありませんので、それぞれ独立した内容のコラムとして読んでいただければと思います。しかし、わたしの講義と併せて読んでいただければ、坐禅についてより立体的な理解を得る一助になるものと確信しています。それぞれの対談はわたしの講義と同じく、坐禅を描く一本のとてもユニークな描線なのです。

ではこれで、序講を終わります。

［註］

1　原文　まことのみづからをばみるものまれなり、ひとり仏のみこれをしれり。その外の外道等は、いたづらにあらぬをのみわれとおもふなり。

第一講

坐禅は習禅にあらず

無所得無所悟にて端坐して
時を移さば即ち祖道なるべし

道元述懐奘編『正法眼蔵随聞記』

得るところなく、悟るところなし

序講を受けて、これから只管打坐の坐禅《ざぜん》についてお話をしていきます。今回の講義は、「坐禅は、所定の目的を達成するために一定のテクニックとかメソッドを学び、それに習熟していくことを目指す営みではない」ということをめぐって、いろいろ語ってみたいと思います。

まず、「無《む》所得《しょとく》無《む》所悟《しょご》」、つまり坐禅は「得るところなく、悟るところなし」で行ずる、ということから話を始めます。

わたしとしてはそういうつもりはさらさらないのですが、出鼻をくじくと言うか、やる気をそぐというか、最初からみなさんの坐禅への熱意や、意欲、関心に冷や水をあびせるようなことになるかもしれません。というのはとどのつまり、坐禅はみなさんが抱いているような期待にこたえてくれません、みなさんが願っているような満足を与えてくれません、澤木《さわき》興道《こうどう》老師の有名な言い方を借りると「坐禅してもなんにもならん！」と、身も蓋《ふた》もないことを言うことになるからです［註1］。

何かにつけ物足りようとしていつも何かを求めているのがわれわれ普通の人間です。それを仏教では「凡夫」と呼んでいます。だからこそ、序講で論じたように、くつろぐことができないのです。そういう抜きがたい習性を持つ人間にとっては、無所得無所悟の坐禅は実に物足りない、張り合いのない、手ごたえのないものです。変な言い方ですが、凡夫が物足りないままに物足りている、安心できないままに安心している姿が坐禅なんです。まさにそれこそが坐禅の坐禅たるゆえんであり、素晴らしいところなのです。こんなことは凡夫のわれわれにはなかなか受け入れられないでしょうが、それでもこういう坐禅をこそ、そのまま歪《ゆが》めることなくまっすぐに受けとり、身をもって行じていくことが何よりも大事なことです。このことをあらかじめよく承知してから坐禅に取り組んでいただきたいと思います。

実際に坐禅をしていると必ず、張り合いがないような、物足りないような、そういうなんとも割り切れない、空しい感じが湧いてきます。これだけ熱心にやっているのに、思ったような〝反応〟が起きないのは、〝手ごたえ〟がないのは、きっとやり方がどこか間違っているんじゃないか、自分の努力が足りないんじゃないか、自分は坐禅に向いていないんじゃないか……、そういういろいろな疑問が次々に浮かんでくるのです。やっている当人としてはこんな手ごたえのないことをこのままやっていていいのだろうか、時間の無駄じゃないのかと途方に暮れるばかりですが、実は坐禅としてはそれでいいのです。それはむしろいい坐禅であることの証《あかし》です。人間はいかに満足を求めても結局は満足し切ることができないものだ、というのが仏教の見方です。ちなみに、仏教の基本的教義とされている四聖諦《ししょうたい》の最初の苦諦《くたい》はしばしば「この世の一切は苦しみである」というふうに理解されていますが、わたしはむしろ「この世では最終的に物足りるということはあり得ない」と解した方が真意に近いのではないかと思っています。

さて、この物足りなさがわれわれを駆り立てているあいだは、落ち着くことができず、安心してくつろぐこともできません。物足りなさを埋め合わせてくれるような興奮する体験を次から次へと求めるのでもなく、また気晴らしにふけって物足りなさを忘れようとするのでもなく、物足りないところにそのまま落ち着くこと、そこにしか安心はないと決定《けつじょう》して物足りなさと一緒に坐《すわ》り込んでいるのが坐禅なのです。

道元禅師は『正法眼蔵　現成公案』のなかで「身心にまだ法が十分にしみ込んで充ちていないときには、（意識の上では）法がすでに満ちていると思うものだ。しかし、法が本当に身心にしみ込んで充ちているときには、何か自分には一方で欠けているものがあるように思われるのだ」［註2］と言っています。つまり、意識としてはどうも物足りないように思いながらもそれはそれとして、真剣に坐禅に取り組んでいるときには、意識以前のところで「法が本当に身心にしみ込んで充ちている」のです。意識の上で物足りなくても坐禅を信じて安心して坐っていればいいわけです。逆にもし、自分が物足りたと思ったときには、坐禅からすべり落ちているなと思った方がいいでしょう。自分の意識のなかの出来事に捉《とら》われてそれをつかんでしまって坐禅に隙ができたからです。

「諸仏のまさしく諸仏なるときは、自己は諸仏なりと覚知することをもちゐず。しかあれども証仏なり。仏を証しもてゆく」と『正法眼蔵　現成公案』にあるように、坐禅しているときには自分が成道しているなんて全く思っていなくても、坐禅が坐禅になっていれば自分の思いとは関わりないところでちゃんと成道していて、坐禅の功徳を全て受けとることができています。坐禅は成道を見ることができない。坐禅と成道はそういう面白い関係になっているのです。たとえば、われわれがぐっすり眠っているときには自分は眠っているとは全く思っていませんが、大丈夫ちゃんと眠っていて（そういう眠っているとかいないとかの思いすらないのが本当に眠っている証拠。もしあったらそれは本当には眠っていないということになります）、睡眠の功徳（たとえば脳を休める、からだを休める、自律神経を休める、細胞を新しくするなど。しかし、われわれにはまだその全てがわかっていないのが現状だそうです。睡眠というのはそれほど深遠なものなのです）を全て受けとることができています。だから、安心してただ眠っていればいい。この点で坐禅と睡眠はよく似たところがあります。坐禅は宗教的に言えば、無明《むみょう》から目覚めることだとされていますが、それを理解するのに睡眠が譬《たと》えとしてとても役に立つというのは面白いことです。

自分の眠っている姿を自分では対象として見ることができないように、自分の坐禅の本当の姿をのぞき見ることはできません——今現に坐禅をしているんですから。自分の経験の対象としてその全貌《ぜんぼう》を見ることはできないけれども、睡眠はちゃんと睡眠になっているし、坐禅は坐禅になっている。そういう道理があるのです。

坐禅は意識の上で感じとれることが全てではありません。坐禅はわれわれが意識できる範囲をはるかにはみ出している途方もない大きさと深さを持つ、幽邃《ゆうすい》極まりないものなのです。そして、むしろ大事なのはわたしが意識的に体験できていることではなくて、坐禅している本人の覚知（知覚と分別）の上には全く意識されないところで、われわれに少しも知られることなく起きていることの方なのです。このことは、意識できることだけが全てだと思って生きているわれわれ凡夫にとっては本当に切ないところです。人間にはものを認識したい、理解して納得したいという強い欲望がありますから、いくら一生懸命坐禅しても、その成果や効果を自分で見届けることができないというのは本当に耐え難いことです。われわれは、自分の努力の成果をちゃんと見届けることができるからこそ、満足感を感じたり、やりがいを感じたり、人に誇ったり自慢したり、ができるのです。なのに坐禅に関しては、それができないとなれば、まさに「骨折り損のくたびれもうけ」、いったい何を動機にして坐禅すればいいのか、困ってしまいます。得るところなし、悟るところなし、物足りることなし、というないない尽くしの坐禅では、凡夫のわたしの視点から見ている限りどこにもそれをやる意義や理由を見出《みいだ》すことができません。

四六時中、なんとかうまいことやって「なるべく骨を折らないで、欲しいものだけを最大限もうける」ことばかり考えて、あくせくと忙しく動き回っているわれわれは、果たしてそうやって「もうけたもの」でどれほど幸せになっているでしょうか？　よく頭を冷やして反省してみた方がよくはないでしょうか？　そういうことばかりで一生を終えてしまうことにどこか空しさ、寂しさを感じて、ほんの短い時間でもいいから、そういうこととは全く違うことをしてみたい、となんの理由もなくそう感じることはないでしょうか？　澤木興道老師は「コセコセせず、一服せよ」と言いました。この促しは、「坐禅は〇〇にいいらしいからやってみよう」というような、頭で合理的に、そして功利的に考えた挙句の結論とは違って、もっと存在の深いところから呼びかけるように湧いてくる「ガッツフィーリング（内臓やはらわたが感じとるような感覚、直感）」です。このガッツフィーリングが湧いてくるその源にアクセスするしか、「あなたはなぜなんにもならない坐禅をするのか？」という問いの答えはないように思います。

人間も実はそのまるごと全部が自然です。それを普段は人間モードで使いすぎているから、時々は人間モードを一服して自然に帰らざるを得ない（夜寝ているときはそういう状態です。ここでもまた睡眠が例として出てきます）、自然そのものにならざるを得ないようにできているのです。これが人間にとっての本当の安らぎであり、それを一番純粋にやるのが坐禅だったのです。

カルメル会の奥村一郎《おくむらいちろう》司祭の『祈り』（女子パウロ会）という本に詩人の高田《たかだ》敏子《としこ》さんの「ベンチ」という詩が引用されていました。こんな詩です。

　　ベンチ

母と子と
一日じゅう　しょっちゅう
話をしているようでも
ほんとの話なんて
あんがい　していないものです
だから　買物の帰りみち
おせんたくのすんだあと
ほんの十分間でも

こうして　家のそとにでて
話をしてみましょう
そのために
やさしい木かげがあるのです
そのために
あいたベンチがあるのです

　奥村司祭はこの詩を祈りという文脈のなかで取り上げ、「十分間でもいい。こうして家の外にでて、暇をつくることである。そのような状況で話されることが『ほんとの話』になる。そのときには話される『ことがら』が大切ではなくて、『話すこと』という事実そのものによって生かされるような話、それが高田さんの言われる『ほんとの話』なのである。」と深い考察を加えています。ほんとの話というのは話の内容によるのではなくて、家の外に出て暇を作り公園のベンチに二人で坐って話すという具体的行為によるのだと言うのです。

　わたしはこの詩の「ほんとの話」を坐禅に置き換えて考えてみたいのです。坐禅は「自己をならう」（道元『正法眼蔵　現成公案』）、つまり万法に生かされて生きている自己の本来のあり方を実際の行として学ぶことです。この自己のありようは坐禅しようがしまいが変わることはありません。しかし、われわれの日常は本来の自己をすっかり見失ってしまい、そういう自己に親しむ時間を持つことなど全くありません。だから、ほんの短い時間でもいいから暇を作り、多忙な日常生活の枠の外に出て、自己に親しんでみることが必要なのです。そのためにこそ自分が坐るのを待ってくれているあいた坐蒲《ざふ》があるのです。その坐禅のポイントは坐禅の内容、つまり自分がそこで何を体験するか、そこで何が起きるかにあるのではなく、「とてもじゃないけどゆっくり坐禅なんかしている場合じゃない」ときにそれでも坐蒲の上にからだを運んで坐禅したという事実の方にあるのです。ここでは何か他のことのために坐るのではなく坐るために坐ります。その意味で無目的な、自己完結的な坐禅です。そういうとき坐蒲の上で起こることはなんであれ、たとえそれが普段は煩悩と呼ばれているようなものであっても、みんな坐禅の糧になってくれる、坐禅を荘厳してくれているのです。

坐禅の功徳

坐禅をどんなことであれ何かのご利益《りやく》を得るための手段におとしめないということ、これはやはりとても大事なことです。そうでなければ坐禅が本来持っている無限の価値が、その素晴らしさが、台無しになってしまうからです。求めて得たものは必ずいつか失われます。求めないという豊かな世界をわれわれに開いてくれるのが坐禅なのです。

道元禅師は『弁道話』のなかで「たとえ無限の数の仏たちが一生懸命になって、一人の人間が坐禅する功徳がどのくらいかを測ろうとしても、その辺際すら究めることができない」〔註3〕と言っています。坐禅には無限の功徳があるということです。しかし、そこで言われている功徳は、人間的要求を満足させたり、俗情を喜ばせたりするような、薄っぺらで矮小《わいしょう》なものであるはずがありません。それに、そのような広大無辺な坐禅の功徳も、こちら側からそれを自分の手につかもうと思って、もの欲しそうに手を突き出して坐禅していたら全く届けられてこないのです。修行の心得としてまずはじめに「求心、頓《とん》に止むべし」、求め心、有所得の心を捨てなさい、と言われるゆえんです。坐禅を自分のために利用しようとするのは仏教で言うところの我執、我欲です。坐禅を何かの足しにしようと我執で坐禅すれば、やはりそれは坐禅のかたちをした我執だと言わなければなりません。

坐禅をしてその見返りに何かを得ようとする、その何かがいかに高尚なものであっても、そういう打算的な凡夫根性で坐禅を自分の方に引っ張り込もうとするところに、坐禅に関するあらゆる間違い、錯誤が生じてくるのです。

実際のところ、自分の役に立てようというつもりで坐禅に関心を持つ人が多いと思います。悩みから救われたい。もう少しましな人間になりたい。波立ってどうしようもないこころを鎮めたい。どんなことにも動じない強いこころを持ちたい。人生の様々な問題を快刀乱麻を断つがごとく解決するような悟りを得たい……。坐禅をして何か良いものを得よう、手に入れよう、何かの足しにしよう、と思うのは、普通の人間としては至極もっともなことだと思います。それがわれわれ凡夫の抜きがたい習性なのですから。しかしだからこそ、そういう習性から行なわれるのではない坐禅がわれわれにとって仏からの有り難い贈り物となるのです。そこをがらりと転換するということが坐禅の一番大事な勘所です。坐禅の功徳は凡夫が相手にされず途方に暮れているまさにそこのところで輝いているのです。

坐禅というのは、それをすることで何かを得て自分が納得し、物足りるという、われわれが日常いつもやっているような功利的な、利己的な、その意味ではまことに人間臭い営み、ではないということです。その路線の延長線上に坐禅を置いてはいけないのです。それと引き換えに何かいいものを得ることができるから坐禅をするといった損得勘定、取引勘定で動くメンタリティそのものをまずすっかり棚上げして、相手にしないで、実践していくのが坐禅だということをあらかじめよく理解して坐禅に向かわなければなりません。

正しい坐禅観の重要性

「アテ」や「見込み」、「つもり」、「目的」、「効果」といった、自分が「つかみたいもの」を坐禅のなかに持ち込むと、坐禅が坐禅になりません。たちまち只管打坐の坐禅ではない何か全く別の活動に変質してしまうのです。そういうものと坐禅とは両立ができない、共存ができない関係にあるのです。坐禅は「つかむ」ことではなくて、その逆の「はなつ」ことだからです。「ひろう」のではなく「すてる」ことだからです。

坐禅が実際にどういうものになるかということは、坐る以前の段階で自分が坐禅をどういうものとして理解しているか、頭のなかにどういう坐禅のイメージを描いているか、に大きく影響されます。坐禅がちゃんとした坐禅になるかどうかは坐蒲の上に坐る前にすでに決まっている、と言ってはいいすぎになるかもしれませんが、実際に坐禅する以前の問題として、その人が坐禅をどこまで正しく理解しているか、仏法にかなった正しい坐禅観を持っているかどうかということが極めて重要です。それが坐禅に取り組む態度に直接響いてくるからです。

本を読んだか、テレビで見たか、指導者から習ったか、いろいろな経路があると思いますが、われわれは坐禅する前にすでに、坐禅とはどのようなものか、どうすることなのか、坐禅することで何がもたらされるのか……についてなんらかのアイデア、きつい言い方をすれば先入観、偏見、独断、思い込みを持っています。そして、坐禅はこうやりなさい、調身はこのように、調息はこうして、調心はこうやって……という誰かから与えられるインストラクション、つまり指図にきちんと従いさえすれば、自分が坐禅をする目的がいつかは――もちろんなるべく早いに越したことはありません――達成されるだろう、他の人にも起きたような素晴らしいことが――そういうレポートを耳にしたり読んだりしていて坐禅に関心を持つ人も多いでしょう――自分にも起きるだろうと熱い期待を抱いているわけです。

おそらくこういう態度で坐禅に臨む場合が多いと思いますが、あいにくこういう理解や態度で坐禅を始めては、坐禅が成立しなくなってしまいます。坐禅とはそういう一定のマニュアルに従ってからだやこころをコントロールすることではないこと、われわれが常識の枠内でイメージしているようなものとは全く違うものだということにまず愕然《がくぜん》とし、驚く必要があります。先ほどの澤木老師の「坐禅してもなんにもならん！」という強烈な表現も坐禅についての常識的な理解に揺さ振りをかけることをねらったものだと思います。

坐禅に関してこれまで知らず知らずのうちに身につけてきた思い込みや独断をともかくみんな脇に置いて、一度御破算にして、全くの初心者として坐禅に新鮮に、初々《ういうい》しく取り組んでいくことが大切です。そういう頭の「切り換え」がなければ、坐禅をいくら一生懸命にやっても、日頃やっているような凡夫的な努力の延長にすぎなくなります。道元禅師の言い方を借りれば、坐禅が「仏祖の法」ではなく、流転輪廻《りんね》する「三界の法」になってしまうのです〔註4〕。

道元禅師の書いた坐禅の手引き書である『普勧坐禅儀』を見ても、いきなり坐り方を説明しているのではなく、「たずぬるにそれ、道本円通なり、いかでか修証を仮らん。宗乗自在なり、なんぞ功夫を費やさん（原文は漢文）……」〔註5〕と坐禅がどれほど宗教的に高い次元で行じられなければならないか、まずそこから説き始めています。「本来成仏（これからぼちぼち修行をしていつかその成果として仏に成るという話ではないこと）」、「不可得（意識主体のわたしが何かを対象として得るという話ではないこと）」という大乗的仏道の根本的な立場が簡潔な言葉で述べられ、それに呼応して坐禅とはわれわれが大自然、つまり仏に生かされて生きている事実をそのまま純粋に、はからいを交えずに行じることであると明確に示されたあとに初めて、坐禅の具体的なやり方が書かれているのです。

ですから坐禅の実際に関する具体的な記述も、坐禅がどのようなものでなければならないかという明確な理解に基づいて受けとられなければなりません。それらの記述は、姿勢はこのようにして作り、息はこのように行ない、精神状態はこうなるようにせよ……という普通のマニュアルにのっているインストラクション、指図として理解してはいけないのです。その程度の浅いものとして理解しては間違いなのです。それでは坐禅のあるべき姿と実際とが食い違ってしまいます。坐禅は人間の作為（作りごと）であってはいけないのに、実際は作為そのものになってしまうからです。坐禅が坐禅にならず、その真価を発揮することができなくなります。

たとえば『普勧坐禅儀』には「不思善悪」という表現があります。これはたいてい「善悪を思わず」と読み下しにされますから、普通の理解だと「善悪を思うな」、「善いとか悪いとかいうことを思ってはいけない」というふうに抑制や禁止として受けとられます。そして、そういう理解に基づいて、坐禅中に善とか悪の思いが極力浮かんで来ないような、つまりそういうことを考えないような工夫や努力が始まります。しかし、道元禅師が「不思善悪」という言葉で言い表そうとしたことは、それとは全く違います。これは「善悪を思うな」という命令文、指示文ではなく、「（坐禅は）不思の善悪である」という平叙文、叙述文なのです。坐禅中に浮かんでくる様々な思いや考えは、われわれが生きていることから自然に起こってくる、たとえば息の出入りや心臓の鼓動と同等の、生命の息吹、生理現象です。それを「不思」と表現しているのです。

内山興正《うちやまこうしょう》老師は「思いは頭の分泌物だ」と言いました。胃が胃液を分泌するように生きている脳は思いを分泌すると言うのです。そして「胃液が出すぎると胃酸過多で困るように、思いが分泌過多になって困っている人が多すぎるね」とも言っておられました。「不思」とは脳の分泌作用を止めろというのではなく、坐禅においては善悪の思いが浮かんでくるのは自然現象であって、思いそれ自体は自分の思惑で浮かんできているのではないという事実を意味しているのです。ですから、われわれがなすべきことは、そのまま手をつけずに、浮かんでくる思いを追いかけもせず、また払おうともせず、自然に起こるままに消えるままにしておくことなのです。「不思（人間の思惑の入らない自然）」を「不思」のままにしておくということです。内山老師はこれを「思いの手放し」と言っています。

この立場からは、自然に浮かんでくる思いを相手にして、悪者に仕立てて、それが浮かんでこないようにしよう、消してしまおうと努力するのは、自然への冒瀆《ぼうとく》であり、坐禅においては全く不必要なことになります。さらに言えば、手放しというのは手放そうと思って特別なことをすることではなく、正しい坐相を刻々にねらうなかで自《おの》ずと思いが手放されているというのが「不思善悪」の実際です。放っておけば思いの方で自分から消えていく、それを邪魔しない、妨げないようにするだけでいいのです。

それと同じように『普勧坐禅儀』のなかの「莫管是非」、「停心意識之運転」、「止念想観之測量」という記述も正しい坐禅が行なわれているときの様子を記述したもので、是非の思いが浮かんできたり、心意識が運転されたり、念想観が測量されたりと、そういうことが自然に次から次へと起きても、普段のようにそれらに引きずり回されないで正身端坐の努力が淡々と続けられていることが「莫管」、「停」、「止」ということなのです。「是非を管するな」、「心意識の運転を停めよ」、「念想観の測量を止めろ」と、坐禅する当人が是非の思いや心意識の運転状態、念想観の測量状態を相手にして、それらをストップさせなければならないと指示しているのではありません。それとは反対に、そのような身体の自然現象を人為的にコントロールしないように、それに介入して自分の都合のいいように意図的な操作をしないという意味で「莫管」、「停」、「止」を理解しなければならないのです。

同じ言葉でも坐禅をどのように理解しているかによって、コントロールせよと言っているのか、その逆に自然に任せてコントロールしないでおくと言っているのか、これほどまでに解釈が違ってくるのです。当然、それに応じて実際の坐禅の内実も全く異なったものになってきます。『普勧坐禅儀』からも明らかなように、只管打坐の坐禅は明瞭《めいりよう》に後者の立場に立っています。そういうことをあらかじめよく心得て坐らなければ、只管打坐にはなりません。

坐禅は自力自調の行ではない

われわれのなかには、今ここに存在していない何かを坐禅の成果や効果、目的として立て、なるべく早く、能率的にそれを得ようという根強い人間的誘惑があります。その誘惑に負けて、そういう態度を坐禅のなかに混入させた途端に、序講では「くつろぐ」という言い方で坐禅の方向性を表現しましたが、それとは全く逆の方向の坐禅、いわば忙しい「仕事」のような坐禅になってしまいます。

今現在の坐禅とそれを評定、評価している自分という分裂・対立が生じ、全一であるべき坐禅にいわば〝ひび〟が入ってしまいます。自分のやっている坐禅が目標にどれだけ近づいてきたか、あるいはまだどれほど離れているかをいつも気にしながら坐っているわけですから、くつろぐどころか緊張の連続になってしまいます。現在の坐禅をいつも未来の観点からながめて、つまり理想の坐禅に照らしてみて、○か×か、成功か失敗かと判定していますから、「まだだめなのか、まだ不十分なのか」とあせり、先を急ぐことになってしまって、現在にじっと落ち着いていることができません。

しばしば坐禅は精神を集中させることだと思われています。しかし只管打坐の坐禅に関する限りこれは大きな誤解です。実は両者は全く別の営みです。たとえば、呼吸に集中する瞑想法《めいそう》がありますが、そこには集中しようと努力している自分が一方にいて、集中すべき対象である呼吸がもう一方にあります。実践者がやるべきことは自分の注意が呼吸から一瞬も離れないようにすることだと教えられます。

それをうまく遂行するために、呼吸を数えるとか、呼吸に伴う下腹部の膨らんだり縮んだりする動きや鼻孔のあたりの感覚の変化に注意を注いだり、といった様々な手段、つまり技術、テクニックが考え出されています。そして、どのテクニックを行なうにしても、注意が集中の対象からそれたことに気がついたらそのつど注意を対象に戻すことを辛抱強く繰り返さなければなりません。ここには「こうでなければならない」というはっきりした課題があります。ですから、その課題をうまく達成しようという強く明確な意志を持った努力がなされます。そこでは自分は確かに何かを「やっている」、という手ごたえ、やりがいがあります。やっている自分が色濃く意識されています。しかし、ここには疲労はあってもくつろぎはありません。

自分と息のあいだに主体と客体という〝距離〟がある限り、その努力をやめれば二つはすぐに離れていってしまいます。はじめからメソッドとして自分と息を二つ別々に立てておいて、それを努力によって繋《つな》ぎ止めようとするのはどこか無理があるとは言えないでしょうか？　手軽で便利だからという理由で、われわれを生かしてくれている呼吸を瞑想のための単なる道具として扱うということに、どこか人間の傲慢《ごうまん》さのようなものが感じられないでしょうか？

このような、ある目的を意識的に目指して何かの方法を意図的に遂行している自分が前面に出ているような営みを、道元禅師は「自力自調の行」と呼んで、坐禅はそれとは全く違うものであるとしています。坐禅はある目的を持った、決められた方法を実践してセルフ・コントロールを行なうことではないということです。

上の呼吸の例で言えば、坐禅においては正身端坐によって自然に息が調《ととの》っていくのに任せるだけで、意図的に自分ではからって、より長い息にしようとかより深い息にしようとはしないし、特に呼吸だけを取り上げてそれに注意を集中するようなことはしません。自分で「こういう呼吸こそが調っている呼吸である」とあらかじめ目標設定してそれを目指して息をコントロールしていくということをしないのです。自分でも息をしていることを忘れるくらい静かに、かすかに——たとえ本当に忘れても、寝ているときのようにからだが勝手に息の面倒をみてくれていますから、窒息するのではないかというような心配は不要です——鼻から息が自然に自由に出入りしているようにしておくだけです。要するに、いかなる方法も使わず坐禅に一任しておくのです。それは「自分の」呼吸ではなく「坐禅の」息になるのです。

坐禅の矮小化

目的とそれを実現するための方法のセットを坐禅のなかに持ち込むと、自然ななりゆきとして、坐禅の全体のうちで方法に関係のあるところだけ——たとえば呼吸とか下腹部の運動とか——、目的に関連するところだけ——たとえばどのくらいこころが落ち着いているかとか対象に集中できているかとか——、にしか注目しなくなりますから、狭い限られた視野でしか坐禅を見られなくなってしまいます。目的意識が強ければ強いほど、あるいは目的や方法がはっきりしていればいるほど、この坐禅の限定化の傾向が強くなります。それ以外のことには用がないのですから当然です。そうなると、坐禅中に内外で実際には起こっているはずのそれ以外のたくさんのことを見逃すことになってしまいます。それらもまた立派に坐禅の内容であるにもかかわらず、です。こうして、その当人にとっては坐禅が非常に貧しい内容のもの、単調で退屈で味気ないものとして体験されてしまいます。坐禅を手段にするということが坐禅の矮小化をもたらすのです。多くの人が坐禅を見誤る元凶の一つはここにあると思います。

坐禅は○○呼吸法とか□□瞑想法といった一つの限定された方法に還元できないものなのです。ですから坐禅は坐禅であるというより他ありません。瞑想法といわれるものの多くは、何か具体的な目的とか目標を持っています。頭の回転が良くなるとか、こころが落ち着くとか、健康になるという世俗的な目的から始まって、真我や神と合一するとか、三昧《さんまい》状態に入るとか、悟りや超越的な智慧《ちえ》を獲得するといったスピリチュアルな目的に到るまでそれこそいろいろな目的、目標、ねらいがあると思います。それはそれで大変結構なことだし、極めて有用なものだと思います。わたしが言いたいのはそれらの瞑想法がいけないとか間違っているとか、やってはいけないとかいうことでは決してなくて、只管打坐の坐禅とそれらの瞑想法とは基本的に性格というか質が違う、ものが違うということなのです。これは、優劣の問題ではなく質の違いの問題です。わたしが思っているのは、よくある両者の混同を避けて、坐禅の本来のあり方をはっきりさせたいということです。違いをはっきりさせ、よく理解した上で、あとはそれぞれの人が自分の責任でどれを選ぶかを決めればいいのだと思います。

コントロールを手放す

何かのために坐禅をする、アテを持ち込むということが坐禅にとっては大きな問題となるということを別な観点から述べてみましょう。何かを目当てに坐禅をするという以上、そのお目当ての何かはまだここに存在していないということを意味しています。逆を言えば、今の自分のありようではだめだ、それでは満足できないということです。その何かを作り出さなければ、今のままの自分に安んじることができないということです。そのために今の自分を自分の望むような別な自分に変えようとしてこころやからだをコントロールしようという動きが生まれます。そしてそういうコントロールのために有効とされる様々なテクニックやメソッド（方法）が編み出され、洗練されていきます。そして「～を得るための実践マニュアル」ができ上がります。

釈尊は出家をされたあと、苦しみの原因であるとされる煩悩を断じるために、当時主流であった二つの行法を試みました。一つは煩悩が起こるのはこころがあるからである、だからこころの働きを停止させれば煩悩は起こらないという考えにもとづく修《しゅ》定《じょう》主義の瞑想行です。もう一つは煩悩の起こる原因はからだの働きにある、だからからだの働きを最小限に抑えれば煩悩は静まるという考えにもとづく苦行主義の様々な苦行です。釈尊はこの二つの行法を師の教えやおそらくはそれまでに伝承され洗練されてきたメソッドに従って、徹底的に試み一定の成果を得ました。しかし、結局はどちらも放棄して、菩提樹《ぼだいじゅ》の下で坐禅を組み正覚《しょうがく》を得ました。

わたしは、出家後に行なった瞑想、苦行とそれを捨てたあとの坐禅とのあいだに、釈尊のなかで修行への取り組み方における大きな転換があったはずだと思っています。

つまり、坐禅には瞑想でもなく、苦行でもない、何か革命的に新しいところがあるということです。それはいったいなんなのでしょうか？

いろいろな解釈ができると思いますが、今の文脈で言うなら、それは自意識によって行なわれるコントロールの放棄ということではなかったでしょうか。瞑想にしても苦行にしても、煩悩を断滅させるためにこころやからだを様々なテクニックを駆使してコントロールしようとします。そこでは、こうしたらこうなる、だからこうしなさいというテクニックやメソッドがあって、それに忠実に従って、マニュアル通りに一連のコントロールを遂行しています。確かにこういうやり方はうまくいけば一時的には功を奏するかもしれません。しかし、コントロールするのをやめたらまた元の木阿弥《もくあみ》に戻ってしまいます。それはコントロールすることによって作為的に作り出した状態、きつい言い方をすれば人工的に捏造《ねつぞう》した不自然なものだからです。譬えて言うと、おしゃべりでうるさい人を黙らせるのに口にガムテープを貼りつけるようなものです。そのときは静かになりますが、テープをとったらまたしゃべり出します。もしかしたら、今度は我慢していた分、その人は前よりうるさくなるかもしれませんね。

釈尊はテクニックを駆使したコントロールによって煩悩をなくそうとするアプローチの不毛さに気がついて、それとは全く別なアプローチをとった、それが菩提樹の下での坐禅だったということです。ですから、坐禅はテクニックを使って何かをコントロールして目的を達成しようとするような営みではないことになります。

もう一つ、目的を設定したのはそもそも誰なのか、テクニックを駆使してコントロールしようとしている当の主体は何なのかという問題があります。実はそれはエゴ、仏教でいう吾我《ごが》だったということです。と言っても、エゴが実体的にまずあって、それがコントロールしているのではなくて、事実としてはコントロールという行為がエゴを心理的に立ち現われさせていると言った方が正確です。エゴが在るのではなくてエゴという意識がある、つまり、コントロールがあるところにエゴという意識が生まれるのです。逆に、コントロールのないところにはエゴもないわけです。釈尊は瞑想も苦行も結局はエゴから出発しエゴが遂行していたことだったと気がついたのではないでしょうか。そして、エゴ、吾我をもとにした瞑想や苦行から無我の行としての坐禅に転換したのです。

努力が功を奏して求めているものをたとえ獲得できたとしても、それはエゴが自己満足、自己陶酔しただけのことではないか。本当の問題は自分の人生がそういうエゴに操られているところにあったという洞察から、エゴを乗り越えたところで出てきたのが坐禅だったのです。とすれば、坐禅はエゴのコントロールがすっかり脱落しているもの、あるいはそれを超越したものでなければならないことになります。

作りごとなし

道元禅師は「坐はすなはち不為なり」（『正法眼蔵随聞記』）と言っています。「為」というのは人為、作為の為ですから、作りごと、きつい言い方をすればでっちあげ、捏造という意味です。だから不為である坐禅では一切作りごとはしないということになります。作りごとというのは今ないものをこちらの意思や意図で人工的、人為的に作り出そうとすることで、そういうことは一切しないという意味です。そして「そういう坐禅が自己の正体である」とも言っています。つまり、作りごと一切なし、ありのままでいるその坐禅のときのありようが自分の正体、実物である、ということです。もちろんその正体はカチッと固定した置物のようなものではなく、刻々に変化し流れています。これこそが真のわたしだというような決まったもの、固定的なものが正体ではありません。刻々に流れているままの全体が正体なのです。

不為、作りごとなし。まずはそこから始めないと本当の変化は起こらないのです。こちらが意図的に何か変化を起こそうと余計なことをすると望んだ変化はめったに起こらないけれども、ありのままのところに落ち着いていると停滞することなく自然にどんどん変わるべくして変わっていくのです。われわれはどうも、自分が常に何かやっていないと、いつもコントロールしていないと、何も起こらないんじゃないか、自分にとって悪いことばかりが起こるんじゃないかという不信感や恐れを持っているようです。自分がいつもイニシアティヴをとっていないといけないような強迫観念を持っている、だからコントロールを捨ててありのままに任せること、つまり徹底してくつろぐということがとても難しいのです。

しかし、本当にそうなのか、その不信感、恐れは根拠のあるものなのかどうか、コントロールを捨ててありのままにしたらどういうことが起きるのか――それを実際に試してみようとする勇気ある行ないが坐禅なのです。条件で成り立っているものは常に変化していく、つまり諸行無常というのが仏教の根本的教えです。坐禅は無常を無常のままに任せて無常させていることだ、と言えます。

諸行が無常する仕方は、無量無辺の因と縁の働きによって千変万化し、ダイナミックに変わっていくもので、とうてい小さな自分の思い通りにコントロールできるものではありません。自分としてはもうお手上げというか、全面降参して、起きてくることはなんであれ全部受け容《い》れる、選《え》り好みせずにみんなありがたくいただく、全てのものがあるようにあることを受け止める、英語で言うならビートルズの有名な歌の題にもなっているレットイットビー（そのままにしておく）、そういう態度があの坐禅の、逃げも隠れもしていない姿勢に結実しているのです。

からだとこころ

これはまさに、道元禅師が『正法眼蔵 生死』で言っている「ただ自分のからだもこころも放り出し忘れさって、仏の家に投げ入れて、仏の方からはたらきかけられて、それに従っていく」［註6］態度です。それを具体的に厳粛にやろうと思ったら坐禅のああいう姿勢に自ずとならざるを得ないわけです。坐禅はそういう態度が受肉したものだということとです。ですから坐禅はそういうものなんだという納得がそもそもないと、あのかたちは本当には練っていけません。坐禅をして何かをしてやろうと思っていては、余計な人間的力みを徹底的に抜き、ほぐし、落として、重力に任せて楽にまっすぐに坐るということは実際にはできません。何かを追うようなこころづもりで坐っていてはどうしてもあの坐禅の姿勢が生まれてこないし、保てないし、崩れてしまうからです。こころづもりは即時に筋肉の活動となって顕現するからです。「こころは風のようであり、からだは砂のようなものである。風がどのように吹いているかを知りたければ砂を見ていればいい」（ボニー・ベンブリッジ・コーエン　ボディマインド・センタリングの創始者）。

同じように坐っていても、たとえば未来というか理想に向かって駆け出すようにして坐っているのか、現在にくつろいで坐っているのかで坐の中身、実質が全く違います。坐禅の恰好《かっこう》が一応できていればいいというざっとした話ではないのです。だから、「黙って坐っていればそれでいいんだ」という考えは問題だと思います。黙って坐っていても我慢して坐禅のような恰好をしているだけで、全然坐禅になっていないということが多々あるからです。坐っている本人も指導する人も坐禅とはしょせんそういうものだと高をくくっている、坐禅をみくびって開き直っている、という印象を受けます。そういう現状を打開するには、坐禅のあの姿勢はどのようなこころを宿しているのか、どのようなこころがあのかたちとなっているのかということをよく考えてみなければならないと思います。

本当に悲しいときには別にそうしようと思わなくても、自然に涙が出てきたり、悲しい表情やしぐさが生まれてきます。悲しいという感情がそういう様々なかたちで身体的に表現されるというような言い方をしばしばしますが、わたしは本当はどちらが先ということはなくもともとは「悲しい」という一つの事実があるだけで、強いて二元論的に言うなら、それが心理面と身体面に同時に現われているのだと思います。それは、こころとからだが一如である、身心一如というのは、二つのものが密接に繋がっているということではなく、こころはからだであり、からだはこころだというぐらいに一つだと理解しているからです。

坐禅が宿しているこころを抜きにして、マニュアルに従って脚を組んだり、手でかたちを作ったり、背中をまっすぐにしたり、息を丹田まで届くように深くしても、考えごとが浮かんでこないようにしても、それは魂の入らない人形を作っているようなものです。それは自分の人格とはなんの関係もない瞑想技術の習得でしかありません。たとえ瞑想技術の達人になったとしても、あいかわらず凡夫のままでいることだって、いや悪くすると瞑想技術の習得に血道を上げたせいでますます凡夫に念が入ってしまうということだって十分あり得るのです。技術的にピアノを楽譜通りに完璧《かんぺき》に弾けることがそのまま、その人の音楽性の高さ、芸術性の深さを意味しているのではないようなものです。

菩提樹の下の坐禅

苦行を中止し、川で沐浴《もくよく》してからだを清め、供養された乳がゆで体力を取り戻したとき、釈尊を菩提樹の根元で坐るように誘《いざな》ったものはなんだったのでしょうか？　ここからはわたしの勝手な想像なのですが、かれはもう血まなこになって苦しみから逃げ回ることはやめて、逃げようとしていた当の自分と静かにじっくりと親しんでみよう、とただそのことだけを思っていたのです。子供のときに誰にも教えられず自発的に樹の下で坐ったときのことを思い出したと記している仏伝もあります。そのときの穏やかでくつろいだ状態をなつかしく、また「もしかするとそこに大きな手がかりがあるかもしれない」というある直感とともに、思い出したのでしょう。もう出来合いのメソッドやアプローチには見切りをつけていたはずですから、従うべきマニュアルや頼るべきメソッドのようなものは何もありません。釈尊はあらゆる「〜すべし」という規律から解放され、全く自由で自然な状態にいました。手に何もつかんでいない素手の状態です。それがかれに坐るという姿勢を選ばせました。こころでこうありたいと感じたことがそのままからだの動きになったのです。厳粛にくつろぐのに、自己に親しむのに、「自分が自分を自分する」（澤木老師の言葉）のに、より適切な姿勢をとろうとして自発的に動いていったら最終的にはあの坐禅のかたちになったのです。存在の深いところ現在に安住するのに最適の姿勢がこうして自然に生まれたのです。存在の深いところから発した要求に従って、からだに任せて自由に動いていってたどりついたのがあの姿勢です。いわば行き着くところへ行き着いた姿勢です。

こういうわけで、釈尊の菩提樹の下での坐禅は誰かに教わったことを実行したのではなく、全く自発的なものだったとわたしは考えています。何か特別な行法を意識で「為《な》そう」としたのではなく、為すことでは到り得ない世界があることを知ってただ謙虚にそこに「在ろう」とした。そしてそこに何がおとずれてくるかをただ虚心坦懐《きょしんたんかい》に観ようとしただけ。そう言ってもいいのではないかと思うのです。だから坐禅は我が「する」有為の行法ではなく、「しない」無為・無我の行法、行法ならざる行法、行法であることを忘れた行法、行法を脱落した行法ということになります。だから「ちからをもいれず、こころをもつひやさずして」（道元『正法眼蔵 生死』）なされる坐禅なのです。

それとは違って、有為の行法は「ちからをもいれ、こころをもつひやして」行なわれます。必然的にそこには自分、「オレ」という主体的な意識が出張ってきて、全てをマネージ（管理）しコントロール（統制）して、所定の目標を達成することを目指すというかたちになります。道元禅師はこういうタイプの行法を一口に「習禅《しゅうぜん》」と呼んで、「坐禅は習禅にあらず」と言って坐禅とはっきり区別しています。

「習」は習熟、「禅」は禅定の修行ということですから、習禅とは辞書的に説明すれば、戒・定・慧という三学のなかの定、あるいは布施・持戒・忍辱・精進・禅定・智慧という六波羅蜜《ろくはらみつ》のなかの禅定、というようにいろいろある仏教の修行体系のなかの一部門としての禅定を行じることに習熟することです。仏教の伝統のなかには禅定を練る様々なテクニックが蓄積されてきています。坐禅というとそういうものだと思われていることが多いのですが、道元禅師はそれは大間違いだと言います。

菩提達磨と習禅

六世紀初め南インドから中国にやってきた菩提達磨はたいそう風変わりな僧でした。ほかの渡来僧たちのように、新しい経典や論書を持ってきたわけでもないし、お経の翻訳をしたり仏典の講義をするといった、いわゆる「布教活動」も何一つしません。していることといえば、少林寺の一房において日がな一日、壁に向かい黙って坐っているばかりです。だから、当時の人々はこの菩提達磨のことを「壁観波羅門《へきかんばらもん》（壁に面《むか》って瞑想ばかりしているインド人仏教僧）」と呼んでたいそういぶかしんだといいます。

この菩提達磨が壁に向かって、いったい何をやっていたのか、ごく少数の弟子たちをのぞいて、ほとんどの人はその真相・真意を正しく理解することができなかったようです。その証拠に、仏教については造詣《ぞうけい》が深いはずの南山道宣《なんざんどうせん》律師（唐代　南山律宗の開祖）でさえ、自らが編集した『続高僧伝』のなかで菩提達磨を「習禅篇」に組み入れました。つまり菩提達磨のことを、禅定と呼ばれるある特殊な心理状態に習熟する訓練をしている人たち（習禅者）の一人とみなしたのです。しかし坐禅に仏法の全てがあるとする道元禅師によれば、このような理解ははなはだしい見当違いであり、

「至愚なり、かなしむべし（愚かさの極みであり、まことにかなしむべきことだ）」と嘆いています。

道元禅師にとって、インドから来た菩提達磨が黙々と行じていた面壁坐禅は、当時の中国ですでに盛んに行じられていた禅定の修習としての坐禅（習禅）とは全く別ものであり、それこそが釈尊以来正しく伝えられてきた本来の坐禅だったのです［註7］。つまり、坐禅は習禅とは全く違うものなのです。

仏法のなかの一部門を行なっているという立場の習禅と「まさにしるべし、これ（坐禅）は仏法の全道（道の全体）なり」という立場の坐禅、この二つはたとえ外見の上でかたちが似通っているように見えても、両者を混同することは坐禅修行者にとっては致命的な誤りとなってしまいます。だからこそ「坐禅は習禅にあらず」ということを道元禅師は『普勧坐禅儀』を始め『正法眼蔵』や『永平廣録』のなかで何度も繰り返し強調しているのでしょう。かれの膨大な著述のほとんどは坐禅修行の正邪・真偽を弁別する基準を明確にするために書かれたものではないかとわたしは感じています。

では、習禅ではない坐禅とは果たしてどのようなものなのでしょうか？　坐禅と習禅の違い、これは坐禅を実践する上でどうしても押さえておかなければならない重大な問題です。一見、同じような恰好をして坐っているからといっても、「毫釐《ごうり》も差《たが》いあれば天地はるかに隔たる（毛糸ほどの食い違いが少しでもあれば、天と地ぐらいはるかな隔たりができる）」（『普勧坐禅儀』）と言われるように、その内実には大きな違いがあります。現在、坐禅をする人たちがどれだけその問題に審細な注意を向けて参究しているでしょうか？　まだまだ足りないと言わねばならない現状だと思います。

習禅と坐禅

習禅は禅定、つまりこころが一処《いっしょ》に住して散乱しない状態を作る修行ですから重点は心理状態の方に置かれます。坐ることはそういう作業がやりやすいような条件としての意味しか持っていません。からだは坐り、こころはそれとは別の瞑想行に従事しています。ここではからだとこころは別々のことをしていますが、目的は坐ることではなく禅定を練ることですから、こころの仕事の方が優先されることになります。

これに対して只管打坐の坐禅では正身端坐することが最も重要なことになっています。ですから、からだの方が優先されていると言いたいところですが、実はそうではありません。先ほど身心一如のところで言ったようなあり方で、からだとこころがぴったり一つになって、一つの同じ坐禅をしています。坐禅では、こころがからだしている＝からだがこころしている、のです。だから、坐禅ではどちらかを優先するということは言えません。そもそもどちらかというときのその二つがはじめから分かれていないからです。

道元禅師は『正法眼蔵　三昧王三昧』で「身の結跏趺坐すべし、心の結跏趺坐すべし。身心脱落の結跏趺坐《けっかふざ》すべし」とたたみかけるように書かれていますが、これは、三つの別々な結跏趺坐があるということではなくて、身＝心＝身心脱落という立場から、同じ坐禅を三つの言い方で表現されているのです。同じ巻には「結跏趺坐は直身なり、直心なり、直身心なり」という表現もあります。ここもやはり身＝心＝身心として理解すべきところです。これでおわかりのように只管打坐においてはからだとこころが不可分の一元的全体として結跏趺坐しているのです。

もう一つのきわだった違いを挙げます。習禅はマニュアル化された瞑想テクニックにだんだんと習熟していくことですから、初心者と熟練者とのあいだには熟達の度合いに応じた階級、段階、レベルが設けられます。初級、中級、上級といった具合です。人それぞれには得手不得手や才能の有無もありますから、進歩の速い人もいれば遅い人もいるでしょう。そこでは、ある人は何年も初級レベルに留《とど》まっているのに、ある人はすぐに中級に進むといった具合に上達のスピードに差ができてきます。またテクニックの方も、階級、段階に応じて簡単で容易なテクニックから複雑で困難なテクニックまで様々な技法が体系的に段階的に按配《あんばい》されます。ですから初級の人がやっている瞑想と上級の人がやっている瞑想は内容ややり方が全く違っているのが通例です。

たとえば、わたしの場合、臨済宗で在家の居士として坐禅していたころには、まずはじめに息を一つ、二つ、……、と数えて十に到り、また一から数えるということを繰り返す、いわゆる数息観《すそくかん》をしばらくやらされました。その次には数えることをやめて、出る息、入る息に意識を集中する随息観《ずいそくかん》を教わりました。そのうちに、縁あって曹洞宗《そうとう》の僧侶《そうりょ》になりましたので只管打坐を始めることになりましたが、あのまま臨済宗の坐禅を続けていれば、次にはおそらく無字か隻手の公案に取り組むことになっていたと思います。そのあとは白隠《はくいん》禅師が組み立てた公案体系に従って公案を一つ一つ透過していくというプロセスをたどったことでしょう。要するに修行の進展に伴ってメニューが変わってくるということです。そうそう、あるときわたしがお世話になっていた臨済宗の老師に「老師は公案をみんな終わって大事了畢《だいじりょうひつ》されているわけですが、今はどんな坐禅をされているのですか？」と聞いたことがあります。すると老師は「わしは只管打坐をしておる」とおっしゃいました。臨済宗の老師は只管打坐をなさっていたんです。

これに対して只管打坐の坐禅では今言ったような熟達度に応じた階級や段階といった区別をしません。無階級です。初心者も長年坐禅をしてきた人も、出家も在家も、全てひとしなみに只管打坐の坐禅をするだけです。道元禅師の『普勧坐禅儀』の「普勧」は「普《あまね》く勧める」という意味です。つまり、誰にでもどんな人にでも勧めることができるような坐禅だということです。この手引き書のなかには「上智下愚を論ぜず、利人鈍者を簡《えら》ばず」とか「万別千差というと雖も、只管に参禅弁道すべし」と書かれていて、坐禅には階級も差別もないことが強調されています。そこから誰も落ちこぼされることがないという点で、まことに大乗（大きな乗り物）の行にふさわしいものです。それは坐禅では正身端坐をすることだけが求められているからです。澤木老師が言うように、「坐禅する、それでおしまい！」なのです。これまでずっと言ってきたように、そこには目当てやつもり、目標がありませんから、自分はここまでできたという目安のつけようがありません。だから段階や階級を設ける余地がないのです。もちろんそこには「坐の深まり」というものは確かにあります。長野県小諸《こもろ》の懐古園《かいこえん》で坐禅生活を送っておられた草笛禅師こと横山祖道《よこやまそどう》老師は「坐禅に対する感じ方は最初のころの坐禅と四十年後の坐禅の感じ方は異なるが、坐禅は同じ坐禅である。誰が、いつ、どこで坐っても坐禅は仏である」（横山祖道著　柴田誠光編『普勧坐相みほとけ』大法輪閣）と言われています。坐禅としては、それが浅かろうが深かろうが、坐禅である限り同じ値打ちを持っているのです。だから決められたゴールを目指しての競争ということもここでは成り立ちません。一人一人が自分の坐をどこまでも深めていくことに限りなく精進するだけなのです。そしてそこにはこれで完成終了、これで卒業仕上がりということはありません。「はじめのない悟り」を「終わりのない修行」によってどこまでも具現していくということです。

坐禅を深めていくということは坐禅がうまくできるようになることとは違います。自分は坐禅がテクニックの習熟の問題ではないということはそこにも繋がってきます。坐禅がうまくなってきたなどとうぬぼれるのは、坐禅においては立派な堕落になります。坐禅にはエキスパート（熟達者）があってはなりません。どんなに経験を積んでもいつも初心者（ビギナー）で坐るのです。サンフランシスコ禅センターを創設された鈴木俊隆《すずきしゅんりゅう》老師の講話集 Zen Mind, Beginner's Mind（邦訳『禅マインド　ビギナーズ・マインド』サンガ刊）はいまや西洋では禅の古典のような存在になっていますが、そのプロローグには「初心者の心には多くの可能性がある。しかしエキスパートの心には可能性はほとんどない」という有名な文章があります。

坐禅は何回坐っても一回切りの初めての坐りをそのつど全く新しく坐るだけで、だんだんと積み上げて慣れていくものではありません。同じ味の坐禅を繰り返しているように思うのは、こちらの感受性が鈍っているだけのことで、時と場所と自分が変わって坐禅の素材が一新している以上、同じ味の坐禅はあり得ないのです。坐禅がマンネリズムに陥ったとするならそれはこちらが陥ったのであって、坐禅の方ではありません。坐禅が深まっていくというのは、その坐禅をこちらがどう感じるか、どう味わうか、それが深まっていくということです。その深まりに応じて坐禅がさらに広い世界を開いてくれる……。坐禅が無限である以上、この深まりには底に届くということがありません。

この第一講でいろいろと述べてきたことは、わたしなりに習禅ではない坐禅の輪郭を描こうという試みでした。それは決して習禅が悪い、間違いだということを言いたかったのではなく、習禅と対照させることで坐禅の特徴が浮かび上がってくるのではないかと考えたからなのです。

今回はこれで講義を終わります。

［註］

1　坐禅して何になるか？　――ナンニモナラヌ。――この「ナンニモナラヌ」ということが、耳にたこができて、ほんとにナンニモナラヌことをするようにならなければ、それこそナンニモナラン。櫛谷宗則編『禅に聞け――澤木興道老師の言葉』（大法輪閣）より

2　原文　身心に、法いまだ参飽せざるには、法すでにたれりとおぼゆ。法もし身心に充足すれば、ひとかたはたらずとおぼゆるなり。

3　原文　たとひ十方無量恒河沙数の諸仏、ともにちからをはげまして、仏智慧をもて、一人坐禅の　功徳をはかり、しりきはめんとすといふとも、あへてほとりをうることあらじ。

4　原文　坐禅は三界の法にあらず、仏祖の法なり。(『正法眼蔵　道心』)

5　原文　道本円通、争仮修証　宗乗自在、何費功夫

6　原文　ただわが身をも心をも、はなちわすれて、仏のいへになげいれて、仏のかたよりおこなはれて、これにしたがひもてゆく

7　原文　仏仏嫡嫡相伝する正法眼蔵、ひとり祖師［＝菩提達磨］のみなり『正法眼蔵　行持　下』

第一対談　独りよがりの坐禅への戒め

対談者

佐々木奘堂（ささき・じょうどう）

一九六六年茨城県生まれ。理系で東京大学理科Ⅰ類に入ったが、河合隼雄《かわいはやお》氏の著作を読み「科学とは何か」を探究するため、村上陽一郎《むらかみよういちろう》氏のもとで科学論を専攻。さらに、河合氏のもと京都大学大学院で五年間臨床心理学を専攻する。京大助手を二年間務め、『こころの秘密――フロイトの夢と悲しみ』（新曜社）を上梓《じょうし》。在家居士として京都・相国寺《しょうこくじ》で禅修行に通っていたが、臨済宗の僧侶《そうりょ》として出家。二〇一〇年十二月に大阪・天正寺《てんしょうじ》の住職となる。大阪を中心に、禅や仏教の法話、坐禅指導を中心に活動している。『ブッダの言葉～最古の原始仏典「アッタカヴァッガ」を読む』、『禅の言葉～随処に主と作《な》れ！』（共に本心庵）。
http://www.geocities.jp/tensho_ji/

人間が「坐る」ということはどういうことなのか

一照　奘堂さんが東京大学学生相談所紀要第十七号（二〇〇八）に寄稿された「平常であることの探求――ただ呼吸する、坐る、立つ」という論文の抜き刷りを先日送っていただきました。そのなかに述べられている、坐禅《ざぜん》に対する奘堂さんの問題意識や捉《とら》え方には共感させられるところが多く、たいへん興味深く読ませていただき、またとても力づけられました。今日はこの論文を中心にしばらくお話をうかがえればと思っています。どうぞよろしくお願いします。

さて、奘堂さんの基本的な問題意識というのは「釈尊が菩提樹《ぼだいじゅ》の下で行なったのはどのような坐禅だったのか？」というところにあるようですね。実はわたしもそれがずっと念頭にあって、これまで参究を続けてきたものですから、思いがけず同志を見つけた気がしてすごくうれしくなりました。

佐々木　はい、そうなんです。ですが、釈尊のした坐禅がどのようなものだったのか、本当のところは誰にもわからないものだと思います。ですので、それをアレコレと詮索《せんさく》するよりも、人間の原点に立ち返って探究していくのが良いと思うようになってきました。「人間が坐《すわ》る」とはどのようなことなのか、という探究の過程で、釈尊自身も何か特別のことをやろうと努力したのではなくて、たとえば呼吸にしても特別な呼吸法を実践したというよりも、人間本来の、平常そのものの呼吸を本当に探究し、実践し続けたのではないかと思うようになってきました。

一照　なるほど。仏伝によれば釈尊は出家後、まずヨーガ的な瞑想《めいそう》修行、その後苦行という当時のインドで主流であった二つの代表的な宗教的行法を徹底的なところまで試みますが、いずれも苦の根本的解決の道ではないと見極めて、それらを捨てたとされています。ですから、そのあとに行なわれた釈尊の菩提樹下の坐禅は、それまでに他の人の手で方法化されてきた、いわば確立されたメソッドとしての瞑想でも、また苦行でもない、釈尊が独自に切り開いた全く新しい第三の道だったということになる、わたしはそう考えているんですが……。

で、この論文のなかで奘堂さんは「坐禅はいかなる造作やはからいによっても作り出せるものではない。人間のちっぽけな頭やからだで『これだ』と捉えられるようなものではなく、どこまでも奥が深いものである」と書かれていますね。

佐々木　はい、わたしはちゃんとした坐禅をしたいという思いから、長年にわたって、姿勢や呼吸の探究をしてきました。特に丹田呼吸といわれるような呼吸法はかなり熱心にやりましたし、ヨーガやその他の行法などもいろいろ習ってきました。何かすでに確立されている方法に着目し、それを学んでいくというプロセスは確かにあると思います。たとえば先生から学ぶ、本から学ぶ、あるいは自分で試して学ぶ、そしてだんだん上達してうまくできるようになる……こういうプロセスは確かにありますし、わたし自身もそういうプロセスを経験してきました。たとえば丹田呼吸法などは十年以上にわたり取り組みました。それだけやれば普通ですとそれなりの効果が得られて、何か大切なことをそれで習得できた、身につけることができた、よかった、よかったということになるのかもしれませんが、わたしの場合、そこに何か違和感というか、もしかしたら独りよがりになっているだけじゃないのかというような思いがしてきて、いろいろな疑問が湧いてきたんです。そういう疑問を感じつつもいろいろな方法を試していく、そんなプロセスをだいぶ長いあいだ繰り返してきました。

「気をつけ！」の姿勢の坐禅

一照　その違和感というのは具体的にはどういうものだったのでしょうか？

佐々木　はい、わたしが坐禅修行を正式に始めたのは、京都にある臨済宗の相国寺の専門道場に入ってからなのですが、そのころのわたしはいわば「気をつけ！」の姿勢みたいな坐禅をしていました。「背筋を伸ばす」ということを強く意識して、お臍《へそ》の裏側あたりを前へ押し出すような感じで、腰がグッと反るような姿勢、それが「腰を入れる」ことだと思って、五年ほどやりました。そうやっていると、腰がシャキっとした感じがしますし、いかにも「自分は頑張って坐っているぞ」という気持ちがして、それなりの充実感も感じるわけです。

しかし、そういう坐り方で一日十何時間、それを一週間もやり続けると、当然のことですが、肩は凝るし息も浅くなってくるわけです。これはやっぱりおかしいんじゃないか、長くやると肩が凝ったり呼吸が浅くなるような坐り方というのはどこかがおかしい、こういうのが、最初のころにしていた坐禅で起こってきたからだの違和感ですね。

それから「おれは頑張っているんだ！」と、不自然なこと、不必要なことを無理をして頑張っていて、そこに充実感を感じるというのも、やっぱりおかしいんじゃないか、と思えてきたのです。

ちなみにこれは、わたしだけの問題でなく、たいていの坐禅の初心者はそういう坐り方をするんですね。つまり、腰の後ろをぐっと前の方へ突き出し、腰を反らせて肩をいからせて、いわゆる「気をつけ」の姿勢のような坐禅。こういうやり方でも週に一回一時間くらいの程度なら、からだに問題は起きないでしょうけど、それを長時間、頻繁にやると、からだに無理が出てきます。そういうふうにからだに無理をかけるような仕方で、がむしゃらに頑張るのは本当の坐禅ではないのではないか、と思うようになったんです。

一照　確かに初心者のうちはまだ坐り方の要領がわかりませんから、ともすればそういう坐禅をしてしまうというのは無理もないと思うんですが……。

佐々木　はい、その通りです。

一照　そういう坐禅から始まった人たちでも長年やっていくうちにだんだん上達してきて、そのうちうまく坐れるようになっていくということは言えないですか？

佐々木　いや、やはり気をつけ的な坐禅こそが正しい坐禅だと信じている限りは、たぶん変わらないと思います。そう思い込んで、まじめにやっているわけですから。

一照　それはやはりなかなか気がつきにくいことなんですね。

佐々木　はい、自分ではそれが正しいと信じているからこそ気づかないんですね。このことについてわたしにとって実に印象的な経験をしました。

あるとき、甲子園《こうしえん》に出場するくらいのレベルの高い、島根県のある高校の野球チームが、甲子園に行く直前に、道場に坐禅を習いにやってきたので、かれらを指導したことがあります。かれらは野球に関しては甲子園に出場するくらいの実力を持った選手たちですから、当然正しく腰の入ったフォームで野球の練習や実践をしていると思うんですけれど、そういうかれらでも、いざ坐禅をするとなるとさっき言ったような腰のあたりをぐうっと前に突き出してガチッとからだを固めたような坐禅をするんです。その腰のあり方では野球がとうていうまくできないような不自然な身体になって坐禅をしてしまうんですね。これはいったいどういうことだろうと愕然《がくぜん》としました。かれらは、それが「腰の入った」坐禅だと思っているわけです。

かれらも、「腰の入った」野球をしようとする際には、からだの芯《しん》がブレないようなあり方で、からだ全体が自由で効果的に動くよう努力していると思うのですが、坐禅における「腰を入れる」は野球と全く別物になっているわけです。わたしはこれはとてももったいないことだと思いました。

かれらは普段も練習の前に短い時間坐禅をしているそうですが、そういう坐禅をすればするほど、野球をするときの妨げになってしまうのですから(笑)。二つが全く別物になっているんですね。

一照　なるほど。

作りごとの坐禅

佐々木　野球と坐禅が別物になっていると言いましたが、野球に限らず、他のスポーツや、仕事など、何かと別物となるような「坐禅」をしているのは、その「坐禅」が何か変というか、妙な作りごとの坐禅になってるのではないかと思います。

わたしは作りごとや造作でなく、平常そのものを本当に徹底していくような坐禅があるということがわかってきました。

野球の例に戻すと、たとえばピッチャーがランナーを背負った状況で投げるときのセットポジションの姿勢がありますね。これは状況に応じていつでもランナーに牽制球《けんせいきゅう》を投げたり、バッターにも投げられるといった、その場に応じて柔軟に対応できる姿勢です。

またバッターなら、どんな球が来ても適切に対応してそれが打てるような態勢でバッターボックスに立ちますし、守備をしているなら、常にどういう方向にでも迅速に動ける姿勢で待機しています。わたしはそういうものと別ではない坐禅があるはずだと思うようになりました。

腰をガチッと固めたままじっと動かないで止まったままでいる、そういう坐禅はやはり無理があるし、それが正しい、それこそが坐禅なんだと信じ込んでいる気持ち自体が問題じゃないかと思うようになってきました。

一照　それは指導する人の側でもそういう問題に注意が向けられていなかったということでもありますよね。

佐々木　はい、わたし自身が、最初のころは、そのような無理のある坐禅を指導していたのです。それこそ、臍の裏側あたりを手でドンと突いたり、警策《きょうさく》といわれる長い棒を後ろからぐっと押しつけて、「もっと腰を入れろ！」と教えたりしていました。そうすると確かに猫背気味の人の背中がまっすぐになったりしますし、腰に緊張感みたいなものを感じますから、指導を受けている方も、「これが正しい坐禅の充実感だ」と思うので、確かに効果はあるように見える訳なんです。ですが、それは実は錯覚というと言いすぎかもしれませんが、本当にいいことなんだろうか、正しい坐禅というのはそれとはまた別のことじゃないのかという疑問を持つようになっていったんです。

一照　そこから奘堂さんの探究が始まったわけですね。今もまだその途上だとうかがいましたが……。

佐々木　はい、そうです。

一照　その問題点を一言でいうと、意識で余計な造作をしている、意識ではからって「これこそが坐禅だ」という勝手な基準に合わせてからだやこころをコントロールしようとしている、そういうことになりますか？

佐々木　はい、ここまで述べてきた坐禅は、無自覚的に「これが正しい方向だ」と思い込んでいるようなあり方の枠内で頑張って、実際はからだに無理がかかり、肩が凝ったり、息が浅くなったりする。その無理を極端に長時間続けるとからだをこわしてしまいます。そういう経過はひょっとしたらお釈迦《しゃか》さまも白隠禅師もたどったんじゃないかと思います。白隠禅師は呼吸法を熱心に探究していて、その無理がたたって呼吸でからだを悪くされたようです。お釈迦さまも長く息を止めたりといった、ものすごくいろいろな呼吸法を試されたと経典に書いてあります。その結果、これはやはりこういう無理をして精神や人間性を高めようとしてきたけれども、何か違うんじゃないかという疑問に突き当たったのではないかとわたしは想像しているんです。

丹田呼吸法を試みる

一照　ではそういうものではない坐禅というのはどのようなものだとお考えですか？

佐々木　実はそのあと、丹田呼吸を熱心にやった時代が十年以上続きました。それは先輩の和尚さんから、あなたの坐禅はみぞおちが張っているし、腰も反っていて良くないよと言われまして、その方から丹田呼吸の指導を受けまして、みぞおちが常にゆるんでいて、丹田がもっと自然に充実して膨らむような、肛門を締めて吐くときも吸うときも下腹に力が充実するようなやり方を教わりました。それができるようになると確かに坐禅をしているときの感じが変わってきまして、声や呼吸も変わってきました。「なるほどこれだ！」と思ったんですね。で、いろんな本を読んでも、これが東洋伝統の丹田呼吸法だというようなことが書いてあるので、なるほどと納得して、そういう坐り方を十年以上続けました。

一照　それはやはり「丹田呼吸法」という以上、ある一つの呼吸法を坐禅のなかでやっているということになりますよね。

佐々木　これに関して疑問が起きてきたことが、わたしの坐禅の探究の途上で一番大きな転換点でした。ここにもやはり何か無理があるというか、独りよがりになりがちじゃないかと思うようになりまして……。

一照　腰にぐっと余計な力を入れて反らすというようなことに対して違和感を感じるというのは比較的わかりやすいんですが、丹田呼吸をこころがけた坐禅に対する違和感というのはどういうものだったのですか？

佐々木　はい、それはなかなかうまく言うのが難しいんですが……。わたしは丹田が充実しているということ自体は今でも正しいと思っています。普通、かなり筋肉を鍛えた人でも、丹田のところが少しぺちゃんとしているというか、気が入っていない感じの人が多いんですね。ですが、本当に身体全体が充実しているときには、丹田が自然に充実して、そこにしわがよらないというのは確かなことなので、丹田が充実していること自体は大事だと今でも思っています。わたしは、何年ものあいだ、「丹田呼吸を極めるぞ!」と思って自分なりに努力もし、人にもそういう呼吸法の指導をしていました。ですが、意志で直接に丹田を膨らませていくようなあり方には、違和感というか疑問が湧いてきました。その違和感というのは、下腹がぷくっと膨れているのは、醜いと言ったら言葉が過ぎるかもしれませんが、普通の見方からすればやっぱり見栄えがいいとはとても言えないし、不自然に思えるし、見ていてあまり心地好《よ》くないようなお腹になるのが正しいというのは、やっぱり無理があるんじゃないか、と思えてきました。

あるいは丹田呼吸を極めたと思っている人が、下腹を見せながら自慢している様子にも、ちょっと違和感を覚えました。不自然に膨らんだ下腹を見せながら、「まるで妊婦みたいなお腹だって言われたよ、ワッハッハ」とか、「これが坐禅腹だ!」と言って自慢する禅僧に数人出会いました。そういうことを信じている人にとっては「わぁ、すごいなあ」と思うかもしれないけど、そうでない人にはちょっと異様な光景じゃないかと思いました。

わたしはインドにも何回か行って、ヨーガの指導も受けたりしたことがあるのですが、ヨーガでは下腹をへこませるような呼吸法の伝統がありますね。お釈迦さまも、様々な苦行や修行法を試みたわけですから、下腹をへこます呼吸法もやっただろうと思います。これは仏像を見ても、違いがはっきりしていて、インドと中国や日本の仏像では、特に下腹の造形が全然違うんですよ。日本や中国の仏像は下腹が膨れていますが、インドの最初のころの仏像は下腹がへこんでいます。ここにそれぞれの呼吸法の伝統の違いが表れているように思います。

坐禅で、丹田呼吸が正しいと信じている人は、「これこそがお釈迦さまのした呼吸法だ」と思っていて、白隠禅師もそのように書いていますし、現代の丹田呼吸法を指導している人たちも、そのように信じていることが多いです。ですが、本当にお釈迦さまがああいう下腹を膨らますような、いわゆる丹田呼吸をやったのかどうか……。わたしにはどうも想像しにくいんです。

丹田呼吸というのはやはり中国に、それこそ何千年も前から伝わる呼吸法であって、そこから由来していますから、それを「釈尊の呼吸法」としてしまうのには、どうも無理があるように思えます。

からだからの声を聞く道

一照　それは、やはり道教《どうきょう》などの影響があって……。

佐々木　はい、今の気功や太極拳に繋《つな》がるような呼吸法の長い歴史があるんだと思います。それはそれでもちろん尊いものなんですけれども、ではお釈迦さまはどんな呼吸をしていたんだろうということにまたぶつかって、疑問に思ったわけなんです。お腹をへこます方向で呼吸をするのか、膨らます方向で呼吸をするのか、そういう問題意識から、いろいろ迷いが起きました。ですが今では、膨らますかへこますかなどと、そういうことを考えていること自体がそもそも問題なのではないかと思うようになりました。あれかこれか、どちらの方法が正しいのか、どちらが釈尊の呼吸だったのか、というような問題ではないんじゃないか、という確信がますます強くなってきています。

ある呼吸法では、それを習得していくと下腹が膨らんだかたちになり、別の呼吸法では、下腹をすごくへこませ、一部だけ突き出して、それを自在に動かせるようになる……。わたしはこれら両方の呼吸法を、その達人に習いました。下腹のかたちだけ見たら、全然違うんですけど、「この腹を見ろ。これが修行の進んだしるしだ。ドヤ!」とドヤ顔をする点は両者とも完全に共通しているんですね。実は、呼吸法の問題よりも、この「俺は何かの方法で達人になった、すごいだろ」という思い自体の方が、はるかに重大な問題だと今では思っています。

一照　今、奘堂さんは「ただ坐る」、「ただ呼吸する」という表現をされていますね。

佐々木　はい、でもこれも非常に難しいところで、「じゃあ今のままの呼吸で自然に呼吸したらいいんですね」ということになると、やっぱり自分が思う「自然な呼吸」というのは、すでにいろいろな思い込みや癖が染み込んでいて、実際のところは不自然で無理のあるものになっていますね。その枠内で、「自然に」、「ただ」と思ってもどうかな、というのがありまして、難しいところです。やっぱり自分が「自然」、「当たり前」だと思っていたことに疑問を持つというのが、人間の人間たるゆえんで、宗教的な行というのもそこから始まると思うんです。このままでいいやと思っていたら何の進歩も深まりもないし、ただ現状への自己満足で終わってしまいます。

　自分が無自覚に思い込んでいる自然さでもなく、何か特定の方法を習得していくというのでもなく、本当にからだからの声を聞いていく道がきっとあると思います。それを他に表現しようがないので、今のところは「ただ坐る」、「ただ呼吸する」などと言っているのですが、人間本来のあり方を探究し学び続けていく道があると思っているんです。そういう道をたどっていけないだろうか、というのが現在思っていることです。

「本来」というとまたなんらかの特定の「本来」というかたちを作ってしまうことになりがちで難しいのですが。このあたりの問題は、言葉や方法やマニュアルを教える仕方では伝わらないので、関心ある人と共に、学び行じ続けていきたいと思っています。

腰・骨盤の立て方に対する誤解

一照　そうなると坐禅について語るにしても、指導するにしても、これまでのやり方とはだいぶ様相が異なったものにならざるを得ないですね。
佐々木　はい、そうなってきますね。
一照　いまうかがったような経過を踏まえて、奘堂さんは今現在どのように坐禅について語り、坐禅会を指導していらっしゃるのでしょうか？
佐々木　それは本当に難しくて、いまだに暗中模索しながらやっています。指導で難しいことはまず、それ自体は正しいと思われる指摘をしたとしても、必ずといってよいほど、間違った努力がなされがちだという点です。

一番大事な部分である腰、骨盤の傾きを例にとります。たいていの人は、お尻《しり》を床につけて坐ると、骨盤が後ろに傾いています。これは開脚するとよくわかるのですが、胴体の下のところ、腰・骨盤あたりが後ろに傾いてしまいまして、これだと姿勢の土台部分が傾いているから、それでは上体がまっすぐ立つはずありません。坐禅だと腿《もも》が外側に回りますから、開脚して骨盤が後傾している人は、よけいに骨盤が後ろに倒れてしまうんです。そのように骨盤が後傾したまま、上体だけ気をつけのように無理にまっすぐにするか、あるいは、みぞおちの上だけをまっすぐにする人がほとんどなんです。

そこでわたしがまず思ったのは、骨盤が後傾しているために、体全体に無理な力が入っているのだから、骨盤を起こして、物理学的にも一番無理のない姿勢をとれるようにと、そういう方向を目指して指導してきました。ですが、ここにもまた大きな問題がありました。「骨盤が後ろに傾いているから起こしてください」「骨盤の下の坐骨が前に転がるように」などという言い方でやってきたんですけれども、そういうふうな指摘をすると必ず、お臍の裏側が反ってしまう、関係のないところに力を入れるという結果になってしまう。必ずというか、ほとんどの人がそうなってしまうので、骨盤が後ろに傾いているという指摘、骨盤を起こす、腰を立てるという言い方、それ自体が間違った努力を引き起こしてしまうということがあってすごく悩みました。

一照　骨盤がきちんと立っている、そういう状態自体は間違っていないんですよね。それをやってもらおうと思って言葉に出した途端に……。

佐々木　意識してそのように努力した途端に間違いが始まってしまうんです。そもそも骨盤が後傾しているということも、自分では自覚するのは難しいものです。わたし自身、坐禅しているときの腰や骨盤のあり方が間違っていることに気づいたのは、ちょっと突飛なことを言うようですが、古代ギリシャ彫刻を間近に見たことがきっかけでした。もともとパルテノン神殿にあった彫刻で現在まで残っているものの一部がロンドンの大英《だいえい》博物館にあります。わたしはその彫刻を見るために、これまで何度もロンドンに行っているのですが、繰り返し見ているうちに、自分や他の禅の修行者の坐禅が、腰やお腹や足に、ものすごく無理な力を入れたものであることがわかってきました。

一照　おもしろい話ですね。

柔軟さを目指した結果

佐々木　パルテノン神殿にあった彫刻は、本当に腰がスッと立っていて、足も自由にブランブランと動かせるような楽な足です。丹田の部分も自然に膨らんでいるのですが、これは、いわゆる丹田呼吸で膨らませたお腹とは全然違っていて、自然で美しいです。

これを繰り返し見ながら、「坐る」というのは、本来足が解放されているものだし、腰やお腹も、骨や筋肉・内臓などに任せて、全く無理なく自然に坐るということが、そもそもあるんだなと気づきました。

　ですが、そのような坐り方を自分もしようとする際には難しい問題があります。背中の曲がり具合とか、お腹の膨らみ方とか、そういうかたちになろうと意識的に努力しても、全然ダメなんです。かたちを真似ようとしたり、意識的な作為をしてもダメだと自分で模索するうちにわかってきました。

　これは人を指導しようとして、いろいろな指示や指摘、アドバイスを出す際にも同じ問題があります。

わたしが指摘した事実が正しいとしても、それを意識的に努力して直そうとする時点で相手が必ず間違ってしまうのだとしたら、そのわたしの指摘するという態度自体が間違っているのではないか……。それに気づき、悩みながらこれまでやってきました。

一照　身体の特定の場所に関して、そのこと自体は正しい指示を出しても、全体としては、その指示のせいで正しくないことを引き起こしてしまうのですね。

佐々木　はい、これはほんとに難しい問題で、自分自身の経験でもそういうことにぶつかりました。股《こ》関節《かんせつ》を柔軟にしないと、ちゃんとした坐禅ができないことに気づき、開脚して、上体を骨盤から曲げて前傾するというストレッチを毎日、一生懸命やっていた時期がありました。そして、特に入念にそのストレッチをやった翌朝、ぎっくり腰になってしまいました。その原因といったら、そのストレッチをやったこと以外にはないんです。自分の思いとしては、「体を柔軟にしよう」「股関節を柔らかくしよう」と思ってした行為が、その結果としてぎっくり腰を引き起こしてしまったのです。自分はいったい何をやっているのだろうと、つくづく悩みました。病院に行ってレントゲンを撮ってもらって、腰椎《ようつい》五番と仙骨《せんこつ》のあいだでぎっくり腰が起きたということがわかりました。

実はそのぎっくり腰がどのように起きたかに関しても、わたしは五年以上、全くの勘違いをしていたんです。わたしは頭を無理に床に近づけようとして腰のあたりが後ろに丸くなるように弓なりにしすぎたので、ぎっくり腰になったのだろうと思っていました。

ところが、自分がぎっくり腰になって五年以上もたってから、ヨーガを二十年くらいやっている方の坐禅指導をする機会があって、開脚して上体を股関節から前傾するストレッチの指導をしていました。するとその方は、腰を反らせる方向にものすごく力を入れてやるものですから、いや、そうじゃなくて背骨は自然で楽にしたまま、ただ股関節から上体を倒すだけですと何度も言い、等身大の人体模型を横において説明しました。その方も、「上体に力をいれず、ただ股関節から上体を倒せばいい」と頭では完全に理解するのですが、実際にやると、どうしても腰を反るようなやり方しかできないんです。

一照　その人はそういうやり方でも上体を前に倒すことができるんですね。

佐々木　というか、「股関節から倒そう」と思ってはいても、それプラス腰を反らすような余計な力、ぎっくり腰になるようなすごい力が入ってしまうんです。それを見てわたし自身がぎっくり腰になったのも実は腰が反る方向の力を、自分で無理に入れていて、それにからだが耐えきれずぎっくり腰になったんだと初めて気がついたんです。からだのことには相当興味を持って探究してきたつもりでいましたから、自分のからだのことにこれほどまでに気づいていなかったのかと愕然としましたね。

からだが発する悲鳴が聞こえない

佐々木　ですがこれは、わたしだけの問題でもなく、身体の素人にだけ起こる問題でもなく、プロの人にでもよく起こりがちな問題であることが後にわかってきました。わたしはクラシック・バレエをやっている方も二人指導したことがあるんですが、その人たちは脚はものすごく開くし腰椎が前にも後ろにも動く、可動域がすごく広いんです。ですが、負担なく背骨が立つというあり方は全然できないというか、やはり慢性的に反った力が働くような仕方で腰を立てているんです。これはやっぱり、そういう姿勢が正しい・美しいと信じる気持ちが身に染みついている感じで……。

一照　バレエとしてはそれでいいということになっているんでしょうかね？　そのヨーガをやっている方のやり方にしても、ヨーガの世界ではそれでいいとされているんでしょうか？

佐々木　たとえばバレリーナの草刈民代《くさかりたみよ》さんは腰痛、ヘルニアになって手術されています。それで今本を書かれていて、当時自分がやっていたような腰に負担のかかるようなあり方は間違っていて、負担のかからないあり方でバレエをする道があるのではないかとおっしゃっています。わたしもそういうことは可能じゃないかと思っています。
一照　意識っていうのは本当は間違っているのに、「これで良いんだ」と思い込んで無理に頑張る癖というか傾向がありますからね。
佐々木　はい、からだにすごい無理をかけていたとしても、「良いことをしている」と思って頑張っているからこそ、無理をかけていることに気がつかない、からだからの声に気づかない、それがすごく難しいことじゃないかと思います。
一照　からだの方としてはそんなに無理しないで、と言っているんでしょうけど……。
佐々木　はい、からだの方では、「そんな無理するな」とメッセージを発したり、悲鳴を上げたりしているんだけど、「自分はからだを柔らかくするためにやっている」などと正しいこと、良いことをしていると頭で強く思っているから、からだからのメッセージや悲鳴が全然聞こえないわけです。ぎっくり腰になるというはっきりした障害が起こるまで、からだからの声が聞こえていないというのは、本当に怖いことだなと思いました。わたしが自分のからだに無理をかけていただけでなく、人を指導する際にも、人のからだに、やっぱり多くの無理をかけていたなと思うと本当に申し訳ないですし、怖いですね。
一照　そういうことはまさに坐禅の世界でもあって、まじめな人ほど、言われた通り、それが正しいんだと思って、頑張ってやってしまうということがありますね。まあ、無理をするのが修行なんだという変なガンバリズムというか、そういう風潮もかなり強くありますし……。

佐々木　そうですね、「無理を我慢するのが修行」と思い込んでいると、膝《ひざ》や腰などからだを無理に痛めつけて、からだに悪いことをしても、それが修行だと思ってしまいますからね。わたしがぎっくり腰になったような問題は、こころの問題でも同じで、自分のこころにすごい無理をかけていて、こころが「無理をかけすぎないで」とメッセージを発していても、「自分は正しいことをしている」という思いのために、こころのメッセージや悲鳴が聞こえなくて、結局、ぎっくり腰のような何かはっきりした問題が起こって、初めてこころに無理をかけていた自分に気づくということも多いと思います。

「自然」を知らないという自覚からのスタート

一照　奘堂さんはこの論文のなかで「自然」とか「ただ」という表現を使っておられますよね。道元禅師は「坐禅は安楽の法門なり」という言い方で「安らか」とか「楽」という言い方をされています。

われわれはともすると、今の時点で自分がわかっている範囲で、「自然」とか「ただ」とか「安らか」、「楽」を理解して、自分なりになんらかのかたちでそういうあり方がどういうものかあらかじめ知っていると思って、今の自分の状態は「自然でない」、「安らかでない」、だからなんとかして「自然に」、「安らかに」なろうと思って、まあ、それを目標にかかげて修行を頑張るわけですよね。ところがそういう努力の構造自体に実は問題があったんですね。

そうではないアプローチの可能性はまず、自分はまだ「自然」とか「ただ」とか「安らか」、「楽」がどういうものかを知らない、そういうことについて自分が現在持っているコンセプト、理解自体にそもそも問題があるし、そこに到ろうとする筋道、アプローチ自体にも問題がある、つまり全くのゼロから、新鮮に再出発しなくてはいけない、そういういろいろ握り込んでいるものをまず放り出すところから生まれてくるんじゃないかと思うんです。

佐々木　はい、現時点ですでに気づいていない思い込みが、かなり染みついているわけですね、もちろんわたし自身もふくめて。そういうふうにすでにガチガチに固まっていて、それに気づいていない部分が多いので、ではどうしたらいいかという問題意識がスタートになろうかと思います。

一照　そこを解体というかリセットしないで、ただ自分の持っているコンセプトや思い込みをそのままにしておいて、いちずに頑張ればいいというのではないですよね。だから、自己吟味や自己批判抜きでただいちずに目標とか理想に向かって邁進《まいしん》するというようなイメージではない坐禅の行じ方が構想されなければいけないと思うんです。進歩ではなく退歩というか、向きが逆というか、そこがとても難しいところですね。

佐々木　はい、難しいです。

一照 奘堂さんもよく例に出していますが、赤ちゃんとか胎児とかがごく自然にできていること、それが非常に参考になるという……。

佐々木 はい、それは本当に参考になりますね。腰が入るというあり方の探究でも、赤ちゃんからすごく大事なことを学べます。

最近生後三か月くらいの赤ちゃんを見る機会があったんですが、あおむけの状態ですが、ものすごくしっかり腰を入れてキックしてるんですね。これはいつからこんなことができるんだろうと思ったら、もう生まれてすぐにちゃんと腰を入れてキックもするしパンチもする。

さらにインターネットの動画などで調べてみると、お母さんのおなかにいる胎児でも、妊娠四か月くらいの段階でかなり活発に動いてますね。妊娠七か月のころには、平均して二百回ものパンチやキックをしているそうなんです。しかもそれは、わたしたち素人の大人がするような手打ちのようなパンチでなく、完全に腰の入ったパンチとかキックなんですね。ですから、腰が入ったあり方というのは、生まれてから訓練して身につけるものでなく、生まれる前から完全に備わっているものだと思うようになりました。

もちろん、腰が入っているから、それでいいというものでなく、腰が入ったなかで、パンチやキックをし、自《おの》ずと骨も筋肉も鍛えられていくのでしょう。生まれた後も、腰の入ったキックはできても、まだ背骨のS字カーブができてないので、お坐りや立つことはできないですから、いろいろ模索するなかで、成長、学習していかなくてはなりません。腰が入った本来のあり方ということ自体は、胎児のときから完璧《かんぺき》に備わっていて、それはもう胎児のときから死ぬまで続くんじゃないかと思います。

「腰を入れる」ことの本義

一照　そういうあり方がどういうわけか、人生のある時期に失われていくというか、現われなくなってくるわけですよね。それはやっぱり意識の問題なんでしょうか？

佐々木　やっぱり意識が働いて、できた、できない、これが正しい、あれは間違っている、こういう判断はもちろん生きていく上で大事なことなんですけれども、それに捉われてしまうと腰を入れて学んでいくというあり方は後ろに退いてしまうようなことになるんじゃないかと思います。でも、胎児のころにはできてたのに、今はできない、と思ってもどうしようもないですし、そういうのを超えた仕方で学んでいくということがあるんじゃないでしょうか。胎児や赤ちゃんが腰が入ったなかで、いろいろ学び成長し続けるように、わたしたち大人でも、そういう本来の腰の入った仕方で学び続けるということは可能なんじゃないかと思うようになりました。

坐禅するということ自体が、そういうふうな学びそのものではないかと思います。坐禅も、胎児が全身全霊で、腰を入れて成長し続けるように、本当に腰を入れて全力で学んでいければいいのですけれど、ともすると、造作、作りごとになりがちですね。これこれの瞑想状態になるとか、あるからだの状態になる、それはやっぱり自分という枠のなかで何かを作るという、閉じた体系のなかの話になりがちだと思います。

ですが、本当に腰を入れるというときは、「腰」というある部分、局部の問題でもないし、閉じた体系のなかだけの問題でもなくて、外の世界といかに関わっているかという、生きていく姿勢の問題になると思います。

たとえばまた野球の例でいうと、野球で腰を入れるというとき、バッターならバットを握ろうとする時点でもう足首から全ての関節がゆるんで、本当にいいプレーをするぞという気迫に満ちたなかで全身がゆるみますね。これはプロの一流選手だけでなく、わたしなどのように小学生で野球をしていた下手な選手でも全く同じです。

そのように腰を入れる際には、腰がどうかとかお腹を膨らますとかへこますとか、そんなことはぜんぜん考えていないんです。そういう腰の入ったあり方のまま構えるし、素振りをするし、実際に球を打つんです。

こういうことは別にスポーツ選手に限らず、社会人でも政治家でもいろんな課題や仕事に取り組むなかで、いかに本当に、狭い閉じた体系の枠内に捉われているのを脱して、真剣に外の世界とぶつかり合っていけるかという姿勢、それが腰を入れて取り組むということだと思うんですけど……。

一照　そこで、腰を入れるというのは身体だけのことじゃなくて、身心両面に関してのことなんですね。

佐々木　身体とこころと分けて考えている時点で、すでに知的に再構成されているというか、腰が入っていなくなっているんじゃないかと思います。本当に腰を入れて何かをしているときには、スポーツであっても仕事であっても、からだとこころと分けるのを超えたものが働いているんじゃないかと思います。本当に腰を入れるときには、狭い意味での「腰」や「腹」の部分に意識がいっているのではなく、野球でいうなら、足が大地をいかに蹴《け》り、手の先、いやバットの先まで、いかに自在に動き、適切なプレーができるかというのが、腰の入ったあり方だと思います。そのときには、何かと何かを分けるということを超えたあり方が実現されているように思います。

姿勢――世界との対峙の仕方

佐々木　坐禅も、身体とこころを分けて、どのようにからだを正しい姿勢にするかとか、こころを集中させるかなど、そのことばかりが問題にされがちですが、実は坐禅というのは、そういうことをはるかに超えていると思うんですね。

一照　本当にそうですね。いわゆる坐禅というとどうしても、調身・調息・調心、つまり姿勢と呼吸と精神状態をそれぞれどう調《ととの》えるかという話が主になりますよね。これは非常に内向きといいますか、自分の内側、内面だけのことに関心が向かっています。今、奘堂さんが言われたようなことは、そういう観点からは出てこないでしょうね。

佐々木　「調身」でも、わたし自身、十年以上も「自分の身を調えよう」と一生懸命に努力して、その結果、ぎっくり腰になったり、膝を痛めているんですね。これは本当に身を調えているのではなく、身体に無理な負担をかけながら、それに気づかず、思い込みのなかだけの「調える」だったわけです。というか、「わたしは調えている」という思い込みのため、からだからの声が聞こえなくなっているという恐ろしい事態だったわけです。「調息」でも、変なかたちに下腹を膨らましながら、「息を調えているんだ」という思い込みのなかで、十年以上やりました。これはわたしだけでなく、他の多くの坐禅を修行している人も、思い込みのなかの「調える」で、そういう小さな枠内にこもっている場合がほとんどだと思いますね。

一照　世界にどう真剣に向かい合うかということ、それは実は姿勢ということの本来の意味じゃないかと思うんです。姿勢というのは「すがた」と「いきおい」ということですから、勢いというのは世界への対峙《たいじ》の仕方という意味合いを含んでいますものね。世界へどう腰を入れて関わっていくか、向かい合うか、その気迫といいますか態度がはっきりしてくれば自ずとからだはある姿をとるだろうということですよね。

佐々木　わたしはどうしたら腰が、骨盤が立つかということを、自分自身に関してもまた指導に関しても、悩みながら探究してきたんですが、つい数日前のことなんですが、椅子に坐っていて、それこそ本当に足が大地を踏み締め、野球をするときのように、からだ全体がのびやかな感じというのはどのようなものなんだろう、とそういうふうなことをやってみたら自ずと骨盤も立ってきた体験をしました。ですから「骨盤を立てる」という意識を超えて、その底にある生きる姿勢のようなものにおいて、腰が入ってきたときに、身体も腰も自ずから立つし、からだもゆるむんじゃないかと……。

一照　呼吸も自然とあるべき状態になっていくという……。

佐々木　はい。本当に本気で生きて、外の世界に全力で関わり合う、ぶつかり合う、この姿勢自体は生まれたあとに身につけるんじゃなくて、それこそ胎児のときから手先足先だけのパンチやキックでなく全身全霊でそれをやっているわけで、まるごと全存在を挙げて世界とぶつかり合うというのは、生まれる前からやっているんですね。で、それは死ぬまで続くものじゃないかと思っています。ですから、この根本の姿勢みたいなものは、生まれる前から具足しているもので、それを狭い意味でのある種の能力のように捉える時点でもう限定してしまっているんじゃないかと思います。

あるいは上体が立つということでも、このあいだ仏像を見て思ったことがあります。奈良時代の仏像の手や腕を見ると、右手は軽く上げ、左手は相手をしっかりと受け止めるような姿をしていますね。どう相手を受け止め支えるか、そういう関わりの気持ちのなかで自ずと上体が立つしゆるやかになる、そういうあり方が本当だと思うんですね。これをかたちだけまねすると、ただのポーズというか、全然違ったものになってしまいますね。

一照　たとえば坐禅の姿勢をしたとき、骨盤が立つには、股関節の周辺の筋肉や腱《けん》がある程度柔軟でなければ物理的にできませんよね。そういう問題は今言われたような、世界に向き合う態度のようなことで、解決するんでしょうか？
佐々木　それは、「世界に向き合う態度・姿勢」というなかに、当然からだも含まれていますから、身心まるごとの柔軟さは、自ずと現われてくるのではないかと思います。股関節が固いかどうかは問題ではなくて、本当に大地を踏み締めてからだが自由に動く方向、それはからだが固くて骨盤が傾いていたら傾いているなりに、腰が入ったあり方を今ここで探索できる道はあると思っています。
一照　なるほど。
佐々木　逆に言えば、先ほど言ったような長年ヨーガやバレエをやって、可動域という点では完璧に身体が柔らかくなっている人でも、ただ腰を立てる、負担なく立つということはそのままでは出てこないわけですから、いわゆるからだが固い柔らかい、関節の可動域が狭い広いとは全く別な問題がありますね。
一照　じゃあ、いわゆる柔軟ということは必要ではないと……。
佐々木　いや、その柔軟という言葉も、本当に深い意味では、禅の根本そのものだと思います。道元禅師が『宝慶記』という書物のなかで「柔軟心《にゅうなんしん》」ということを書いておられます。わたしはそれがすごく好きなんです。これは道元禅師が師匠の如浄《にょじょう》禅師とのやりとりを記した記録なんですが、如浄禅師が「坐禅をして柔軟な心を得るのです」と言うので道元禅師が、「どのようにして心の柔軟を得るのですか（原文　作麼生《そもさん》か、これ心の柔軟《にゅうなん》を得るとは）」と尋ねます。それに対し、師は、「仏や祖師方が、身心脱落を行ずるのが、すなわち柔軟心です。これが仏道の根本です（原文　仏々祖々の身心脱落を弁肯するがすなわち柔軟心なり。這箇を喚んで仏祖の心印となす）」と答えます。

身心脱落、つまりからだもこころも捉われを抜け出る、それを時々刻々行じる、それがただ坐ることであり、柔軟なこころである。こういう意味での柔軟というのは、それこそからだとこころという分け方を抜け出ていますし、このような柔軟を行じていくことが本当に大切なことだと思います。

普通、柔軟というとどうも悪いイメージがあって、たとえば運動部の柔軟というと開脚して後ろからぐいぐいと無理矢理押して、押す方も、「こいつ、固いな」と思うし、押される方も、「痛い、痛い」みたいなのが多くの人が持っている柔軟のイメージですよね。でも、これでは本当の柔らかさということと全然関係なくて、無理の押しつけですよね。そういうのとは全然質の異なった真の「柔軟なこころ」というものがあると思っていますので、わたしはそれを特別に「禅的柔軟」と呼んで、そのような柔軟を行じていければと思っています。

坐禅をするのはからだをガチッと固める、それはからだが固いというよりもむしろ、坐禅とはそういうものだと、こころが固くなっているからそうなってしまうんであって、からだが柔軟に動く野球選手たちでもいざ坐禅をすると固まる、それはこころが固いわけですね。あるいは下腹を無理に膨らます、これが呼吸法の極意だと思っている、これもこころがそう固まっているからだと思うので、そういうのではない探究、柔軟なこころを探究していく道があると思います。

生きる原点――いかに世界と向き合うか

一照　それはとてもおもしろいことですね。と言いますのは、坐禅で身体の問題をずっと追究していったら、こころの問題に行き当たってしまったことになりますから。
佐々木　はい、「身体を調える」と思って頑張っていても、「自分が調えようと思ってしてきたことは、実は勝手な思い込みだったのか」と気づき始めると、その思い込みというこころの問題と向き合わなければいけなくなりますから。
一照　世界にどう向かい合うかというときの態度の問題とか、柔軟心というときのこころというのは、単なる意識の問題ではないんですね。つまり、からだの問題のときと同じように、意識で「よーし、こういう態度で世界に向かい合うぞ」とか「柔軟なこころになるぞ」とまじめに思って、それを意識的努力で作り出そうとすると、またこれまでと同じ意識によるコントロールという回路ができてしまうので、そうではないということですね。結局からだのことにしてもこころのことにしても意識でそれを捉えて、意識の範囲で何かを目標にして、それを意識的に目指すようなことになると、いくら努力しても結局同じような隘路《あいろ》にはまってしまうんですね。

今言われたような、自ずと上体がゆるんだ状態で立ち上がっていて、呼吸もまた自ずと丹田に届くような深いものになっているときの、心持ちというかこころのあり方はどのようなものだと思われていますか？

佐々木　どのようなからだの状態、こころの持ちようか、それはこれこれ、こういう状態ですよというように言葉で示し、それを目指そうとすると、即座に違ってしまうように思います。道元禅師の師匠のいう柔軟心でも、身もこころも、抜け落ちているのを時々刻々行ずるところに自ずと現われてくるもので、はじめからそれはどのような身かこころかということを問題にするような意識では絶対届かないところに本質があるように思います。

先ほどの譬《たと》えの続きで野球をまた例に出すと、バッターでもピッチャーでも、一球ごとに、全身をゆるめ、全身をそこに投げ出すような仕方で、基本姿勢に立ち返っていると思います。真剣にプレーするという意志が全身にみなぎっているときに、自ずと身心を投げ出し、そのあり方のなかで、たとえばバットを握るとからだがゆるむ、そのあり方のまま練習もするし試合もする。

それは何も野球に限ったことではなく、本当に何かに真剣に向かい合うときに自然にからだがゆるむ、そういうふうなあり方は子供のときも、それこそ胎児のときからあるんじゃないか、そういう意味での真剣さ、というか、生きる意欲とでも言うんでしょうか、そういうものは胎児のときから死ぬまでずっと備わっていると思うので、それを信じてやっていく道があると思うんです。

野球で、そのような基本姿勢に一球一球立ち返ることと、技術や戦略、知識などが全く矛盾しないのと同じように、生きる原点の意志がみなぎっていることと技術や知識が矛盾しない道がきっとあるはずで、それをどこまでも探究していきたいと思っています。

一照　世界に向かい合うというとき、野球の場合でしたら勝負に勝つ、たとえばバッターならピッチャーという相手がいて、それが投げる球をいかに打つかというやるべきことがはっきりしているわけですね、向こうに相手がいてそれと向かい合うというか。でも坐禅の場合は……。

佐々木　生きている限り、その都度、その人にとっての取り組むべき課題や問題は必ずあるように思います。それにいかに取り組むかということが、人生そのものですよね。いっけん具体的な問題で困っていないような場合でも、そう遠くないうちに死んでいく自分が今をいかに生きるかという問題は常にあるわけで、坐禅においても、その根本問題に取り組むのだと思います。

これは野球の場合でも、その場でどう対処するかということを超えていると思いますね。たとえば、時にはけがをしてリハビリしているときもあるでしょうし、限られた人生で野球ができる幸せ、それをどう本当に生きていくか、そういう気持ちがあればこそ、夜更かしや深酒をしないという具合に、自ずと日常の生活から調ってくるでしょう。けがをしてめげることがあっても、自分はこの道でやっていくんだという気持ちが決まっていれば、自ずと、リハビリやできる範囲での練習を誠実に続けるでしょう。こういうことはみんないかに生きるかという根本的な姿勢に関わってくるんで……。

一照　なるほど、ただ単に今、来る球を打つことだけでの問題ではなくて、そこに到る全てのことが背景にあって、いまバッターボックスに立っているということなんですね。そこには生きる方向性というかたちで未来もまた孕《はら》まれていると……。

佐々木　はい、そう思います。

造作に陥る坐禅の危険――赤ちゃんに学べ

一照　少し話が変わるんですが、わたしが坐禅を始めたころ思ったのは、禅というのはすごく精神主義的だなということだったんです。何か精神的な徳目のようなものを目標に掲げてそれを身につけろと言われているような気がしたんですね。その徳目の究極が悟りと言われるものだったわけです。

禅をやっている人間はしかじかの精神的徳目を備えていなければならない、過去の偉大な禅者とかその実例をいっぱい挙げられて、そういう人になれというような指導なんですね。でもわたしにはそれはとても抽象的すぎるんじゃないか、もしそうなれたとしてもそれは本人の思い込みにすぎないんじゃないかという気がしてしょうがなかったんです。具体性に欠けているというか……。それに人の真似をしろと言われているみたいで。で結局、長年の修行の結果そういう人間になったと思い込んでいる人間と、まだ修行が足らないのでそうなれていないと思い込んでいる人間がいるだけで、思い込んでいるという点では違いがないと、そんなうさん臭さが感じられたんですね。きっとわたしがお寺の出身ではなくて、ある程度年をとってから外部から禅の世界に入ったせいなんでしょうね。でも坐禅そのものは素晴らしいものだということは直感的に確信していましたから、精神主義的なものからなるべく遠く離れている坐禅をやりたいと思ったんです。もともと身体の問題には興味があって、坐禅をする以前から武道や野口体操、漢方医学といったものを熱心にやっていましたので、その延長線上で坐禅というものを探究し実践できないだろうかと思ったんです。

で、わたしもある時期は、からだの各部分、たとえば、股関節だとか、首だとか、腰だとか、目、仙骨……といったところをどう操作すればいいかを細かく厳密に研究し、それを組み合わせて総合していけばいい坐り方ができるんじゃないか、呼吸やこころのあり方に関しても、ヨーガとか心理学のなかに役に立ちそうな方法を見つけてそれを応用すれば、もっとましな坐禅ができるんじゃないか、上手な坐禅の指導もできるんじゃないか、そう考えていたんですが、奘堂さんもおっしゃったように、そういうアプローチでは造作そのものになってしまうことに思い到ったわけです。

実は数年前にいい姿勢で坐っている赤ちゃんの写真を探しているときに、これはいいぞと思えるのを見つけたんです。それを見ると、その子はいい姿勢で坐ろうというような一切の造作やはかりごとなしに、ただ自分の周りの世界をもっとよく見たいというその気持ちだけでそういう姿勢が自然に生まれているということが伝わってくるんですね。腰を入れようとか背中を伸ばそうとか全く思っていないんですが、ちゃんとそれが実現しているんです。

佐々木　そうですね。全く考えてないでしょうね。

一照　でも結果的に、ほんとに自然に無理なくそうなっていて、見る方にある感動を与えてくれるんです。こんなふうに坐れたらいいなあって……。大人はなんでこうならないのでしょうかね。かといってまた、「よーし、練習してこんなふうに坐るぞ」、と思ってそれを目標にしてやってしまうと、全く的はずれの似て非なるものになってしまうし。

佐々木　そうですね。子供の状態に、元に帰ろうなんて思うと、またそういう元を意識立ててしまって、本来の元とは違ったことになってしまいますし……。でも、物をとろうと思うと自然に全身が連動して動くという、そういうあり方は死ぬまであると思うんです。それがやはりわれわれは分断化されてしまっているんでしょうね。意識してしまうもんだから。元にはもう戻れないけど、それを行じていく道はきっとあると思うんですね。こころとからだは本来一緒なんで、そこのところを行じる、ただ単純なことをやっていく、そのなかでいわゆる知識や技術を身につけることと矛盾しないあり方で生きていく道を探究するのが坐禅の課題じゃないかと思います。

立つ、坐る、呼吸するということは毎日やっているわけですから、それをどういうやり方でやるか、それを時々刻々行じていくことになると思います。道元禅師も「身心脱落を弁肯する」、常にそれを本当に行じる、とおっしゃっていますよね。その時点でそれはもうできたとかできないとかそういうことを超えていると思います。

やはり目標があってそれが達成できたとかできていないとか、上達してきたとか進まないとか、そういう図式のようなものを作りたがるのがわれわれの傾向なんです。ですが、真剣にやっていくなかで、実はできたとかできてないとか気にしていたこと自体が、すでに捉われだったと気づいていく……そのようななかで、身もこころも抜け落ちているあり方を行じていくという道が開けてくるのではないかと思います。

根深いナルシシズムの克服

一照　そうなるとあの結跏趺坐というような伝統的なかたちでじっと坐っていることだけが坐禅修行じゃなくて、もっと広く時々刻々がみんな坐禅になって、たまたまあるときにあのかたちで坐っているだけというふうになりますね。

佐々木　はい、そう思います。最初期の禅の祖師方は、いわゆる脚を組んだ坐禅が大事だからそれをやれというような言い方は決してしていないですから。もちろんかれらが狭い意味での坐禅もしていたことは確かですけれども、臨済禅師でも六祖慧能《ろくそえのう》でも、「坐禅」という言葉の意味を、いわゆるじっと坐って精神を集中して瞑想状態に入るようなあり方から、徹底的に転換していると思います。

いわゆる坐禅や禅定・瞑想状態についていては、六祖以前の中国でも盛んに言っていましたけど、そのようなかたちや状態に捉われたあり方を徹底的に超えているのが本当の坐禅じゃないのか、そういう問題意識が禅の最初期の文献には、はっきりと語られています。

一照　禅宗というとまず坐禅ということが必ずと言っていいほど言われますけど、それだけを取り出して考えてしまうと間違ってくるんですね。せまい意味での坐禅を行じるにしても、先ほど言われたように二十四時間時々刻々に身心脱落を弁肯するというか、そういう探究の連続を踏まえた上で行なわれなければならないのですね。

佐々木　はい、そうだと思います。

一照　斐堂さんは一人でやるだけじゃなくて、坐禅会を通して他の人たちと一緒に坐禅を参究するという姿勢を持っていますよね。自分がすでに知っていることを上から目線で一方的に教えるというよりも、一緒に未知の問題に取り組み探究していくそういう場として坐禅会を大切にしているというふうにお見受けしました。

「参禅」という言葉がありますよね。臨済宗の方では修行者が公案をもらってそれに対する見解《けんげ》を師に提示するために室内に独参するというような意味で使われているようですが、われわれの方では「参禅は坐禅なり」ということになっていて、参禅イコール坐禅なんです。で、ここで使われている「参」という漢字には「人がたくさん集まる」という意味合いが込められていますので、参禅はもともと多数の人が一緒に坐禅をするという意味なんですね。

佐々木　はい、そもそも「坐る」という漢字も、人が二人、土の上にいるという字ですから、坐るということが、そもそも人と人とが一緒に大地の上にいるという人間の基本を示していると思います。坐禅というのも、もともと個人の身体やこころをある状態にしようという作りごとや造作を超えていくところに本質がある営みだと思います。一人一人が自分の声あるいはからだの声を聞いていく、こころの声を聞いていく、そういう場をどう共有するか、そこでどう関わるか、そういうことを全部含めて坐禅だと思っていますので……。

一照　なるほど。坐禅は一個人の姿勢とか呼吸とか、内面のあり方とか、そういう内に閉じた体験のなかの話ではないんだ、むしろそういう内閉を破っていくこと、越えていくことなんだ、根深いナルシシズムを克服していくことなんだということを、今回お話をうかがううちにあらためて気づかせていただきました。

独りよがりの坐禅への戒め

佐々木　もともとは内も外もないんですね。そんなふうに分かれていないと思います。赤ちゃんでもあるいは胎児でも、いかに世界のなかで生きるかという意志があるだけだと思うんです。胎内にいてもそこで世界とどう関わるか、そこのところで精いっぱいキックし、パンチを出し、全力で生きている。そこには内も外もないし、世界と関わって生きようとする一つの意志があるだけです。そういうあり方は死ぬまで続いていると思うんです。それがどこかで、内側の自分のこころをある瞑想的な状態にしようとか、いい姿勢、ゆるんだ身体で坐ろうとか、そういう作りごと的なものになってしまう時点で、本来ないはずの境界が生まれてしまうんですね。

一照　坐禅というとどうしても、己事究明の道だとか言われるものですから、「自己」の追究だとか内面への沈潜だとかと思われがちですね。しかも、多くの場合、この自己というのも狭く捉えられたこの小さなわたしだと考えられているんですね。それが禅であり、坐禅であると権威のありそうな人が言ったり権威のありそうな本に書いてあると、われわれはなるほどそういうものなんだと最初から思い込んで、それに縛られたかたちであとは前進するのみということになってしまいます。

佐々木　確かにそうなんですが、本当の禅を生きている人に出会うとそれがぶち破られるということが起こりうるんじゃないでしょうか。道元禅師も、真実の仏法を求めて船で中国に渡ったとき、年老いた典座《てんぞ》に出会って、話を聞きたいので引き止めようとすると「これから修行だから帰らなくちゃいけない」と言うので、「修行というのは食事作りとかじゃなくて坐禅とか公案を参究することじゃないんですか」と聞きました。すると「ははは、きみは修行というものがわかっていない」と大笑いされたという話がありますね。そのショックというのはきっと生涯続いたと思うんです。だから、作務や典座の仕事自体が、ただ坐るということと全く別でないような、そういう坐禅を究明し、行じていったと思うんです。

『百丈清規』を制定した百丈《ひゃくじょう》禅師でも己事究明として坐禅をしたのでしょうけど、あるとき弟子たちが禅師の健康状態を心配して農作業の道具を隠して作務ができないようにしたら「自分には徳がない。なんで人を働かせて自分は休んでいられるだろうか」と言われました。「自分には徳がない。だから作務をするのだ」というものすごく尊い思いと己事究明とが全然矛盾していないですね。そういうものがなくて、ただ自分の内面だけにこもって坐禅して己事究明するんだ、みたいなものになってしまうと全然違ってきますね。

一照　問題は今日の話のはじめから出てきていた「独りよがり」ということなんですね。どうしても、独りよがり的に、腰を入れるんだとかこういう姿勢になるんだということになりがちなんですね。やっぱりよほど気をつけていないと、知らないうちにそういうところにはまり込んでしまいますから。

佐々木　「腰を入れる」と言った途端に「腰」、「入れる」という限定がかかってしまうんですね。そうじゃなくて本当にいかに自分は精一杯生きていくか、そういう工夫のなかで自ずから腰が入るということがあるんです。そのときには腰だとか入れるだとかということは考えていないですよね。本当の「腰が入る」というのは、そういう開かれた姿勢を言うのではないでしょうか。そういうかたちでどう生きていくかという問題だと思うんです。道元禅師や百丈禅師のような人と暮らせば、なるほど坐禅や己事究明というのはそういう狭いものじゃないということがはっきりわかると思うんですけれども、どうしてもわれわれは限定されたもののように思ってしまうんです。ですから、百丈禅師、臨済禅師、道元禅師や他の偉大な祖師方が残してくれたものに常に立ち返る必要があると思います。

一照　今日は貴重なお話をいろいろありがとうございました。

佐々木　ありがとうございました。

第二講　正身端坐の坐禅

衲子の坐禅は直に須らく
端身正坐を先と為すべし

道元『永平廣録　巻五』

打坐としての坐禅

道元禅師の著作のなかでは、しばしば坐禅《ざぜん》という語に換えて「結跏趺坐」、「正身端坐」、「只管打坐」、「打坐」、「兀坐《ごつざ》」といった言葉が使われています。これらの言葉のなかには坐禅における心理的な側面に関連する文字が一つもなく、したがって瞑想《めいそう》的な色彩は皆無といってもいい用語です。どの言葉も煮詰めていけば最後にはたった一語の動詞、「坐」という字だけが残ります。ですから、これらの言葉に置き換えられるような坐禅は、心理面に重点を置いた坐禅、つまりまずからだをある姿勢で坐《すわ》らせて、その坐のなかで、坐ることとは別にこころをあるやり方で統御していこうとするいわゆる「瞑想的な」坐禅ではなく、この生身のからだをもってする単純素朴な「坐《すわる》」という行為そのものを深く探究していく身心一如的営みとしての坐禅だということです。

漢字二字からなる「坐禅」という言葉の二字目にある、ある特定の精神状態を指す「禅（サンスクリット語のディヤーナ、つまり禅那《ぜんな》、禅定＝こころを一処に留《とど》めて散乱させないこと）」の方を重視するのが瞑想的な坐禅であるのに対して（あえて文字のサイズで表すと「坐**禅**」ということになります）、只管打坐の坐禅の場合は、一字目にある、身体的行為を指す「坐」の方に重点を置くのです(「坐禅」)。さらに言えば、道元禅師にとっては坐禅は「坐がそのまま禅、つまり坐即禅」なのですから、もうさっぱりと「禅」という余計な文字をはずしてしまって「坐」だけにしてしまった方がはるかにふさわしい表現になります。その方が坐禅は「坐、それから禅」、あるいは「坐と禅」であるような他のタイプの坐禅とのいらぬ誤解や混同を招く可能性が少なくなるからです。

特にこの「打坐」という表現ですが、「打坐」の「打」という漢字は何かを「打つ」、英語の動詞で言うなら「ヒット」に当たる実質的な意味内容を持った字ではなく、中国語の助辞といわれる用法です。これは、動詞の前に置く接頭語としてそのすぐ後にくる動作や行為を示す動詞の意味を強める働きをします。たとえば「打聴(きく)」、「打睡(居眠りする)」というように使います。ですから、日本語だと、たとえば「倒す」を強めるのに「ぶっ倒す」、「殴る」を強めるのに「ぶん殴る」と言いますね。「ぶっ続き」とか「ぶっちぎり」とか。あの「ぶっ」とか「ぶん」に相当するものだと理解すればいいと思います。とすると、打坐をあえて日本語で言えば「ぶっ坐《すわ》る」あるいは「どん坐る」ということになるでしょうか。このように「打坐」という表現は、坐るというからだで行なう行為そのものを端的に表していて、それ以下でもそれ以上でもない、ということを直截《ちょくせつ》に表しています。わたしとしては本当はこの講義を通して、坐禅という言葉ではなく打坐という言葉を一貫して使いたかったのですが、一般にあまり馴染《なじ》みのない言葉なので、残念ながらそれは見合わせたのです。しかしこの講義で言う坐禅はまさに打坐というのがふさわしい、そういう坐禅なのです。

内山興正老師はこのような打坐としての坐禅を敷衍《ふえん》して、「坐禅するとは、居眠りせぬよう、考えごとにならぬように、そして生き生きと覚めて骨組みと筋肉で正しい坐相をねらい、その姿勢に全てをまかせきってゆくことである」と言っています（内山興正『坐禅の意味と実際——生命の実物を生きる』大法輪閣）。序講で紹介した大智禅師の坐禅の定義と並んで、これもまた見事な坐禅の定義だと思います。

わたしは自分が坐禅するときも、また坐禅を指導しているときも、いつもこの定義を指針にしてきました。特にアメリカで有縁の人たちと坐禅をしているときには、この定義がおおいに役に立ちました。わたしが十八年近く住持をしていた小さな禅堂はアメリカの東海岸にあり、そのあたりは北米でもとりわけ仏教への関心が高いところでした。それを反映して、その地域には様々な仏教伝統の流れを汲《く》む大小いろいろの仏教センターやグループが形成されていてそれぞれ活発な活動を展開していました。ですから、わたしのいた禅堂に坐禅に来る人たちのなかには、禅だけではなく南方仏教やチベット仏教の勉強や修行をかなりの程度まで経験した人たちがいました。そういう人たちはわたしが指導している坐禅、つまり打坐とかれらがやってきた仏教的瞑想行の違いについてしばしば質問してきました。指導するわたしの方も、かれらがどんな修行をしてきたのかをいろいろ聞いて、坐禅がそれらと混同されてしまわないように気をつけなければなりませんでした。つまり、打座と言われる坐禅と他の瞑想行はどのように違うのかを明確にしながら、坐禅とは何かを端的に表現することが求められたのです。そういう作業を行なう上で、内山老師のこの坐禅の定義がどれくらい助けになったかわかりません。ここで言われている「骨組みと筋肉で正しい坐相をねらう」というような表現は他の伝統には全く見られないからです。かれらからはよく「坐ってそれから何をすればいいのか?」とか「こころを何に向ければいいのか?」、「坐り方についてなんでそんなにこまごましたことを言うのか?」という質問を受けました。かれらにすれば、それまでやってきた行法とはだいぶ感触が違うということだったのでしょう。

この内山老師の定義のおかげで坐禅がまさに打坐であり、かれらのよく知っている瞑想、たとえば数息観やアーナーパーナサティ、ヴィパッサナー、ビジュアリゼーション(こころのなかに特定の対象を思い浮かべてそれに集中する)瞑想、マントラ(真言)瞑想などとは全く違ったものだということが伝わりやすいのです。もっとも、なかには坐禅が自分のイメージしていたものとはあまりにも違っていたという理由でそれっきり来なくなる人もいました。かれらはもっと効率的に、「瞑想状態」(それをどんな状態と考えるかは人によって違っていたでしょうが……）に入れる方法を探していたようです。坐禅では、どんな状態であれ、特別な状態に「入る」というようなことを最初から目指していないのだ、酔っ払っている人が素面《しらふ》に戻るように、「なんともない」自然な状態に落ち着くだけだとわたしが言うと、「なーんだ、そんなものだったのか」とがっかりした様子をしていましたから。

正身端坐へ到るには

さて、只管打坐についての最も重要で基本的なテキストである道元禅師の『普勧坐禅儀』のなかで坐禅の具体的なやり方を述べているところを見てみると、まず脚、手、胴体、頭、口、目のおさめ方について触れ、次に息のありようについて、そして最後に坐中のこころのありようについて書かれています。これは通常、調身、調息、調心（まとめて「三調」と言います）と呼ばれているものです。坐禅を行なう場合でも、また坐禅を指導する場合でも、この順番で一つ一つ「調」をこなしていった挙句に坐禅ができあがって、あとは一定の時間にわたってそれがこわれないように、それからはずれないように、保持、維持していく努力をするというのが坐禅だとたいていは考えられています。これからしばらくは、「坐禅って本当にそういうものなのだろうか、そういう理解でいいのだろうか」、と疑問を投げかけるような話をしていきたいと思います。

坐禅のやり方の実際を言葉で説明するためには、このようにからだの各部分、呼吸、精神状態という具合に、坐禅の全体を解剖し分解して、それらをある順番で個別的に解説していくしか方法がありません。もっとも、坐禅のやり方を説明するもう一つの方法としては、誰かが実際にやって見せて坐禅の手本を示し「さあ、わたしがやったようにやってみなさい」と言ってやらせるやり方も考えられます。これは言葉でいちいち説明しないで、手本を真似させる方法ですが、坐禅の細部や微妙なところはなかなか見ているだけでは伝わりにくいし、目に見えない坐中のこころのありようなどについては、言葉で説明しなければ外からはほとんどうかがい知ることはできません。それに手本を真似る方にしてみれば、一目で坐禅の仕方が会得できるわけではないので、「なるほど、脚はこうなってるな、手はこうなってるな……」という具合に部分に注目しながらそれを見よう見真似でやっていくことになります。だから結局この方法も、部分を少しずつ積み上げていくという点では、言葉で一つ一つ説明していく方法となんら変わりがありません。

坐禅を教えたり、習ったりするときには、坐禅のまるごと全体を一挙に伝える、理解するというわけにはいかず、便宜上どうしても坐禅を切り刻んで部分に分けて説明しなくてはなりません。坐禅を行じる側では、そうして与えられたたくさんの坐禅の断片《ピース》をジグソーパズルのように組み立てて坐禅を自分の身心で再構成する作業をすることになります。しかし、果たして正身端坐（正しい坐相で坐ること）とはこの断片の組み立ての作業がうまくいって、ジグソーパズルの絵がきちんとできあがった状態なのでしょうか？　そしてこういう部分の組み合わせというやり方でしか正身端坐に到ることができないのでしょうか？　わたしはここにはいろいろ考えるべき大事な問題があると思うのです。

威儀即仏法

曹洞宗《そうとう》には「威儀即仏法　作法是宗旨」という言葉があります。「行住坐臥《ぎょうじゅうざが》といわれる日常の立ち居振る舞いの全てが威儀にあふれたものであることがそのまま仏法なのである。だからほかならぬ日々の一挙一動をどう行なうか、それが最も根本の教えなのである」という意味です。普通、威儀とか作法と聞くと、われわれはたいていの場合いかにもそれらしい、ある型にはまった仰々しいジェスチャーや恰好《かっこう》を思い浮かべます。たとえば、お坊さんや聖職者が儀式のときに見せるような特別なしぐさや、あるいは茶道や華道で道具を扱うときの細かな手順とか特殊なさばき方とかがその例です。そういうときわれわれが注目するのはどうしても外から見えるかたちの方です。だから威儀とか作法ということについて、多くの人は「形式ばった、何か窮屈そうなもの」というイメージを持ってしまうのだと思います。

道元禅師の書かれた『赴粥飯法《ふしゆくはんぽう》（僧堂内における食事の作法）』という書物には合掌の仕方が次のように記されています。「合掌するには指先が鼻の先の高さになるようにしなさい。頭を下げるときは指先も一緒に下がり、頭がまっすぐのときは指先もまっすぐであり、頭が少し傾けば指先もまた少し傾くのである。合掌のときは腕は襟元に近づけてはいけない。ひじは脇の下につけず、横に張るようにしなさい。……」。

合掌というのは身体でそういうかたちを作ることだというわけで、修行道場では新入りのお坊さんたちは先輩の僧から合掌の仕方についてうるさくしつけられます。「そうじゃないだろう！　何度言ったらわかるんだっ。こうやって、ひじをぴんと張って、両手を鼻の高さまで上げろ！　こうだ、こう。よく見ろ。ちゃんとやれい！」。こんなふうに怒鳴られながら教わっているのをわたしはよく見かけました。もっと親切な先輩僧なら、やって見せるだけではなくて手取り足取りして、しかるべきかたちになるように相手の身体に触れて動かしてやりながら正しい位置や角度を教えるかもしれませんね。古来から僧侶《そうりょ》たる者は「三千の威儀、八万の細行（細かな作法）」を備えていなければいけないと言われていますから、きっと合掌だけではなく、そのほかのいろいろな動作やしぐさもこういうやり方で教えていくのでしょう。お拝の仕方とか、お経本の持ち方とか、道元禅師はトイレの使い方、顔の洗い方、歯の手入れの仕方、お堂への入り方など実に様々な動作、進退の仕方について実にきめ細かく書かれています。

しかしわたしは、果たしてこういうやり方で威儀のある動作を学ぶことができるのだろうか、身につけることができるのだろうかと疑問に思っているのです。作法というのはこういう方法でしか身につかないものなのでしょうか？　たとえば、言われたかたちに寸分たがわないような合掌ができるようになったら、つまりそういう技術が身についたら、それは威儀のある合掌がマスターできたということにして問題はないのでしょうか？　こういうやり方というのは、すでにできあがったものとして存在している完成したかたち、理想のかたち、モデルを手本にしてそれを自分の身体にコピーするというやり方だといえます。合掌するなら、腕のかたちはこうで高さはここ、手のかたちはこうで位置はここ……という具合に、意識主体としてのわたしが身体の各部分を操作、コントロールして所定のかたちと位置にもっていって合掌の理想のかたちとそっくりなものを自分のからだで作り出すわけです。これはいわば、自分のからだをすでにできている鋳型のなかにはめ込んでいくようなやり方とも言えるでしょう。鋳型そっくりのかたちができあがったら、ハイ、ポン、とそこから取り出して一丁上がり、あとは必要なときにはいつも同じようにそれを再現できるようにすれば万事問題なし、というわけです。

坐禅はたくさんある威儀や作法のいわば原型になるものだと思いますが、実は、坐禅の指導や実践もやはりこれとそっくりのやり方、考え方で行なわれている場合が多いようです。先ほども言ったようにたいてい、坐禅のやり方を初めて習う人は、指導者から「脚はこう組み、手はこういうかたちにして、背中はまっすぐにして顎《あご》を引き、口は閉じて舌の先を上の歯のつけ根につけ、眼は一メートルくらい前に落とす、……」という具合に指示を受けながら、自分の身体でそれを実行していきます。まずいところがあれば注意されてそれを直し、言われた通りのかたちになるように極力努力します。背中や腰が丸くなっているのにそれに気がつかないようなら、指導者が後ろから手や警策《きょうさく》（坐禅のとき眠りやこころのゆるみを戒めるために右肩を打つ棒のこと）でぐっと押してまっすぐになるように仕向けてくれます。みなさんのなかにも、こういうやり方で坐禅を教わってこられた方が多いのではないかと思います。

しかし今のわたしは、そこには何か大事なことがすっぽり抜け落ちているように思うのです。実はわたし自身もある時点までは、今言ったようなやり方で坐禅の指導をしていました。それが当たり前だと思っていましたから、それ以外に坐禅を指導する方法があるという、その発想すらありませんでした。

点を結んで坐禅にしたが……

数字の番号順に点を結んでいくと最後にある絵が完成する「点つなぎ絵」とか「なぞり絵」と言われているものがありますね。わたしが子供のころには、病院の待合室や理髪店で子供たちが退屈しないように遊ばせるためにそういう絵がよく置いてありました。今でもあるんでしょうか？　坐禅をするというのは、譬《たと》えて言うなら自分の身体を使って坐禅の正しい描画を描いていくことだと言えます。手や脚や頭や背中などの身体各部に関する指示はいわば描線を結んでいくための決まった点の位置を指定することに当たります。足、脚、腰、胴体、腕、手、首、頭というふうにそれら各部の位置を指定する点を全部きちんと結んでいけば最後に坐禅の正しい姿がそこにできあがるはずだ……。

わたしはそのころこんなふうに考えていました。内山興正老師から「正しい坐禅をするとは、ただ正しい坐禅の姿勢を筋肉と骨組みを持ってねらい、これに全てを任せきってゆくことである」と教えられ、それをそのように理解していたからです。わたしはさらに、「これまでの坐禅指導ではそういう点の指定の仕方がまだまだ粗すぎる。だから、点と点の間に距離がありすぎてそのあいだの線のつなぎ方がいいかげんになってしまうのだ。だからもっと細かく点を打っていけば、もっと厳密で間違いのない坐禅の絵ができあがるはずだ」と考え、これまでの坐禅指導においては触れられることがあまりなかった点の指定をもっと増やしていこうとしました。たとえば「両手の親指の先を軽く合わせる、その接触点の位置」だとか「頭と首のつなぎ目」、「顎」、「肩のつけ根」、「肩甲骨」、「横に張ったひじ」、「肋骨《ろっこつ》」、「骨盤の傾き具合」、「両膝《ひざ》と股《こ》関節《かんせつ》の関係」、「半眼のまぶたの開き具合」などの正しい位置を指定する点を決定するために、解剖学やいろいろなボディーワーク（身心の変容をもたらすために身体に直接働きかける技法）をかじって、そこからの知見を取り入れようとしました。そしてそれを自分の坐禅で実際に試してみるということもやりました。だんだんそういう情報が集まってきて、この調子で行けばほとんどすきまなく点を並べた完璧《かんぺき》に近い坐禅の「点つなぎ絵」ができそうな気がしてきました。

　しかしあるとき、坐禅していて愕然《がくぜん》と気がつきました。道元禅師の『正法眼蔵随聞記』には「坐はすなわち不為（人間的作為が全くないこと）なり」とあるし、瑩山禅師の『坐禅用心記』には「万事を休息し、諸縁を放下し、一切為さず。六根作《な》すことなし」とあるのに、自分の坐禅は、ここはこうして、あそこはこうして……とまさに作為だらけだし、休息とか放下どころか、あれこれ作《な》すことばかりで忙しいことこの上ない。そういう指定された位置にちゃんとからだの各部分がいっているか、そこからずれていないか、看守のように始終見張っていなければならない。こういう坐り方は根本的に間違いじゃないのか、と。自分の坐禅の姿を外から第三者がながめるように観察して、正しいとされる坐禅の恰好と自分の坐相を比較対照しながら少しずつ修正していき、教えられた（あるいは自分がそうだと思っている）理想形に徐々に近づけていくというのは、道元禅師や瑩山禅師が説いている坐禅のやり方とは根本的に違うのではないのか、釈尊が菩提樹《ぼだいじゅ》の下で坐禅されたときこんなふうにして坐っていたはずがないじゃないか、自分は坐禅と思いながら実は坐禅とは本質的に別な何かをしているのではないのか。内山老師が言われた「正しい坐禅の姿勢を筋肉と骨組みを持ってねらう」というのは、わたしが理解したような「点つなぎ絵」のようなアプローチ、言い換えれば、外側に「正しい坐禅の姿勢」を目標として立てておいて、それを目指して意識的にからだを制御して坐相を作り上げていくようなこととは全然違うのではないか、ということに今更のように思い到り、慌てふためいたのです。

では、点つなぎ、つまり「為」を積み重ねていくのとは全く違うアプローチの坐禅、「不為」である坐禅とはどのようにして可能なのか？　そもそもそんなことが可能なのだろうか？　わたしは、こういう問題意識を持ってあらためて再出発しました。その辺の話がこの講義の焦点の一つになります。先ほどから話題にしている合掌低頭という動作についても、普通の指導のように外から誰にでも一律の指示を与えて他動的にかたちにはめていくやり方ではない教え方、指示に従って意識的にからだを言われる通りに動かしていく、というのではない学び方、行ない方があると思うのです。そうでなければ、合掌低頭が打坐と同質のものにはなっていかないでしょう。打坐を不為として成立させなければならないのなら、合掌低頭もまた不為として成立させなければならないはずです。そして、それは合掌に限らず挙措進退動作一般についてもそうでなければならないことになってきます。

全一的調身へ

ここでの問題の一つは、ばらばらな諸部分を合わせて全体を作ろうとするというやり方にあります。

人間のからだは部分の単なる寄せ集めではなく、一つの有機的統一体です。ですからからだの一箇所でも動かそうものなら、それがどんなに微妙な動きであってもからだ全体がそれに連動して動くようにできています。「操体法《そうたいほう》」という健康法の創始者である橋本敬三《はしもとけいぞう》氏は、これを「同時相関・連動の法則」と呼んでいます。たとえば、足の親指だけを動かしてみるとその親指だけが動いているように見えます。では今度は誰かに親指をぎゅっと握ってもらい動かないようにしてもらった状態で、無理矢理その親指を動かそうとしてみてください。すると足首関節、股関節、仙腸関節、骨盤、脊椎《せきつい》、頸椎《けいつい》、頭蓋骨《ずがいこつ》にまで力が入って動き出し、さらには顔面の表情筋や上肢の各関節、指先に到るまで、要するに全身が相関して動き出します。この実験からもわかるように、一関節の動きと言えども、その動きは隣接している関節に連鎖的な運動を引き起こし、その結果全身に波及していくのです。つまりからだの一箇所だけを他から切り離して、そこだけを他の部分と無関係に扱うわけにはいかないということです。こういうあり方をここでは「全一性《ぜんいっせい》」と呼ぶことにします。

この全一性を視覚的にわかりやすく示すためにわたしが使っているのが「ホバーマン・スフィア」というおもちゃです。これはチャック・ホバーマンというアメリカ人建造物デザイナーが考案したもので、小さくたたまれたイガグリ状態から一瞬にして大きな球体に広がります。カラフルなプラスティックの辺とそれをつなげているジョイントからできた多面体で、指先でつまんで自由自在にたたんだり広げたりできます。このおもちゃはどこをつまんで動かそうとしても必ず全体が一緒に動くのです。そこだけを独立に動かすことはできません。まさに全一的なおもちゃです。人間の身体も本来はこういうあり方をしているのです。

坐禅の実践においては人間の生きたからだはもともとこのような全一性を備えているということを念頭にしっかりおかなければなりません。たとえば、坐禅の姿勢を修

ホバーマン・スフィア
（協力：株式会社ラングスジャパン）

正するときには、しばしば問題とされる部分だけを直すようなことをしますが、その部分の修正の影響はそこだけに留まらず、「連動の法則」によって必然的に全身に及んでしまいます。その結果、一部分の改善が別な部分の改悪に繋《つな》がることにもなりかねません。それに姿勢が全体として正されない限り、局所的な修正は遅かれ早かれ元の状態に戻ってしまいますから、しょせん一時的なものに留まります。

坐禅の全一性ということを考えると、からだの各部分に対する個別的な指示に従って調身し（姿勢を調《ととの》え）、それがすんでから息についての指示に従って調息し（呼吸を調え）、最後にこころについての指示に従って調心する（こころを調える）というよく行なわれている坐禅のやり方の問題性が浮かび上がってきます。

まず、調身ですが、足、脚、腰、胴体、腕、手、首、頭といったからだの各部への指示を一つ一つばらばらにやっていったのでは全一の姿勢は生まれてきません。そういう坐禅だと、あたかもからだの各部分がみんな身勝手な自己主張をして言い争いを始めたり、あらゆる部分が自分の居心地の悪さに文句や悲鳴を上げているように感じられます。「おれはここに居たいのにどうしておまえはおれを引っ張るんだ！」、「わたしはこんな場所にはいたくない、あっちの方がいい！」……という具合です。たとえ一つ一つの指示を守れたとしても、からだの各部分がよそよそしい間柄にあるようでは「まとまりのない」あるいは「おさまりの悪い」坐禅と言うしかなく、調身とは程遠いものです。全一的な調身を行なうには、からだのどこをどう動かせばどこにどのような影響が及ぶか、どの部分とどの部分がどのように連動しているか、といった「同時相関・連動の法則」や姿勢の急所やツボについての、いわば「からだの文法」とでもいうべきものを体得していく努力が必要です。それは「坐禅人のたしなみ」とでもいうべきものです。坐禅をする人が身につけるべき教養とも言えるでしょう。精妙極まりない連動装置を備えているからだで調身するということがどれほど微妙で奥深いことであるか、また困難なことであるかを知れば、それなりの心構えや稽古《けいこ》をしなければならないのは当たり前です。

調身——坐蒲の上の統一感

下半身の急所は骨盤ですし、上半身の急所は頭と首の接合部です。そしてその二つの急所をどう脊椎で繋ぐかということになります。この課題をどう遂行していくかという方向でからだの各部を相互に調整していくのです。ですから各部の位置や角度はいつでも仮のもの、一時的なものだということになります。相互調整の過程でいつでも変更がきくようにかなりの程度の自由度を確保しておかなければなりません。からだがよくほぐれていなければならないというのはそのためです。かたく固まっていたのでは動きようがありません。たとえばその調整の過程で手の位置も肘《ひじ》や肩との関係で最初に置いた場所とは微妙に違ったところまで動いていくかもしれないということです。あるいは、目に関してもよく「視線を四十五度下に落とす」とか「一メートル先を見つめる」とか言われていますが、こういう言い方は間違いの元です。目をどうするかということは目だけの問題として決められることではなく、全身の、特に腰の

(実はこころのあり方も決定的に重要なのですが)あり方との関係で考えていかなければならないことなのです。もちろん、舌の位置だって同じように全身のあり方との関係で見ていかなくてはならないことは言うまでもありません。

こうした全身に及ぶ微細な調整は、意識でいちいち命令を下してやっていくのではありません。意識も働いてはいますが、主に活躍するのはからだに備わっている自動的な調整作用なのです。意識がはっきり覚めてからだがどのような状態になっているかを見守っていると、からだの方でそれに応答するようになんらかの動きが自《おの》ずと生まれてきます。これは頭で考え出した動きではなく自然に発現してくる自発的な動きです。その動きを邪魔したりコントロールしようとしたりしないで、そういう動きを許すのです。それはどこかの部分だけが動くような局部的動きではなくあらゆる部分が協調して動く全身運動になります。

こうして各部分が相互に折り合って全体としてまとまりがよくなってくるにつれて、「こなれた」坐相になってきます。部分と部分の境目が消えて全身が融け合い、ある独特の味わいを持った「統一感」、「一如感」が自然に感じられるようになります。そしてそれが次第に深まっていきます。からだの各部分が坐相という一つの全体のなかに静かに帰入して「おさまるべきところにおさまった」という感触です。その感触をもっと具体的に言ってみるとこうなります。下腹部の中心あたり、古来より臍下《せいか》丹田《たんでん》と呼ばれてきたあたりを中心にある充実感が感じられ、その感じがそこから放射して全身を一つのまとまりとして統一している。上に向かうにしたがってその感じはだんだん淡くなっていき、大きな空間が開けているように感じられる……。これはわたしの主観的な感じ方ですが、東洋医学で「人間が本来の力を一番発揮できる状態」と言われている「上虚下実（上半身の力が抜けていて、下半身が実していること）」の状態に当たります。

こうしたからだの中身の状態（快・不快、重力との関係、筋肉の緊張状態、姿勢など）に対する感覚は、内触覚といわれる体性深部感覚（筋、腱《けん》、関節からの感覚）や内臓感覚を通して感得されます。視覚や聴覚などの外界の情報を受容する外界受容器に対して、からだの中身を感受する「内界受容器」というものがからだの到るところにあるのです。調身が全一的に行なわれるには、内界受容器を鋭敏（過敏とは違います。過敏はある意味で鈍感と同じです）に働かせてまるごと全身の様子を「一目で」感じながら、個々の部分が連動して動いていけるような条件を整える必要があります。そのための基本的条件が深いリラクセーションなのです（ここでいうリラクセーションは全身が脱力してぐんにゃりとなることではありません。ゆるむべきところはゆるみ、緊張すべきところは適度に緊張しているバランスのとれたリラクセーションです）。

坐禅において感じられる統一感、一如感は固定的なものではなく、そのときそのときの坐相の正確度、内界受容器の感度など様々な条件によってたえず揺らぎ、微妙に変化し続けています。それは坐禅している当人がからだ全体でなんとなく感じる流動的な感触です。痛みとかかゆみのようにからだのどこか特定の場所に局在的に明瞭《めいりょう》に感じられる感覚とは違って、からだ全体に拡散しているあいまいで捉《とら》えがたい感覚です。こうした感覚に対する感受性を高めていかなければ調身を深めていくことはできません。こういう感覚を手がかりにして、それに導かれて調身のレベルが上がっていくからです。ですから調身のポイントは、外から眺めた外観の美しさももちろん大切ですが、それよりももっと重要なのは、こうした内的感受性によって内観されるからだの中身の状態の方なのです。

調身・調息・調心の全一性

これまでのところは調身、つまり坐相における全一性について話してきましたが、実はこれでは中途半端だったのです。調身を調息や調心と切り離して論じてしまったからです。厳密に言えば、調身を行なうためには息やこころの状態に触れないわけにはいかないのです。坐相が全一的なものとして成り立つためには調身が調息、調心と一緒に進行していかなければならないのです。本当の意味での坐禅の全一性は身―息

――心の全一性でなければなりません。

ということはよく行なわれているように、まず調身、それができたら調息、そして最後に調心というように順番に「調」をこなしていくやり方は、調身を行なうのにからだの個々の部分をばらばらに扱いながら、それらを寄せ集めて坐禅のかたちにしていくやり方と同様に、全一的坐禅としてはまずいことになります。ですから、道元禅師が『永平廣録』のなかで説いている「衲子《のっす》の坐禅は直に須らく端身正坐を先と為すべし。然る後に調息致心す」ということも調身→調息→調心という順序でやりなさいというふうに理解すべきではないのです。この文は「われわれが行じる坐禅では正身端坐が全てである。正身端坐すればそれによって息やこころが自然に調うのである」と理解しなければなりません。正身端坐、つまり調身がそのまま調息であり調心なのです。調身のなかに調息も調心も含まれてしまっている、あるいは調身によって調息し調心する、とでも言えるでしょうか、ここに打坐と言われる坐禅の特徴がよく現われています。

『普勧坐禅儀』には「鼻息が微《かす》かに通じている」という息に関するたいへん簡潔な記述があります。息に関しては「鼻・息・微・通」たったこの四文字しか書いていないのです。しかしこの四文字には実践上大変深い意味合いが含まれているので、われわれとしてはこれを暗号のように解読し、実際の坐禅を通して参究していかなければなりません。『永平清規弁道法』や『永平廣録』のなかにある道元禅師が坐禅中の息に関して述べているところを参考にすると、坐禅中の息は「鼻を通して静かに入ってきた空気がゆっくりと下腹部の底に届いてからだのなかを満たし、またそこからゆっくりと上にのぼって鼻から出ていくような深い息が、全く作為なしに自然に起きているような呼吸で、息が荒々しくなって声がしたり、あえいだり、息苦しさを感じたりすることがない。隠れ行くように微かな息が滞りなく全身にわたって息づいている」ということになります。

意識的にそういう息をしようと「する」のではなく、そういう呼吸を自《みずか》ら作ろうとするのでもなく、調身の努力によって結果的にこういう息に自《おの》ずから「成る」、それが坐禅の調息です。調身によって調息するとはそういうことです。そのためには先ほどの内界受容器を働かせて息の様子を刻々に感受できていなければなりません。それも実は調身の一部なのです。息が通りにくいところはどこか、息の流れが感じられなくなる場所はないか、一回一回生まれてくる息が自分をどのように表現しているかをありのままに鋭敏に全身で感じているのです。それが自ずと調身の動きになっていきます。息に教えてもらいながら調身が進み、正身端坐が深まっていきます。するとますます息も調ってくる、それがまたさらに調身を導き……という具合にどんどん姿勢と息の助け合いが進んでいきます。

坐禅中に現われる不快感や不安感、昏沈《こんちん》（こころが沈んで活気がなくなり働かなくなった状態）や散乱（こころがいろいろの物事に引き回されて少しも静まらない状態）などの心理上の諸々《もろもろ》の問題も、こころそのものを使って解消するのではなく、調身によって自然に解消させるのが打坐における調心のやり方です。正身端坐の姿勢の大きな特徴の一つは、それが右にも左にも前にも後ろにも、どの方向にも偏っていない、傾いていない、中立の姿勢、完璧にニュートラルな姿勢だということです。それはシンボリックに言えば、前後左右のどこかの方向、ここではないどこか別なところ、今ではないいつか別な時間へ向かって移動しようとしている姿勢ではないわけです。どこか、いつかへ行こうという思いを持った途端、必ず姿勢はそれに応じて前か後ろか右か左かどちらかの側に偏ってしまう、傾いてしまうのです。こころは姿勢というかたちをとり、姿勢はこころをそのまま表すからです。このニュートラルな坐禅の姿勢はどこにも移動しようともしていない、今ここに安祥《あんしょう》として存在できているこころの「具現化」ということができるでしょう。あるいはそういうこころが「受肉」したものという表現でもいいかも知れません。

またわれわれはいつも全てのものを地球の中心へ向かって引っ張っている重力の影響下にあります。ですからあの坐禅の姿勢を保つには意識がはっきり覚醒《かくせい》していなければ必ずどちら側かへ倒れてしまいます。つまりうとうとしていたり、考えごとをしていたらあの姿勢を保つことができないのです。

言い換えると、坐禅の姿勢では考えごとを追いかけることができないし、居眠りすることができないということです。考えというのは必ず今ここには存在していない未来か過去のことについての考えです。だから考えごとをしているときには坐禅の姿勢のどこかが必ず凝っているし、居眠りしているときには必ず気が抜けた姿勢になっています。考えごとも居眠りもできない正身端坐を努力するということは、こころのなかの出来事に対する捉われや眠気を自然に、ということは、本人にはそういうつもりもなく、結果として乗り越えていることになるのです。浮かんでくる様々な思いや湧いてくる眠気を敵に回して、それを相手取って戦うのではなく、坐禅する当人としてはただ（只管に）調身に努めるだけでいいのです。それが同時に調心になっているからです。

意識を超える般若の智慧

からだの各部が同時に連動しながら、からだのまるごと全体で、内側から花が開くようにして坐相ができあがっていく（ホバーマン・スフィアがイガイガ状態からフワーッと球体に広がるみたいに）、しかもそこで調息と調心が同時に進行しているような、全一的な調身はどのようにして可能になるのでしょうか？　これを意識的な努力やはからいでやろうとしたのではとうていおぼつかないのです。意識にはそれだけ多岐にわたる複雑な課題を一挙に遂行する能力が与えられていないからです。意識は限定された対象を扱うのは得意ですが、こういうことには向いていないのです。意識を使うと必ずどこか局所に捉われることになり、全一性が損なわれてしまいます。それなのに意識の分限を超えてなんでも意識だけで全てこなしてしまおうとするところに、坐禅のいろいろな問題が生じてくるのです。それは「自ら《みずか》」と「自《おの》ずから」をどう塩《あん》梅《ばい》するかという問題とも言えます。全一的な調身が意識的なコントロールだけではできないとなると、わたしたちにはもうどうすることもできないのでしょうか？

　いえ、そんなことはありません。意識でできないことをわたしたちは日常的にやすやすとやっているのです。消化吸収、排泄《はいせつ》、呼吸、血液循環、免疫、重力場での姿勢調節、運動の制御などわたしたちが生きていることを支えている様々な働きは、そのほとんどの部分が意識的コントロールではないかたちで維持・運営されています。思いの発生それ自体は意識によるものでないことも忘れてはなりません。実は、生きているという地盤から見直せば、意識は自分がそう思い込んでいるような主人《マスター》などと言えるものではなく、生きていることの副産物の一つくらいに考えておいた方がいいものなのです。精神科医の頼藤和寛《よりふじかずひろ》氏によると、われわれがそれが全てだと思い込んでいる意識の領域など富士山《ふじさん》の山頂の噴火口付近くらいのサイズでしかなく、脳の活動から立ち現われてくる作用を全部ひっくるめても雪冠部くらい、さらに脳がその一部になっている身体やそれと交流している環境や微妙なかたちで影響を与え合っているさらに広い地球や宇宙を考えていけばその裾野《すその》はどんどんひろがっていって無限の果てまで伸びていきます。わたしたちは、自分の内部だけで自分を支え成り立たせているのではなく、逆に意識的な自分というのは全世界、全宇宙が寄ってたかって担ぎ上げている「御神輿《おみこし》」みたいなものだということになります（『自我の狂宴』創元社刊）。

　正身端坐の坐禅を行じるにあたってはこういう意識的な自分に対する見方のラディカルな転換がなされなければならないのです。そこから全く異なった調身へのアプローチが生まれてきます。それは自分が調えようとして行なう「自ら」の調身ではなく、自分を超えたところから自発的に出てくる自然な働きに任せる「自ずから」の調身です。ですから調は「調える」という他動詞ではなく「調う」という自動詞の意味になりますし、調の主体（エージェント）は「自分《わたし》」ではなく「自然」ということになります。しかし、このような調身においても、意識が全く用無しになるわけではありません。コントロールという余計な手出しはしませんが、坐禅が今どうなっているかをはっきりと覚めて、注意深く見守っています。意識を消してしまうのではなく、気づくべきことに気づいているという大切な仕事はきちんと果たしているのです。

わたしは二年ほど前から、自分の家の庭にある二本の木のあいだに綱を張ってその上を歩く練習をしています。友人から教えられて始めたスラックラインという、簡単に言えば綱渡りです。揺れ続けるラインの上を渡っているときに、意識でいちいち姿勢をコントロールしていたのでは、バランスの崩れについていけずすぐに落ちてしまいます。なるべくからだをリラックスさせ、身体を立て直しバランスを取り戻すような動きが自発的に出てくるのに任せていると、本当に勝手にからだが動いて落ちないで歩けるのです。あらかじめこういう姿勢がいいということは決められず、どんな動きが出てくるかはそのときになってみないとわかりません。綱の上で刻々に次々と姿勢が変わり続けますので、姿勢というのが実は固定的なものではなく動き、運動だということがよくわかります。ここではいい姿勢というのはすぐ別な姿勢にさっと変わることができる姿勢なのです。もちろん意識がボーっとしていたら駄目で、あくまでもはっきり覚めて自分のからだの状態に耳を澄ませていなくてはなりません。いろいろ学ぶことの多い遊びです。

この綱渡りの例でもわかるように、われわれのからだのなかには重力との関係のなかで自然にバランスをとろうとする自然な働きがあって、それを意識的にコントロールしようとしたりしなければ、外から枠をはめるような邪魔や妨害をしなければ、ちゃんとバランスのとれた姿勢に行き着かせてくれるようになっているのです。からだの持つこういう精妙な働きをこそ「般若《はんにゃ》（サンスクリット語のプラジュニャーパーリ語のパンニャー）」と言うべきではないでしょうか。意識的な自分が修行の結果として獲得できるようなちょっとした智慧《ちえ》など比較にならないくらい高いレベルの智慧だからです。むしろ般若としての自然の働きを乱さないことがわれわれの智慧でなければならないと思います。

強為と云為

佐々木奘堂さんとの対談のなかで、赤ちゃんがお坐りしている写真のことを話しました。あの赤ちゃんもやはりそのようなからだのなかにある姿勢の自動調整メカニズムの働きが自発的に発現することで、あのように伸びやかで楽な坐り方ができているのです。意識主導で、自分の外側にある理想の坐禅のかたちに自分を他律的に当てはめようとして、からだを緊張させ固めて無理矢理に作った姿勢ではなく内側から自律的に柔らかく自然に生成してきた姿勢です。だから、そこには作為、つまり背中をまっすぐに立てようとか、腰を入れようとか、からだをじっとさせていなくちゃとか、いい姿勢で坐っているところを見せてほめてもらおうといった人間的な力みやわざとらしい作りごとが全くないのです。古武術家の岩城象水《いわきしょうすい》氏は他律的に外から作られた姿勢を「形」、自律的に内側から生成した姿勢を「象《かたど》り」と呼んで次のように区別しています。「象りには柔らかさとしなやかさがあるが、形は堅く勢いもなく法もない、人形の如く置物である」(『天心象水流拳法　柔の道』)。この言い方を借りれば、坐禅は形ではなく象りでなければならないのです。武道や芸道における本来の意味での「型」とは、形ではなく象《かたど》りなのです。

坐禅に取り組む場合に起きてくるいろいろの困難というのは、坐禅をこの意味での形として意識主導でやろうとするからです。そこでは、わたし(自我意識であり思考の産物)という表層意識、先ほどの頼藤和寛氏の譬えで言えば富士山の噴火口付近くらいのサイズでしかないものが、不遜《ふそん》にも自分を生み出している母胎である、はるかに大きく広い深層意識や脳を含む身体に向かって命令を下し、姿勢をこうしろ、息はこうしろ、こころはこうしろというふうに一方的に従わせようとしています。「(指導者がそう言っているから、あるいは本にそう書いてあるから、といった権威を笠《かさ》に着て)こういうふうにするのが坐禅なんだから、黙って俺の言う通りにしろ。その指示に従わないのは悪いことだ、いけないことだ」というわけです。

こういうやり方では一時的にうまくいくかもしれませんが、遅かれ早かれ「足が痛くて耐えられません」、「からだがむずむずしてじっと坐っていられません」、「雑念が次から次に浮かんできてどうしようもありません」、「坐った途端に眠気が襲ってきて起きていられません」、「わたしは坐禅には向いてません」……ということになるのは目に見えています。

思考の産物でしかないちっぽけな「わたし」が、それよりもはるかに広大深遠な深層意識やからだを相手にして、それからの合意や納得、協力をとりつけることもしないで、遮二無二コントロールしようとしているのですから、うまくいくはずがないのです。かれらからの抵抗や反抗、異議申し立てが様々な仕方で噴出してくるのは至極当然です。意志の力でそれに打ち勝とうとしてもしょせん勝ち目はありません。不自然な無理を空しく積み重ねるだけになって、からだやこころをおかしくしたり、傷めたりするのが落ちです。血気に任せた無茶苦茶な坐禅修行はしばしば禅病を引き起こすと古来より誡《いまし》められているゆえんです。

道元禅師はこのような、何かを目標として立てて意志的・意図的にそれを目指して無理矢理に強引に行なうのを強為《ごうい》と呼び、それに対して思慮分別を離れて自ずから発動してくる自然な行ないのことを云為《うんい》と呼んで対比させています。坐禅はしばしば強為の積み重ねのように思われていますが、それは全くの誤解です。そうではなくて云為として行じられるべきものなのです。

外筋と内筋

云為のあり方を最も端的に述べたものとして、道元禅師の『正法眼蔵 生死』のなかの次のような一節があります。「ただわが身をも心をもはなちわすれて、仏のいへになげいれて、仏のかたよりおこなはれて、これにしたがひもてゆくとき、ちからをもいれず、こころをもつひやさずして、生死をはなれ、仏となる」。ですから、正身端坐もここで言われているように「ちからをもいれず、こころをもつひやさずして」行じられなければなりません。それには「ちからをいれ、こころをついやす」癖のある意識的自分が不遜にも出しゃばるのではなく、意識にとっては「仏のかた」にあたる「からだという自然」にお出まし願わなければなりません。

たとえば、坐禅では強為で「背筋を伸ばす」のではなく、云為で「背筋が伸びる」のでなければならないのです。こうやって日本語で言うとほんのちょっとした違いのように見えますが、実際にやっている当人の感覚からすれば両者のあいだには雲泥の差があります。詳しい議論はここでは避けますが、「背筋を伸ばす」場合には「外筋」と呼ばれる「〈為《な》す doing〉ための筋肉（随意筋）」が意識的に使われるのに対し（目的運動システムの活動）、「背筋が伸びる」ときには「内筋」と呼ばれる「〈在る being〉ための筋肉（不随意筋）」が自律的に働いています（支持運動システムの活動）（ジェレミー・チャンス『ひとりでできるアレクサンダー・テクニーク』誠信書房刊参照）。

われわれは多くの場合、外筋による無駄で余計な緊張のせいで内筋の本来的働きが邪魔され抑圧されている状態に陥っています。だから外筋の余計な緊張を「やめる」、「ほどく」ことによって、われわれのからだがもともと備えている内筋の働きが再活性化され、十分に発現されるようになることが必要です。本来内筋が果たすべき役割を、ことあるごとに外筋が出しゃばってやってしまおうとするところ（外筋と内筋の不調和・葛藤《かっとう》）にわれわれ人間の抱える根本的な問題があるのですが、それは坐禅（云為＝内筋的）が習禅（強為＝外筋的）ではないということと密接に結びついているように思われます。それはさておき、「人為的にそう為すのではなく、自然にそう成るように」という原則が活《い》かされなければならないのは、今言った背筋だけではなく、頭、眼、手、腕、胴体、脚など坐相のあらゆる部位、呼吸《いき》、さらにこころのあり方全て、つまり調身、調息、調心全てについても言われなければならないのです。自らが「調える」のではなく自ずから「調う」ということです。

坐禅においては何か特別な呼吸法を意識的に実施して息をコントロールするのではなく、正身端坐している身体の生命活動としての自然な呼吸そのままのあり方に全て任せるだけです。道元禅師は「鼻息微通」とか「出息入息 非長非短」と言うのみで「しかじかの方法で呼吸をせよ」とは一言も言わないのです。言いすぎるとわれわれがそれを指示として受けとって意図的に「やってしまう」からです。まさに「言わぬが花」なのです。

この「外筋的―内筋的」という考え方はもともとはからだに関してのものですが、わたしはこころについてもこの考え方を使えるのではないかと思っています。つまり普通にわれわれがあれこれと思案をめぐらしたり、ああだこうだと考えるのは「外筋的なこころの働き」（日常語で「アタマを使う」と言います）であり、それに対してそのような個々の思念の起滅自体を基底で支え、いわゆる「直観」や「気づき」、「マインドフルネス」を可能にしている「内筋的なこころの働き」と言えるものがあるのではないでしょうか。だとすると、ここでもやはり坐禅は「外筋的なこころの働き」の過剰な活動を鎮め、それによって邪魔され抑圧されていた「内筋的なこころの働き」を活性化し発現させることだという言い方ができるでしょう。だから坐禅のなかに様々な瞑想の技法、たとえば四念処《しねんじょ》法、日想観《にっそうかん》、阿字観《あじかん》などを外から持ち込んで「内職」をしてはならないのです。このような技法を実践するときには、こころは必然的に能動的・意図的なものになり、「外筋的働き」主導のdoingモードになってしまうからです。それに対して、坐禅ではこころはどこであれいかなる特定の場所にも集

頭と胴体の位置関係

㊧耳と肩と対し　㊨鼻と臍と対し

中（凝固）しておらず、身体の内外に均等にやわらかく淡く広がっていて、様々な感覚情報（念の起滅も含む）を淡々とただ静かに受信している、どのような情報を受けてもそれに対してリアクションを起こしたりコントロールしようとする能動的な営みは差し控えられている……これが坐禅におけるこころの「内筋的働き」主導の being モードのありようです。

体軸と重力の関係

正身端坐という場合、その「正しさ」に関して道元禅師がどのように言っているかを見てみましょう。『正法眼蔵 坐禅儀』には「正身端坐すべし。ひだりへそばだち、みぎへかたぶき、まへにくぐまり、うしろへあふのくことなかれ。必ず耳と肩と対し、鼻と臍《ほぞ》と対すべし」とあります。この記述は、正しい坐相においては、①前後左右いずれにも傾かず、からだの中心軸（体軸）が重力の方向と一致していること、②側面から見ても正面から見ても頭部と胴体とがまっすぐそろった位置に保たれていること、と解釈することができるでしょう。この二点が正しい坐相の基本的条件として、また最も重要なポイントとして押えられているわけです。

地球に存在する全てのものは、絶えず重力によって地球の中心へと引っ張られています。ですから、地球に誕生した全ての生命は、様々な仕方で重力と折り合いをつけながら生存していかなければなりません。長い長い進化の過程を経て、われわれ人類は直立姿勢（体幹を垂直方向に立てる姿勢）を獲得しました。この姿勢はよく「抗重力姿勢」と言われていますが、確かに下方に向かって引っ張る重力に逆らってからだを上方へと向かって毅然《きぜん》として立てようとする姿勢です。ですから、そこに人間独自の「自主性と意志力」がなければこの姿勢は成立しません。その証拠に自主性と意志力が一時的にスイッチオフになる睡眠時には、横にならなければなりませんし、病気や疲労のせいで気力が減退してくるとからだを直立に保つことが極めて困難になります。坐禅の持っている意義も、こうした生命と重力との関係の歴史という壮大な文脈のなかで考えてみる必要があるように思います。

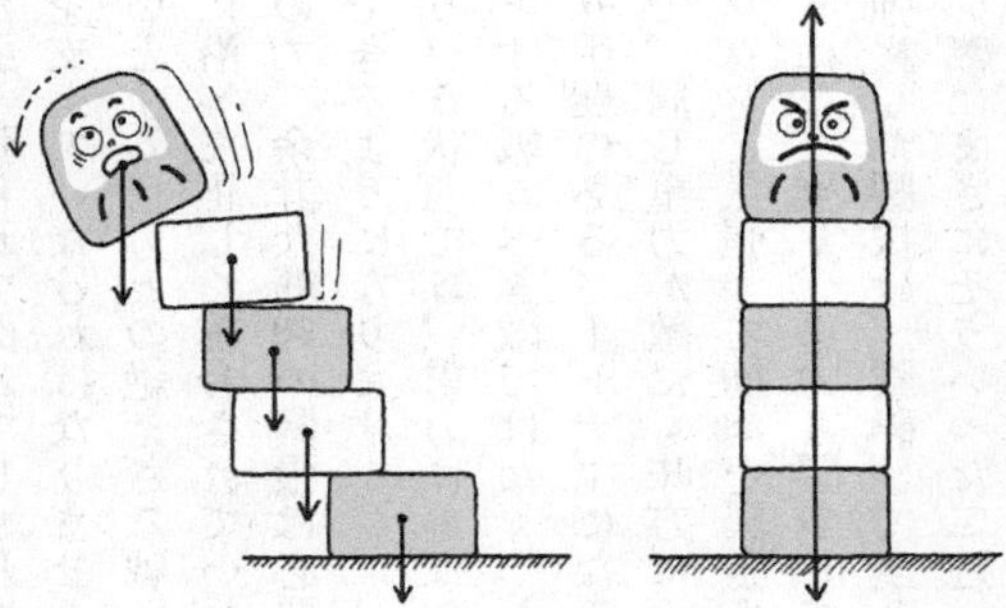

重力との関係

㊧重力　くずす力　　㊨重力　まとめる力

それはともかくとして、道元禅師のこの記述の仕方から、正身端坐と言うときの「正身」の内実として、何よりも姿勢と重力とが適正な関係にあるかどうかということに注目すべきであるということが示唆されます。言い換えれば、からだと地球の中心とが一番安定した繋《つな》がり方をしているかどうかということが最も重要なことの一つなのです。

体軸が重力の方向に正しく一致している姿勢、つまり正身端坐の坐相は一面から見れば確かに重力に抗《あらが》って上へと向かおうとする姿勢ですが、それは同時に重力に最も素直に従っている姿勢でもあることを見落としてはなりません。体軸が重力の方向と一致していない場合、つまりいずれかの方向に傾いている場合には、重力に引っ張られて倒れてしまわないようにするためにどこかの筋肉を緊張させてからだを支えていなければなりません。これではまさに、自分を倒そうとする重力と倒れまいとする自分との絶えざる戦いになります。それに対してからだの各部が重力の方向に沿って正しく統合されていれば、体重は堅固な骨格のバランスによって支えられるので、余計な筋肉の緊張は必要でなくなり、重力にからだをまるごとゆだねることができるようになります。

こういう状態では、重力はもはや、自分のからだの各部分をばらばらに崩してしまおうとする戦うべき敵ではなく、むしろ自分のからだの各部分を一つにまとめてくれる頼り甲斐《がい》のあるパートナーになるのです。こちら側のあり方次第で、関係の持ち方次第で、同じ重力が敵にも味方にもなり得るというのは面白いことですね。

ウンウンと気張って筋肉を緊張させ、からだをガチガチに固くこわばらせて突っ張るようにして坐り、重力と闘争しているようなあり方でもなく、だらしなくグンニャリと弛緩《しかん》した腰抜け、腰砕けで坐り、重力に屈服したようなあり方でもない、重力とのあいだにまさにそういった二辺（二つの極端）を離れた中道的あり方を実現しているのが正身端坐だと言えるでしょう。正しい坐相というのは「重力に抗ってもいけない。かといって重力に負けてもいけない。さあ、おまえはどうするんだ⁉」とわれわれに向かって突きつけられた、いわば「身体的公案」への解答なのです。坐禅は重力とのダンスだという言い方もできるかもしれません。問題は、どれほどうまい踊り手になるか、どれほどそれを楽しめるか、ということになります。

頭部と胴体

正身端坐について道元禅師が言っていることをもう一つ見てみましょう。『永平清規　弁道法』のなかにある「頂《うなじ》を以って背に差《たが》うことなかれ」という一節です。これは先ほど引用した『正法眼蔵　坐禅儀』の「かならず耳と肩と対し、鼻と臍と対すべし」と並んで頭部と胴体の正しい関係についての記述として理解できます。これが正しい坐相のもう一つのポイントとして道元禅師によって指摘されていることなんですね。

オーストラリア出身のF・M・アレクサンダー（一八六九～一九五五）は日常的行為における間違ったからだの使い方（「誤用」）が身体的・心理的な諸問題と密接に関連していることを見出《みいだ》し、この「誤用」をやめるように指導する技術を開発しました。多くの場合、このからだの「誤用」はもはやその人の習慣になっていて意識されなくなっていますから、自分だけでは簡単に変えることができません。たとえ誤用に気がついたとしてもそれを変えようとするその努力自体が誤用にもとづいているからです。

アレクサンダー氏は「努力とは自分がすでに知っていることを強化することでしかありません」と言い切っています。その指導の実践体系は現在「アレクサンダー・テクニーク」と呼ばれていますが、実はそこでも頭―首―胴体の正しい関係が最も重視されています。わたしはアメリカに住んでいるときにこのアレクサンダー・テクニークのレッスンを受けました。アレクサンダー教師の指導を通して、自分の坐相のいろいろな誤りに気づくことができましたが、なかでもこの頭―首―胴体の繋がりという問題についてはそれまで、アレクサンダー・テクニークの世界で言われているほどには細かい注意を払っていませんでしたから大いに反省させられました。

わたしたちは脳髄《のうずい》の発達によって非常に重くなった頭を胴体の上に置いています。頭部の重さについては諸説ありますが、大体体重の八％から一三％くらい、平均すると成人で五キロから七キロくらいだそうです。これは、一リットルのペットボトル五本～七本分、一一ポンドのボーリングの球一個分の重さなんですね。

先日坐禅のワークショップで参加者のみなさんに、お米の五キロ袋を試しに持ってもらいましたが、相当に重くて、こんなに重いものを首の上にいつも置いているのかと今更ですが、みなさんたいへん驚いていました。ですから首を介して頭を胴体の上に上手に据えておかないと、それほどにも重い頭が重力に引っ張られてすぐに落ちてしまい、からだ全体のバランスが崩れてしまうので、そうならないために首の周りの

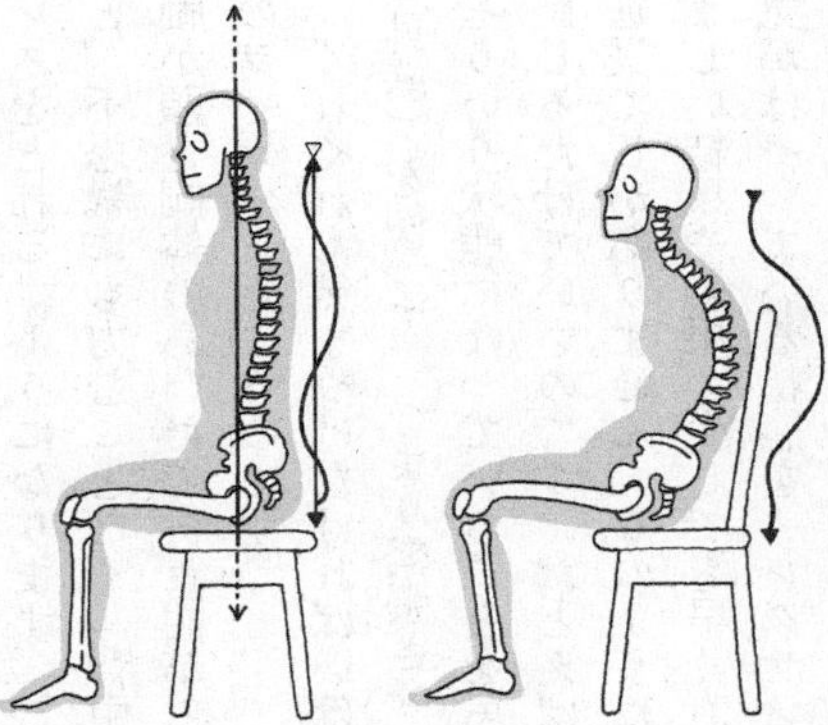

姿勢と体軸のライン

筋肉を恒常的に、しかも過度に緊張させて繋ぎ止めておかなければならなくなります。この首周辺の余計な緊張はそこだけに留まらず、からだの他の部分にも波及して、からだ全体の姿勢や動きに悪影響を与えます。また首には重要な血管や神経が通っているために、そこの圧迫は呼吸や発声、咀嚼《そしゃく》、嚥下《えんか》などの働きやひいては精神的な活動全般に多大の問題を引き起こします。これでは、自分で自分の首を慢性的に絞めているようなものです。首《ネック》が文字通り、生きていく上でのネック（物事の進行を阻む障害）になってしまうのです。

これに対して、頭―首―胴体が、道元禅師が書いているような正しい関係で繋がっているときには頭がバランスよく胴体の上に乗っているので首の周りの筋肉は余計な、不必要な緊張から解放されています。そういう状態では、からだ本来の調整作用がうまく働いて「首が楽で自由になり、それによって頭は胴体（脊椎）との関係において、上の方に、前の方に向かってバランスをとれる」ようになります。こうして頭が胴体（脊椎）と無理なく繋がってくると、不思議にも力むことなく「背中が長く伸び、左右に広がる」ようになります。体軸が頭と胴体のあいだで折れ曲がらず坐相全体のなかでまっすぐのびのびとした一本のラインにまとまるのです。

くれぐれも気をつけなければいけないのは、そういう状態を作り出そうとして筋肉（外筋）を使って、つまり緊張させてからだを動かすのではないという点です。ただそういう状態になっていることを思うだけ、そしてそういう状態になっていることを感じるだけでいいのです。たとえば無理に首を伸ばそうとするのはこれまでの誤用の延長でしかありません。このように、そこに到る手段や過程をよく吟味しないで、望ましい結果や効果を少しでも早く直接的に得ようと駆り立てられている状態、結果に気がはやっている状態をアレクサンダー・テクニークでは「エンドゲイニング」と呼びます。エンドゲイニングでないような仕方で、つまり首を自由にしようと積極的な努力をする（強為）のではなく、首が楽で自由になる（云為）ためには、頭を後ろと下に押し下げている余計な緊張をやめればいいのです。「正しくないことをやめれば、正しいことは自然に起こる」（F・M・アレクサンダー）のです。

わたしたちの思考は必ず何らかの筋肉の反応となって現われます。思考は筋肉活動なのです。筋肉を意識で動かそうとするのではなく、頭全体がほんのわずか前の方へ、そして上の方へ動き、それに導かれて自分のからだがそれについていくところを思うだけで、あとはからだが面倒をみてくれて動くべきところが動くのに任せるだけでいい。アレクサンダー・テクニークではこう教えています。わたしはあるレッスンで、「手紙を書いてそれをポストに投函《とうかん》したらあとは郵便屋さんがちゃんと宛先まで届けてくれるシステムができているのですから、あなたがわざわざ足を運んでそこまで行こうとしなくてもいいのです」、という譬えを教わりました。アレクサンダー・テクニークについてはわたしはまだほんの初心者なのでこれ以上詳しいことは差し控えますが、わたしにとっては、坐禅の修行に関していろいろ有益な洞察が得られる非常にありがたいリソースの一つですので、今後も学び続けていきたいと思っています。

坐相の深まりのために

長年慣れ親しんできて習慣と化した「誤用」を「善用」へと変えることは並大抵のことではありません。わたしの経験では、「誤用」と指摘されたからだの使い方の方が自分にはノーマルに感じられ、指導される「善用」の方が不自然に思えるし違和感を感じてしまうのです。これまでの習慣に対する執着、思い込みには大変根深いものがあります。先ほども言いましたが、誤りを直そうとする意欲そのものが、新たな緊張パターンを生み出してしまい誤用の上塗りをする場合も多いのです。

ですから坐相を向上させていく、深めていくということについてもよほど深く考えておかねばなりません。また指導する側にも慎重な配慮が必要です。よく、坐禅会などで背中を丸めて坐っている人がいると「背筋をしゃんと伸ばせ！」と怒鳴ったり、後ろから警策で背中をグイッと押してまっすぐにさせたりしているのを見かけますが、そういう指導は胸をグッと張り出し腰をひどく反らせる軍隊式の「気をつけ！」の姿勢のような不自然で無理な姿勢を引き起こす結果になっていることが多いようです。それにそういうやり方ではその人のからだが納得してそうしているのではなくて外から強制されたことにいやいや従っているだけですから、まもなくまた元の姿勢に戻ってしまうでしょう。そこには自己の変容という意味での学びが全くありません。あるいは、背筋がまっすぐになって坐っているように見えても、からだの中身は緊張でガチガチになっているという場合もよくあります。からだのほかの部分が犠牲になって背中のまっすぐさを演出しているだけだからです。こころの方もその仕事にかかりっきりになっているので他のことには注意を向ける余裕がありません。こういうことはしばしば見逃されがちですが、こういう無理な坐り方を続けていると身心の健康を害する元になります。こういう坐り方は外見がいかにそれらしくても正身端坐とは全く違うと言わなければなりません。また坐っている本人も、こういう頑張りを続けていると「自分はこんなに頑張っているんだ！　おれは確かに何かをやっている」という手ごたえのようなものを感じがちですから、それを修行と勘違いしてしまうのです。実は正身端坐においてはそういう感じは強為のしるしであって、調身のどこかにおかしいところがあるという兆候だと見なければならないのです。自分としては少しも頑張っている気がしないけど、ちゃんと坐れている、こういう感じが云為のしるしで、いい兆候だと言えます。

わたしは坐禅に出会う前、人間探究の営みとして創始された「野口体操」を野口三千三先生が主宰していた教室に五年ほど通って稽古しました。そこで本当に多くのことをわくわくするような気持ちで学ばせてもらったのですが、なかでも「生卵を立てる」ことから学んだ教訓は強烈でした。わたしが正身端坐ということを考えるときにいつも念頭にあるのは「バランスだけで静かに立っている生卵」なのです。

「立っている生卵はいったい何を語りかけてくるのであろうか。……中身は力んでおらず流動体のままである。それは外からでもよくわかる。悠然として余裕綽々、すっきりとおおらかである。つっかい棒や引っ張り綱で無理矢理にしがみついて立っているのではない。……当然立つべき条件を持っているから、立つべくして立っているのである。でっちあげのごまかしでたっているのではない」(『原初生命体としての人間』岩波書店)

「卵は立つのが当然の如く立っている。それでいて別に重さに耐えているという感じではない。むしろやすらかで透明感がある。本当にすっきりしている」(『野口体操――おもさに貞く』春秋社)

立っている生卵について野口先生が書いているこういう文章はそのまま正身端坐が備えるべきクオリティの描写になっているように思うのです。これまで坐禅はどちらかというと、どっしりとした山のような不動性や安定性の側面がよく強調されてきました。力強くたくましい男性的な側面と言ったらいいのでしょうか。そういう要素がなければならないことは確かですが、それだけだということになると坐禅の一面だけしか捉えていないと言わざるを得ません。不動性や安定性と一つになってそこには流動性や躍動性がなければならないのです。

坐相降臨

さてそろそろ講義を締めくくらなければならない時間になりましたが最後に、いかにも正身端坐の坐禅にふさわしいエピソードを紹介して、みなさんが正身端坐について考える糧にしていただければと思います。

澤木興道老師の弟子の一人である横山祖道老師が出家する前の二十八歳のころ、山で一人坐禅をしていたら、突然キジが眼の前に出てきて自分の坐禅をじっとにらんだという出来事がありました。横山老師はこの出来事を「雉子《きぎす》体験」と呼んで、それによって只管打坐のなんたるかを直感されたといいます。

老師はこの体験を後年次のように書かれています。

「私、『坐禅は人間ではない』を、その昔、故里みちのくの山の雉子に教わったのである。……まだ在家のころ、夏近き日、下駄がけで山遊びにゆき、山で坐禅をしていたら、雉子が出てきて首をしかと立て、物すごく坐禅をにらんだのである。それは一羽の羽の長い雉子である。雉子の顔は凄いな、雉子は坐禅を人間とは思わないのだな、石地蔵と思っているのか、昨日までここにこんなもの（坐禅）無かったのに一体これは什麼《なに》だろう。坐禅をしている私は雉子を見ていないのである。しかし雉子は私の視界にいるのである。わたしは瞳を動かさず坐禅していたのである。若しひとみを動かしたら雉子は逃げるであろうと思って。……若し私がただ山に『立って』いるとしたら、雉子は私を『にらむ』だろうか、いやいや、いち早く逃げるに異いない。坐禅なればこそ、こまかいかすりの着物に、ちりめんの兵児帯をして下駄を坐布として――坐布は下駄でも坐禅なればこそ雉子がすぐ前にきて坐禅をにらんだのである。……

故里乃山の雉子にその昔　わがおそわりし坐相みほとけ

（横山祖道著　柴田誠光編『普勧坐相みほとけ』大法輪閣）

実は、横山老師の師である澤木興道老師も若いときに同じような体験をされているのです。まだ正式に得度する前の小僧時代に（十七歳ころ）、ある寺での法要に手伝いに出され、それが終わって時間が空いたときに部屋で一人、習ったばかりの坐禅をやっていました。そこへ今まで自分をさんざんこきつかっていたおばあさんがやってきて、何も知らずに襖《ふすま》をガラッとあけたらそこで小僧が坐禅をしているのを見つけました。このおばあさんはびっくり仰天して思わず「南無《なむ》釈迦《しゃか》牟《む》尼《に》仏《ぶつ》、南無釈迦牟尼仏」と本尊さまより丁寧に合掌して坐禅している老師を拝んだというのです。当時の老師は、学問も何にもしていませんから坐禅がどんなことかもわからないで、ただ言われた通りに一生懸命坐っていただけでした。それなのに、普段自分を小僧扱いしているおばあさんが自分の坐禅している姿を仏さまのように拝んだのです。坐禅のかたちの尊さと不思議さ、この出来事が坐禅に対する自分の信仰にとって決定的な体験の一つになったと澤木老師は述懐されています。

坐禅に一生を捧《ささ》げたこの二人は期せずして、本人の意識を超えた坐禅のかたち（坐相）の厳粛さを直覚するような体験をされているわけです。そして二人とも声を和してこう断言しています。「仏道とは坐相が仏であるということを信ずるものである。非思量、無念無想も坐相が非思量、無念無想なのである。坐禅して自分が仏になったり、非思量、無念無想になったりするわけではない。自分はなりっこない。坐禅して、坐禅のかたちが仏、非思量、無念無想であることを信じるのである。只管打坐とは坐相にのみ用事のある坐禅のことである。坐禅は人間として最上最高の姿である」と。

横山老師の坐相に対する信仰はさらに深まって「坐相降臨」という表現にまで行き着きます。「坐禅と宇宙は合同である。坐相は宇宙そのものが、我はかくのごときものであるといって、人の坐相となって雪山のほとりに天下ってきたものである。つまり坐相降臨。自分が坐禅しているという思いが先立っているけれども、実はそうではなく宇宙そのものが坐禅しているのだ」。

こういう理解で行なわれる坐禅はもはや、個人が自分の能力で行なう個人技の域をはるかに超えた広がりを持ったものと言わなければなりません。正身端坐というテーマで坐禅についていろいろ話してきましたが、自分で坐っているのではない、宇宙が坐っているのだという話になってきました。これは次の講義のテーマになりますので、今回はここで終わりとさせていただきます。

第二対談　高度な「型」としての坐禅

対談者

舟橋史郎（ふなはし・しろう）

一九六七年東京生まれ。調息整体指導者。青山学院大学法学部卒業後、銀行員を経て故・岡島瑞徳《おかじまずいとく》師に師事。現在、東京世田谷《せたがや》にて調息整体「育の会」を主宰。成城《せいじょう》本部指導室を拠点とし、全国各地にて「元気に生きる」をテーマに、調息整体による心身の調整（個人指導）と各種講座から出産・育児指導まで広く活動を行なっている。近年、著者（藤田）を招き、坐禅と整体における体の働き・使い方を学ぶ特別講座を開催している。更に独自の身体感覚を通して体の運動や働き、感情まで捉《とら》えた、全身的な体の使い方を探究し、整体指導の充実を目指している。

http://www.ikunokai.jp/

坐禅が目指す本来のもの

一照　わたしは以前に舟橋さんの師に当たる故岡島瑞徳先生と対談をさせていただいたことがあります。そういう縁があって、二〇〇五年に日本に帰ってきてからは、鎌倉《かまくら》で岡島先生の講座に参加したり、個人指導を受けたりしていました。先生が亡くなられてからは引き続いてそのお弟子さんである舟橋さんにお世話になっています。

今日は個人指導の前のお時間を拝借して一時間ほど調息整体の立場から坐禅《ざぜん》についてのお話をお伺いしたいと思いますので、どうぞよろしくお願いします。

舟橋　はい、こちらこそよろしくお願いします。

わたしが持っている坐禅の印象では、坐禅というのは坐《すわ》り方がきっちり制定されていますね。たとえば手のかたちや、眼は半眼にする、脚は結跏趺坐に組む、背中はまっすぐだとか。でも、そのように一つ一つが全部決まっている外形をなぞらえて坐禅をやるのであれば、それは坐禅が目指した本来のものとは違ってしまうのではないかとわたしは思います。

一照　そうなんです。わたしもそういうことを主張したいのです。では舟橋さんは坐禅が目指した本来のものというのはなんだと思われますか。

舟橋　わたしは坐禅として坐るということは一つの「型」の世界だと思っています。本物の型としてきちんと坐れていれば自《おの》ずとそうなっていますというのを、周りの人が見てその表面的なかたちを外から捉えて記述するとそのように見えるということではないでしょうか。

　ですから坐禅の姿勢の部分部分の外形を一つ一つ足していったら最後に坐禅が完成するというものではないと思います。ただそうは言っても確かに道筋がないと何もできないので、便宜上、足はこうする、手はこうする……というように坐り方を説いているのでしょう。しかし、やはり意識で「眼は半眼、手は法界定印《ほっかいじょういん》……」というように捉えてやっているのではなかなか本来のところに行くのは難しいのではないかと思います。

一照　わたしも坐禅という坐り方は完成された型の一つだろうと思っています。型として洗練され完成されたものであるからこそ連綿として伝わってきて今まで残っているのだと思います。ある意味では文化的な遺産ですよね。世界的な無形文化財に指定されてもいいくらいの値打ちものといってもいいかもしれません。わたしとしてはそれをもっと広く今の時代に伝えていきたいという思いがあるのです。

舟橋　坐禅は確かに型として完成されたものだと思います。その型としての坐禅を具体的に伝えていこうとしている一照さんの取り組みはわたしの目指しているものと非常に近いのではないかと、とても注目しているのです。

　坐禅の坐り方で一番大事なのは、息が楽にできる体勢であることだと思います。それには余計な力がすっかり抜けていることが必要なんですが、でもそれはいわゆる「脱力」ではありません。なぜかと言えば、それは「かたち」がちゃんと制定されているからです。そのかたちを保つための身体の働きがそこにちゃんと内在しているから「坐る」ということ自体に意味があるということになるのだと思います。

一照　それは面白いですね。では、ある身体の働きが内在しているその「坐る」というのはもっと具体的に言うとどうなりますか。

舟橋　坐禅というと何よりもまず「動かない」（正確には動きとして見てとれない）という特徴があります。実は動かないでいるためには人間の身体を最高度に働かさないといけないのです。中身の働きを最高度に高めていかないと身体の外身は止まらないのです。逆に、歩くというような同じ運動を繰り返すときには、外をずーっと使い続けているので、なかがカラになる。もしかしたら、一照さんたちが坐禅と坐禅のあいだにやっている、あのゆっくりと歩く「経行《きんひん》」という行はそういうことを利用しているのではないでしょうか。だから動かないからいいのではなくて、自ずと動かなくなり、自ずと目が半眼になり……、という状況を身心で作り出していくということ、それが修行といえば修行になるのではないでしょうか。

一照　なるほど。

動かないという要求の表れ

舟橋　普通の人間であればこう、だんだん積み重ねていって、だんだんからだが馴染《なじ》んできて力が抜けてくる、そういうことを目指したのだと思うけれど、それは相当に長い道のりであることは確かだと思います。

最初に坐るとき「そういうかたちを作りなさい」という意識自体が緊張を生みますからね。ですから、箇条書きにした方法をなぞらえるというやり方には……。

一照　問題がある。

舟橋　問題があるというか、本来の坐禅が意味するところにかえって行きづらくなる可能性があるのではないかと……。

一照　やり方を細かく言えば言うほどそれに捉われていくと……。「ここはこうやって、あそこはこうして」というふうに意識でそれを目指してそれを取り繕おうとして、説明をすればするほど本来目指したい坐禅から遠ざかってしまう……。

舟橋　はい、坐るための神経は細やかに使っているつもりでも、使っている場所が違っているというか、不要なところにどんどん意識が集まって、本来の坐禅というものがかえって生まれにくくなってしまうのではないでしょうか。

一照「坐禅はかたちが制定されている」という言い方をされましたけど、あのかたちはどういう理由で制定されたのだとお考えですか？　あの型のこころはなんなんでしょうか？

舟橋　人間は身体の運動を通して全てを表現します。自分の要求を満たすのも身体の運動を通してですよね。ですからあのような坐り方になったのはあの坐るかたちになるようなその人の思いというか要求があったはずです。あとから理論づけるというのは簡単だと思います。たとえば、足を使えないように脚を組み、手を使えないように手を組んでいるのだと。

でも、本当は足を使えないようにするために組んでいるというのではなくて、足を使わないという要求があったということではないでしょうか。つまり足を止める、手を止める、そして眼はつぶらないという要求がそこにあったということです。そこにいったいどんなからだの要求、ありよう、言い換えればこころというか思いがあるのか、ということです。それが具体的なかたちとなって結実し現われたのがあの坐り方だと思うのです。

一照　人間は動きを通して自分の要求を満たそうとする。坐禅も運動である。坐禅のあのかたちも何かの要求を満たそうとする運動だということですね。これは、興味深い考えですね。からだの動きの裡《うち》には必ず何かの要求があるということですか。

舟橋　はい、坐禅はたぶん「動かない」という要求とでも言うか……。この「動かない」ということについてですが、わたしから見ると動かないというのは運動をしていないということではなくて、動かないという運動をしていると考えるのです。動くという日常の世界と全く次元の違う運動の状態への思いというか要求がそこに生まれているということですね。

ですから坐禅というのは、普段、食事して、寝て、起きて、顔洗ってというのとは全く違う状況に自分を持っていく一つの手立てになっているのではないでしょうか。

「腰を入れる」とは

一照　そういう要求というのはどこから出てくるのでしょうかね。

舟橋　やっぱり普段にはないものへの憧《あこが》れというか、自分というものをどんどん見つめていった結果としてできていった一つのかたちなのでしょう。その要求はいうなれば自分の別の面を見たいというか、あるいは人間の違う面を見たいということかもしれません。そういう意味であの坐り方は完成されたもので、坐禅のかたちは完成された修行の一つの型として成立しているのでしょう。そうじゃなければ修行にならないというか……。

一照　そういう要求の現われとしてあの坐禅のかたちがあるとすれば、それを外からだけ見て真似しようとすると、本来の要求の現われとして坐るのではなくて、あのようなかたちで坐りたいという要求に沿うように自分の身体とこころを操作することになってしまいますね。そこではもうすでに、要求そのものからして違ってくるわけですね。

舟橋　そうです。だからそうなると自ずと坐るかたちも違ってくるでしょうね。肩がいかってきたりとか、坐りたくても脚が痛くて坐れないという話になってきて、坐るのがつらい。つらいとなるといかにも修行してると誤解するじゃないですか。でもつらかったら修行は成り立たないと思うんです。

多分一番最初に坐った人は自分の要求に従ってごく自然にした動作がああいうふうに坐

るということだったはずで、とても自分のこころが落ち着く、つまり息が深くなるかたちだったのではないかと、言い換えればからだの要求通りに坐った人にとっては楽だったはずです。

一照　坐禅を「楽に坐る」というのは、一般の通念とはだいぶ違っていてなかなか伝えにくいことでしょうね。で、具体的に坐ることを考えてみたらどうなりますか。

舟橋　まずは「腰」の重要性が挙げられると思います。

一照　腰ですか。文字通りからだのなかの要《かなめ》にあたる部分ですね。

舟橋　ちょっと話はそれますが、坐禅が日本に定着するにあたっては坐蒲《ざふ》の存在というのは大きいと思います。日本人の感性としては、腰が締まらないと息が深くならないというか、身体がまとまらず落ち着かないんです。日本人の股関節《こかんせつ》というのは比較的締りがいいのです。それを締めてあげるために坐蒲で少しお尻《しり》を上にあげる、あの独特の角度がつくことでそれを容易にしているのだと思います。

それも一つの洗練というか、自分がそうしたいという要求のなかでの細やかな工夫だと思います。あの坐るかたちは崩したくないけど、より身体がまとまる方向に行きたいとなったときに、身体の感性から坐蒲というものができたのではないかと思うんです。そういう意味でわたしは日本人特有の感性のなかで培われた坐蒲の重要性を感じます。

一照　坐禅にはつきものの坐蒲もそう考えると合点が行くことが多いです。今、腰のことを言われましたが、話を戻して具体的な部位について考えていきましょう。

坐禅のやり方を言うときにはしばしば、「腰」という言葉が出てきます。「もっと腰を入れろ」、とか。これもずいぶん誤解されていて、「腰を入れろ」と言うとなんか力んであるかたちを作る、みたいな受けとり方をされてしまうんです。どうも、腰をぐっと反らすのと勘違いされているようですね。今、舟橋さんが言われた「腰が締まる」というのはそういうのではないと思うのですが、ではどういうあり方なのでしょうか?

舟橋「腰が締まる」というのは、自分で腰に力を入れるようなことではありません。自ずとそういう体勢になっているということです。だから、自分では腰に力を入れるつもりではないけれど、坐蒲を坐骨の下に入れるとひとりでに腰に締まりが出てくるような状態のことです。

実は腰は自分から入れようとすると逆に入らないものです。筋肉の意識的運動として腰に力を入れたら、皮肉なことに腰が決まるということはあり得ないのです。それはさっきも言ったように、腰だけの問題ではなく全体のかたちが影響しているわけです。頭の位置、眼、手というように部分の問題ではなくて、本来は坐禅としての全体のかたちが自然にそっと生まれてくるようなものだったと思います。それを説明する必要上、いろんな言葉が足されていって、そこに意識的なかたちを無理やり作るというようなことになってしまったのではないでしょうか。

まあ、確かに型の世界っていうのは最初は無理やり入れるんです。最初は無理やりかたちに入れているものが、からだの原理というか真理に身体感覚として気がついてくると、型ができてくるのですね。ですから当初は身体感覚を通さずに無理やり鋳型にはめるようにしてやっているので窮屈というのはある意味しかたがありません。でも、坐禅というのは腰にぐっと力を込めて坐るものだと思って坐り続けているとすれば、これはもう一生やっていても、そういう自ずからなる型の世界は開けてこないでしょう。

「形」ではなく「型」に成るには

一照　ああ、それが舟橋さんがよく言っている、「駄目」なのと「下手」なのとの違いということなんですね。下手なのは方向性としては間違っていないからそのうち上手になるからいいけど、駄目なのは方向性そのものが間違っているので、そのままでは本当に駄目だっていう……。

舟橋　ええ、そのへんの意識づけが相当大変というか、だからこそ最初から明確にしておく必要があるのだと思います。

間違った方向にいくら頑張ってやり続けても真理には近づけないですから、それを「駄目」と言うんです。方向は間違っていないというのが「下手」ということです。下手だけど方向は間違っていないというのが修行していく上ではとても大事なんだと思います。そういう意味では「腰を入れる」とか「腰を決める」というのはその最たる例なのかもしれません。

基本的に人間というのは疲れてくると腰が丸くなってきますから、それを無理に立てようとすると余計疲労しちゃうんです。肩にも力が入ってくる。

一照　それは身体が無理をしてるからですね。

舟橋　そうです。上体の力で無理やり腰を引き上げているようなものですから。けれどどういうのがいい状態なのかということが最初はわからないのです。つまりそこを教えてあげる。整体の世界っていうのはわたしのような指導する立場の者が相手のからだに対して働きかけて教えていくということで、だから「治療」とか「施術」とかというような言い方をしないで「個人指導」という言い方をするんですが、たとえば腰だったら下から少し手でさすり上げてあげると人間の腰は自然に伸びるのです。そのときには本人がそれを意識していないので、力の入らない伸びになるのです。

一照　どのあたりをさすり上げるのですか？　仙骨あたりとか？

舟橋　腰椎《ようつい》の五番から三番までを手でさすり上げます。さすられると自ずと、腰がすっと起きるんです。

一照　それは押し上げるのとは違いますよね。

舟橋　違います。さするだけです。人間というのは一方向に力が加えられるとそれに対して反発するようにできているので、前に押すと後ろにいこうという力が働きます。上に持ち上げようと働きかけると逆に持ち上がらない方向に力が入ります。ですからさすり上げるという程度の圧力しか使いません。皮膚感覚というのかな、そのくらいの感覚的働きかけで十分身体を導いていけるのです。それが大切なところです。
一照　舟橋さんのされている整体というのは型を非常に重視されていますよね、形ではなくて型。今までの話の流れでいうと、もともとは型の世界から出てきたものなのに、われわれはそれを単なるかたちとして受けとってかたちとしてつかもうとしてるわけですよね。日本の文化は型の文化だとかよく言われてますけど、実は型というものがどういうものなのかわれわれはよくわかっていないと思うんです。型の奥深さというのか微妙さのようなものを理解している人って極めて少ないと思います。で、坐禅も型の一つの典型例だと見た場合、どういうことが言えるんでしょうか？
舟橋　先ほども言ったように型っていうのは働きなんです。かたちっていうのはその外見、外形の部分のことで、姿勢という言葉のなかの「姿」の方ですね。でも、あとの「勢い」というのが型の本質なのです。それは見えないものなのです。働きだから。さっきの例でさすりあげて上がった腰と、力んで持ち上げている腰とでは、その人の身体のなかでの働きが違うわけです。そこのところがかたちではなくて型となるためにはすごく大事なことなのです。
　型では自ずとそうなってた、気がついたらそのような働きになっているということです。型というのは最終的なところまで行くとどのようなかたちをとっていても、たとえば寝そべっていてもそれでちゃんとした型であり得るんです。それが文字通り「型が身につく」ということでしょう。

ですから型が身につくというのはそのかたちができるようになったということではなくて、そういう働きを発揮できる身体になったということなんですね。そうなったら、極端なことを言えば、胡坐《あぐら》をかいていても坐禅になるし、横になっていても坐禅になるということにすらなってくるんです。それがやっぱり究極的な目標になるのではないでしょうか。生きているということ、それが即坐禅になるということですね。食事をしていてもそれが坐禅と同じ状態であるというような、それが型の持つ醍醐味《だいごみ》というか凄《すご》さなんだと……。

一照　坐禅をかたちじゃなくて働きというふうに見ればそこまで広がっていけるということなんですね。

舟橋　だから鐘がカーンとなったら坐禅が始まるのではなくて、型としての坐禅が身についていたら、お風呂《ふろ》に入っててもそれが坐禅と変わらないということになってくるのではないでしょうか。型を通して何を学びたいかというと、わたしであれば、個人指導が始まるから整体が始まるということではなく、その技術を使っていないときも型になっているということを会得したくて型を学んでいるのです。何気なく普通に坐っているだけなのにこの人だけは違う感じがするという感覚……。

一照　その感覚、わたしにも経験があります。以前、ある集まりに知らないおじいさんが来ていて、でもその人だけなんとなく周りの人と違った感じがしたと、そうしたら、老師でいらした、という。

舟橋　つまり「佇《たたず》まい」というのが型なんですよね。もちろんそのかたちが完璧《かんぺき》にとれるということが基本なんですが、だんだん型が身についてくれば、普通に坐っていてもなんとなく佇まいが違う感じというか、整体も、坐禅もやはり最終的にはそうなっていくのではないかと思います。

型を身につけるプロセス

一照　舟橋さんは長年そういう整体の世界に身を置いて、型を身につけるべく努力されてきているわけですが、型を身につけていくプロセスがあるとしてそこで一番大切なことはどういうことだと思われますか？　どういう道すじをたどって型が身についていくんでしょうか？　正しい方向で型が身についていくような学びのポイントというのはどういうところにあるのでしょうか？

坐禅の修行にもやはり同じような問題があって、どうしてもかたちの方にこだわってしまうか、あるいは狭い意味での坐禅から日常万般の営みにまで展開していく型の世界の方向に行くのかで大きな違いが出てくると思うんですよ。まあ、ほとんどの場合は前者の方になっていると思いますが。

つまりあのかたちをとってある一定の時間なんとか我慢してやっている、それが坐禅だと。そしてそれが日常とは切り離された何か特別なことのように思われている。じゃあ、そうではなく坐禅を型として学んでいくとしたら、舟橋さんはどういうアドバイスをされますか？

舟橋　そこが難しいところなんです。

一照　とにかく繰り返しやれ、場数を踏めというようなことを言う人もいますが……。あるいは時間をかけるしかないとか。

舟橋　時間をかけるとできるようになる場合は、それは単に時間をかけたせいじゃなくて、人間はくたびれてくるとくたびれないようなやり方を模索してくるからなんですね。ただ、たいていは自己流の楽さ加減の方に走りやすいんです。だからこそかたちが決まっているのだと思います。

まず大前提は決められたかたちを必ず守るということです。寸分狂わないようにそのかたちを守るということです。それが極めて難しいんですね。どこかで自分が楽をしたいので、ちょっと腰をひねったり、ちょっと上体を反らしたりとか、ちょっと胸を丸めたりとか、どこかしら人は楽をするわけですね。坐禅で言えば、それをする人、一人一人の意識がそういうことはしないと、まずは何はともあれそのかたちのなかに身を置くと、それがまず大前提でしょうね。

そして、その全てをトータルなものとして、全部をいっぺんに完璧にやるというのは無理なので、まあ、よほどの天才なら坐ったら全部できているということもあるのでしょうが、なかなかそうはいかないですよね。

そこでわたしは整体とは全く関係のないような、整体の型に入る前の段階をすごく大事にしていて、たとえば指一本を動かすときにそれをどう実感しながら動かしているか、それから、それぞれの型の持つ意味ですね、なぜここはこうでなければならないのか、たとえば整体で使う中腰の型であれば、なぜ膝《ひざ》を内側に入れてはいけないのか、背中を反らしてはいけないのか等。そして一番大事なことはそれらを自分の身体を通して理解していくことです。そういうことがすごく大事です。そうすると自ずと身体の使い方の普遍性というものが見えてくるのです。

ある意味、いろいろな型を使っていても、使い方の核となるような部分がだいぶ絞られてくるというか、なんとなくわかってくるのです。それを言葉で言ってしまうと、今度はそういうふうにことさらに意識してしまいます。そうすると「さあ、手で法界定印をやります！」みたいになっちゃうのです。わたしが教えるときには、いろいろな恰好《かっこう》、いろいろなパターンを次から次にやらせていきます。一つのことをずーっとコツコツやるだけではなく、いろいろなパターンで身体を動かしてみる。そういうなかから自分の身体の動きの質を高めてもらう、実感してもらう、それをねらっているのです。

一照　そういうことが型の習得に活《い》かされていくのですね。

舟橋　わたしがみんなに提示しているのは型の一部です。ですから型を分解して、細分化していって、たとえば法界定印だったら親指だけとか人差し指だけとかそのくらい細かく分解して一つ一つ稽古《けいこ》していく、というようなことですね。

一照　たとえば坐禅を分解して、手、手を分解して一つ一つの指、……というふうに。

舟橋　そうです。どんどん分解していって、その部分部分の動きを洗練していくということです。ただそれだけではすまないんです。最終的にはそれらが全部一つのまとまりを持たないといけないのです。ですからわたしはまず分解して今度はそれを統合していく。でも全部を統合するというのはとても難しいのです。使うところがたくさんありますからね。なので、指をやっていたら、今度は肩までで統合させる。

一照　なるほど、指を今度は腕というグループに統合するのですね。

舟橋　そうです、次は上半身までを統合させる動きをする、そういうふうに組み合わせていって、体感してもらうというかその違いを実感してもらい、身体感覚を高めるようにしています。

一番問題なのは「できている」と本人が思ってしまっているという点にあります。身体は日常的には普通に使えているじゃないですか。でも坐禅などという型は非日常的な動きです。非日常的な、本当の意味での身体の正しい使い方が実はできてないということを身をもって知るということが第一歩でしょうね。

一照　われわれの普段の動きは型からほど遠いところにあるということですね。

舟橋　そういうことです。ですから指一本一本から組み立てていくような作業が必要で、わたしは統合と分解の繰り返しを何度も様々なパターンでやっています。

一照　坐禅という型を学んでいく上でもそういうアプローチが可能であり、有効かもしれないですね。

高度な「型」としての坐禅

舟橋　かもしれないですね。でも坐禅というのは動かないので、ある意味で究極的なものでしょう。それだけ難しいということです。人間は動く方が実感しやすく、そのことで自分の身体のどこに力が入っているかとかがわかりやすくなります。止まった状態でそれを感じるというのは一番難しいことなんです。身体感覚だけで、あここに力が入っているなというこことがわからなくてはいけませんからね。動けば実感があるからわかりやすいです。動かない型というのは型としては非常に高度なものだと言えると思います。

一照　舟橋さんのやっている整体には動かない型というのはあるんですか？

舟橋　ずーっと動かないままというのはありませんね。でも何度か一緒に坐禅をさせていただいた経験からすると、それと同じ感覚はありますね。つまりわたしのやっている型は外からは動いているように見えますが、わたしの内部としては動いていないのです。それは、息が動揺していない、息が安定し乱れていないということです。つまりそれが動いていないということです。

一照　型を重視する、たとえば日本の伝統的な芸道、能や茶道、それから武道などでは、その実践者たちは大変な苦労をしてその型を身につけようとしてきたと思うんですけど、今、舟橋さんが言われたような分解と統合なんていうアプローチはあんまり聞いたことがないというか。ああ、でもお茶の方では「割り稽古」というような部分的な稽古法のようなものが確かにありますね。

整体の世界で、舟橋さんが追求されている型のようなものがなぜ必要なのですか。

舟橋　整体指導をするときに、人の身体というのはすごく敏感なのでこちらが力んで触れると受け手の筋肉も緊張してしまうのです。人間の身体は触覚的刺激に対して防御反応を起こし、しかもそれは本能的反射なので相当に素早い。特に子供のおなかを触るような場合、こちらが触ろうと思うだけで相手が緊張したりするのです。そういう世界で指導をしているので、そういうことが起こらないようにするにはどうしたらいいのか、という問題意識のなかで動きの質を変えていったということはありますね。

それから、ある動きをする前に準備動作があったり、勢いがあったりすると必ず受け手から反発を受けるのです。だから相手のからだが緊張しないままでいて、こちらの身体の働きを使って押さえることで、ごく小さな圧力でも強い圧力として相手は感じるということになります。そういう感受性を使いからだを整えるというのが整体技術の一番の基本です。

一照　そういうことが可能になるためには、普段のような雑な動きでは駄目で、型といわれるような精妙な、洗練度の高い身体の使い方ができないといけないわけですね。人間の身体っていうのはそれくらい繊細なもので、そのレベルで触ったり触られたりしているわけですね。坐禅が本当に奥深い型の世界のものとして成立するためにはそのくらいの繊細な感受性が要求されるということですよね。

舟橋　あの坐禅のかたちを脚はこう組んで、手はこう、眼はこうというああいう説明で教えているというのは、それほどの身体感覚がわかる人間がたまにいればそれでいいのだというような世界じゃないかと思ってしまいます。

つまりああいうやり方で教えて坐禅が本当の意味での型としてできるというのはそういう素地があるごく少数の人だけでしょうから。だから何十万人かがやって、それが何世代かのうちに一人でもすごく感度の良い、そういう人が出てきてその本質をつかむことができれば、その人が中興の祖になって伝統が絶えないで引き継がれていく、そうなればまあ儲《もう》けものだろうっていうくらい難しいもんだと思うのです。あのかたち自体は。

一照　でも道元禅師は坐禅をあまねく勧めるということを念願されていたので、それじゃあ困るというか……（笑）。

型――「粋」の世界

舟橋　一照さんはそれをあまねく勧めるにはどうしたらいいかということで探究されているのですが、とても難しいことだと思います。一照さんは今、その型を分解し再統合して人に伝わるようなものにしていこうとされているわけですよね。

型というのは非常に長い時間をかけて先人が積み重ねてきたものです。ましてや坐禅の場合はそれがとても長い歴史を持っているわけですからね、それをひも解いて再構築してしかも人に伝えようというのですから……。
一照　そうなんです。あのシンプル極まりないかたちを読解するというか。
舟橋　シンプルというより余計なもの、雑なものがすっかり落ちているということです。本当に必要なものだけがそこに残っているということです。つまりそれは「粋《すい》」ということです。型というのは言い換えれば粋です。そこには本当にもうエッセンスしかないわけで、それを勉強するためには、周りからやっていく必要があると思うので、わたしは整体技法以前のこと、たとえば腕を曲げる、立ったり坐ったりとかいう、身体の基本的な使い方から始めています。
一照　わたしもヨーガとか気功とか坐禅以外のいろんなことをやって坐禅の質を高めるというか、坐禅の意味を自分の身体の感覚を通してひも解いていこうというような試みをやっているんです。
で、型としての坐禅を百パーセント、そういうことが言えるとしてですが、その真髄を本当に味わえる人は確かに稀《まれ》にしかいないかもしれないですけど、そういう方向性を目指してやれば、つまり下手でも正しい方向性を持ってやれば、二〇パーセントか三〇パーセントかもわかりませんが、ある程度の味というか醍醐味の一部は味わえるのじゃないかと思うんですけど。その栄養分を少しは吸収できるんじゃないかと……。
舟橋　はい、それは可能でしょうね。やっぱりさっき言ったみたいに下手にやっているうちは楽しいです。駄目にやっているとそのうちつまらなくなります。なぜかと言うと下手の先にある感覚の世界は無限の世界だと思うのです。その無限の世界を感じているか、いないかということがすごく重要なことだと思うのです。だから坐禅を通してその無限の世界を感じることができれば、その人にとってものすごく大きなことだと思います。

一照　そうですね。だからできるならその入り口というか、方向性だけでも示せたらなと思っているんですが……。

舟橋　たとえば手だったら無理やり法界定印のかたちを作るというんじゃなくて、そのかたちに無限に近づいていくけど手の真ん中はずっとゆるんでいる、終極的にはみぞおちがいつでもゆるんでいるような手のあり方を探っていくとか。人間のからだは力めば必ずみぞおちが固くなるので、みぞおちが常にゆるんでいる状況を自分で感じながら手のかたちを作ってみたらどうでしょうか。手のかたちだったら手の真ん中のゆるみ具合を見ていくし、からだ全体だったらみぞおちがゆるんでいるかどうかを見ていくというように、ポイントを決めて、それを手がかりに実感してみるようなやり方はどうでしょうか？

一照　なるほど。自分の坐禅の状態を点検するのに適当なポイントというものがあるんですね。みぞおちとか。すると、ある眼の開け方をするとみぞおちが固くなるようだったら、その眼の開け方はどこかが間違っているという……。

舟橋　はい、つまり眉間《みけん》に力が入っているとか。眉間にしわが寄っていると必ずみぞおちが固くなるんです。そういう人はたいていからだも固くこわばっていて闘争的になっているものです。

それから、人間は触ってもらうということもからだの状態を実感するいい手立てになるんです。たとえば眉間を三回くらいさすって広げてあげると、それだけでもからだはゆるんできます。自分でもできます。ここ（眉間のあたり）を三回くらい両指先でゆっくり皮膚を左右に広げていくようにさすっていきます。このようにしていくと人間のからだはだんだんゆるんでいくようになっています。だからそういうからだの準備をしてから坐禅をするというやり方もあるのではないでしょうか。いきなり坐るのではなくて。そのようにすると眼に余計な力が入りません。

あの半眼という眼つきは一番力が入っていない状態、一番力が抜けているかたちなのです。力が入っていないから半眼と言われるような眼つきに自然になっているんでしょう。意識的に眼を開けると力が入るし、かといって閉じても力が入ります。

突きつめて言えば坐禅のかたちというのは、緊張のかたちです。それは横に寝転がっていないのですから。寝ていないってことがすごく重要なことなのです。力が抜けてるといってもだらっと脱力してるわけではないということです。緊張しているかたち、つまりそこにはある種の引き締まりがあると思います。

一照　わたしはそれを「凛《りん》とした」と言っています。

無――バランスのとれたゼロの身体

舟橋　はい、それはあのかたちを保ちながら最高度に力が入っていないということが前提で、だから難しいのです。寝転んで全身を床に投げ出して力を抜いてろというのだったらなんとなくできそうですね。それではすぐ寝ちゃうかもしれませんけど。あえてあのかたちをとって緊張感を保ちつつ極力脱力をするということは感受性を高めたいということだと思います。人間は寝ると感受性が鈍くなりますから。だから感覚がしっかりしていてなおかつゆるんだかたち、要するに力の入っているのと抜けているのとのバランスが完璧にぴったり合っている、そういう状況になります。

それは筋肉だけの問題ではなく、それを動かしているこころも安定していないと、からだが動いちゃいますからね。その点からも、息が安定するということがものすごく大事だと思います。整体では、とどのつまり息が深ければもうそれでいいんです。人間のからだが元気であるということだけ考えるなら、息が深く静かであればいいんです。

一照　それは自分で息を深く吸い込むということじゃないですよね。

舟橋　違いますね。自ずと息が深くできているということです。自然と息が深くなっているということです。それは下腹で呼吸が十分できているということで、裏を返せば腰が決まっているということになります。ですから一つのことがそれだけであるのではなくて、全てが繋《つな》がっているのです。それがすごく重要なことで、だから身体を分解しながら統合するというのは、ちゃんとみんな繋がっている、一つのまとまりになるんだよということをやはりわかっていかないといけないですね。

一照　分解するにもいろいろあると思いますが、どういうふうに分けていったらいいんでしょうか。

舟橋　まあ、あまり細かすぎても難しいと思います。たとえば手のひらの真ん中がゆるんでいれば、肩や首に力が入っていません。肩や首に力が入ると手のひらの真ん中はゆるみません。このように一つのところがたくさんの意味を持っているので、そのようなことを活かせばそうたくさん分ける必要はないと思います。

一照　はい、はい、そういうところ、つぼというかポイントを押さえていけば他のところもカバーできる、そういう急所のようなところがあるんですね。

舟橋　みぞおちもその一つですし……。

一照　眼は？

舟橋　眼の状態というのは実は腰に出てくるのです。ちょっと専門的になりますが。腰椎の一、二、三番というところの筋肉の緊張の度合いと関連があります。そこが固くなってくるとまぶたが下がってきて、まぶたの運動自体が悪くなります。だからスーッと腰が伸びていくと眼というかまぶたが必ず上がってきます。ということは半眼の意味は、まぶたが腰が丸くなっていないということですよね。腰が丸くなっているということは、まぶたが下がってくるので眼は当然閉じた状態になります。軽く腰を伸ばすとまぶたが開いてきます。さらに力を入れて腰を反らすと眼が大きく開いて力が入ってくるのです。

だから半眼というのは腰が丸くなる方向と反る方向のバランスがちょうどとれている状態ということになります。緊張と弛《し》緩《かん》が完全にバランスがとれていれば半眼にならざるを得ないのです。意図的に半眼にするんじゃなくて、自ずとそうなってしまうわけです。

こういうぴったりとバランスのとれている状態が『無』ではないでしょうか。つまり、有るものを無くしていって無と言うのではなくて、プラスとマイナス、力の入っているのと抜けているのとがぴったりバランスして相殺されてゼロになっている、そういう状態をあの坐禅のかたちは表しているのだと思います。そういう意味では非常に宇宙的なものだとも言えるでしょう。無限に広がっていくというのか、ゼロは無限ですからね。

身心脱落

一照　下半身についてはどうでしょうか？

舟橋　骨盤が立ってくるということがポイントでしょう。さっき言った坐蒲を使うと、ある意味強制的に仙骨が、骨盤が立ってきますよね。もちろん立ちすぎは問題なんですが、かといって倒れてもいない。骨盤が後屈しているというのはいわゆる老衰の体形で、腰に力が入っていないんです。骨盤がしっかり立つということは、一照さんもよく言っている坐骨の感覚が大事な道しるべになります。

一照　坐骨でしっかり床を捉えるという感覚……。

舟橋　ただ「しっかり」というと、たとえば足をぐっと踏み込むような感じに捉えてしまうかもしれないですね。そうではないと思うのです。坐骨にぐっと重みをかけていくというのではなくて、その逆で限りなく軽くなるんです。接点が限りなく細くなっていくというのか、点になっていく。そうすると身体としては上半身が引き上げられていく力が強くなっていきます。坐禅のあの姿勢は一見上に伸びているようだけど、手は下にさがっているのだから、それで上に行くのと下に行くのが……。

一照　上下が釣り合っている……。

舟橋　はい、上に行くのと下に行くのがちょうど腰のところで集約されているというか、合わさっている、それが腰が入っているという状態。上がってくるのと下がってくるのが一直線上にあって、それがぶつかっているのが整体的に言えば腰椎の三番ということになります。そのような身体は限りなく軽く感じられているはずです。つまり楽だということです。楽ということは身体を感じていないということです。

一照　身体が負担を感じないということですか？

舟橋　それもあるかもしれませんが、身体そのものを感じないということです。身体そのもののありようを感じているうちはそこに意識がいってしまいますから、どこか坐禅に成り得ていない状況ということになります。

一照　身体が消えているような状態、う〜ん、それを脱落というのかもしれないですね。「身心脱落」という言葉がありますからね。

舟橋　子どもがすごく楽しくてぴょんぴょん飛び回っているような、身体の重みを全く感じていないような、ああいう溌剌《はつらつ》とした感じに似ていますよね。

一照　それは型がちゃんとできているときにはそういう状態なんでしょうね。それで整体では型が重視されているのでしょうね。

舟橋　そうですね。わたしのように人に対して整体指導をする場合には、そうなっていないと相手が重みを感じたり痛みや、嫌な感じを受けるということになります。

究極の不安定のなかの安定

一照　型によるからだの変化とはどういうことですか。

舟橋　たとえばすごく簡単なこととして、息の吸い方一つで身体の働きが変わるんです。そういうことをお互いに触れ合って実体験してもらうわけです。ちょっとやってみましょうか。

じゃあ立って下さい。両手を前に向けて出してください。わたしが前からそっと手を押しますから押される感じを体感してみてください。まず息を普通にいっぱい吸ってください。わたしが押しますね。すぐ動かされてしまうでしょ。今度はお臍《へそ》を突き出すように息をいっぱい吸ってください。では押しますね。……今度はなかなか動かないでしょ。

このように息の吸い方だけで身体の働きが変わるんです。息を吸うという同じ運動でも吸い方をちょっと変えただけで身体の中身が変わるんです。

では、今度は普通に息を吸ってジャンプしてください。……できますね。息をお臍を突き出すように吸ってジャンプしてみてください。……できませんね。次に大きく胸で息を吸ってしゃがんでみてください。……できませんね。今度は先ほどのようにお臍で息を吸ってしゃがんでください。……できますね。

こういう運動のしくみがわかると、外から見えるかたちじゃないということがわかります。型というのはこのような身体の使い方をさらに全身で行ないそれを統合して使っているのです。身体の中身の問題なんです。一見息を吸うというような同じような運動でも働きが全然違うんです。だから外見のかたちじゃなくて、こういう働きの違いを明確に体感することができればもしかしたら坐禅のやり方も変わってくるのではないでしょうか。

わたしのやっている整体は人間の身体を観るものだから自分なりにいろいろ模索してやっているわけです。息を吸うという運動一つでどう自分の体が変わる可能性があるか、とか……。

このような身体の働きができていればかたちに関係なく、横になっていても中身は同じということが言えると思います。

一照　坐禅がどういう身体の働きによって成立しているのかということが身体でわかれば、

あのかたちに捉われないでもいいのだということですね。

舟橋　追求すべき坐禅のかたちは上に行く力と下に行く力が完全にバランスしている、三角錐《すい》のような構造になっているのでしょう。しかも、それが坐蒲に乗っているので軽くできるということです。わたしはあの坐蒲というのはすごい遺産だと思います。あれがあるから労せずして坐れるのでしょう。もし坐蒲がなかったら相当難しいと思います。

究極的に安定してるっていうのは究極的に不安定ななかで安定している状態で、型は不安定な状態で安定しているのです。そのおかげでどちらにでも迅速に動くことができます。不安定のなかで安定する一点にいることでどこにでも動けるしなやかさを持った安定が作られるのです。どっしり安定しているというのは動きがとれないんです。

一照　坐禅というとどうしてもどっしり、重々しい、というようなイメージを持ちがちなんですが……。

舟橋　いや、わたしが一照さんのところで澤木興道老師の坐禅の写真を拝見したときには、全然重々しいとは感じませんでしたよ。むしろ全く重みを感じない、だからあの写真から坐禅とわたしのやっていることと通じるものがあるな、すごく近いものがあるなと思ったんです。

一照　今日は今後、坐禅を探究する上でとても大きな問題をたくさんいただきました。どうもありがとうございました。

舟橋　こちらこそありがとうございました。何分わたしもまだまだ未熟ですが、何かのお役に立てていただければと思います。

第三講　尽一切と通い合っている坐禅

仏の行は、尽大地とおなじくおこなひ、尽衆生ともにおこなふ。
もし尽一切にあらぬは、いまだ仏の行にてはなし。

道元『正法眼蔵　唯仏与仏』

われわれが坐禅《ざぜん》をしているとき、いかにも自分の力だけで坐禅をしているように思われますし、また実際そのように感じられるのですが、今回の講義では、実はそうではないこと、自分の内外のありとあらゆるもの、つまり「万法《まんぽう》」と繋《つな》がって、それらに助けられ、支えられながら坐禅が成り立っているということを中心にお話ししていきたいと思っています。坐禅はわたしが宇宙の片隅でぽつんと孤立して個人技として私的《プライベート》にやっているのではないということ、坐禅の当体は天地一杯のものであり、われわれの見聞覚知の限界をはるかに超えた無限の広がりと深さを持ったものであること、またそのようなものとして理解され行じられなければならないことを述べてみたいのです。

坐禅のスケール

「坐禅というものを絵に描いてみてください」と言って、紙と鉛筆をお渡ししたらみなさんはどのような絵を描かれるでしょうか？　きっとたいていの人は一人の人間が結跏趺坐をして坐《すわ》っているところを描いて「はい、これが坐禅です」と差し出すのではないでしょうか。その絵は、人がまるで真空のなかで坐禅しているようです。せいぜいのところ床や坐蒲《ざふ》が書き加えられている程度でしょうか。これは、わたしたちが「坐禅」ということを思い浮かべるとき、人間が単独《ソロ》でやっている個人的な活動として捉《とら》えているということを示しています。ところが道元禅師は、坐禅は、そのような個人が内輪で行なう小さな営みではないと説きます。また、そのような内向きの閉じた坐禅であってはならないとも言います。澤木興道老師も「坐禅は一人の人間が宇宙の片隅に閉じこもって小康を楽しんでいるような矮小《わいしょう》なものではない」と言っています。ですからこのお二人にそういう絵を見せたら、一目見て「こんな自分にばかり焦点を置いた坐禅の絵では全く不十分だ。坐禅を正しく描いたものとはとうてい言えない。描き直しなさい！」と突き返されることでしょう。

道元禅師の著述のなかには、「尽十方界」とか「尽一切」、「尽大地」、「尽乾坤《じんけんこん》」、「尽地・尽界・尽時・尽法」といったわれわれの人間的な尺度では計量し得ない無限のスケールを表す「尽（ことごとく　残らず全て、の意）」という語がしばしば見られます。そういう表現に親しんでいると、道元禅師が「坐禅」を論じるとき、その坐禅は、実はこういう広大無辺の「尽」というスケールにおいて語られているということがよく伝わってくるのです。たとえば、『正法眼蔵　唯仏与仏』には、「仏の行は、尽大地とおなじくおこなひ、尽衆生ともにおこなふ。もし尽一切にあらぬは、いまだ仏の行にてはなし」という一節があります。この文のなかの「仏の行」は「坐禅」と置き換えてみることができます。他の場所で「坐は仏行なり」と言われているからです。ということは仏行としての坐禅とは、「尽一切の坐禅」でなければならないということになります。悠久なる天地と一体でなされなければ仏行としての坐禅とは言えないのです。

しかし、往々にしてわれわれは、メイメイ持ちの自分だけが、悟りを得よう、安心を得ようとして坐禅をします。そして、「求道」あるいは「修行」という名目のもとに、メイメイ持ちの自分が個人的な内面の苦悩を問題とし、それを解決するための「こころの工夫」に血道をあげ、ますます狭い煩瑣《はんさ》な世界のなかにのめり込んでいくことになります。それは、迷いや苦しみから逃げ、悟りや楽を追いかける流転輪廻《りんね》の延長に他なりません。そこには「尽一切」などという広々とした風通しのいい発想は初めからありません。「吾我《エゴ》」から出発して「吾我」に帰着するような自己愛的、自己陶酔的《ナルシスティック》な営みというしかありません。しかし、澤木興道老師が言うように「メイメイ持ちの何かが少しでもあれば、純粋無垢《むく》でマジリ気のない坐禅にはならない」のですから、そのような自己閉鎖的な修行をいくら熱心にやってもそれを坐禅ということはできません。「オレが、オレが」のとれた坐禅だけが真実である——それは坐禅が仏道にかなった坐禅であるためには妥協の許されない厳しい条件なのです。これは第一講でお話しした、坐禅は無所得無所悟で坐らなければならないこと、つまりいかなることであれ個人的なアテや期待を持ち込んでそれと道連れに坐っては坐禅にならないということに繋がります。

正しい坐禅の図

さて、「仏の行＝坐禅＝尽一切」という坐禅の基本公式からすれば、坐禅の図には、坐禅している人だけでなくその人を含んだ全世界・全宇宙、つまり尽一切が描かれていなければならないことになります。釈尊が菩提樹《ぼだいじゅ》の下で坐禅している「釈尊成道の図」には、坐禅している釈尊だけでなく、大地や木や空や星などそれを取り巻く環境や世界がちゃんと描き込まれています。無限である「尽一切」を有限の紙の上に描き尽くすことなど実際には不可能なことですから、完璧《かんぺき》な坐禅の図を描くことは厳密に言えば不可能です。それでも、この「成道図」は坐禅の図としてかなりいい線をいっていると言えるでしょう。ところが、われわれはこの図のなかの釈尊の姿にだけ注目して、人間としての釈尊がやっていることが「坐禅」だと考え、その他の部分は坐禅の単なる舞台であるかのようにみなしがちです。つまり釈尊が「図柄」、その他は「背景」、「地」と見て、その「図柄」だけが坐禅であると理解するのです。釈尊という個人が世界のなかのある特定の場所で坐禅をしている、という見方です。こういう見方が常識でしょう。しかし、この成道図の正しい鑑賞法は、そういう「図」（釈尊）と「地」（釈尊を取り巻く世界）という二分法的見方ではなく、図全体を一つの継ぎ目なしのまとまりとして観るもっとホーリスティック（全体論的）な見方でなければならないのです。つまり、この図に描かれていることの全て、つまり釈尊と世界を合わせたその全体がそっくりそのまま「坐禅そのもの」である、坐禅の当体であるとするのです。釈尊を含む尽一切が一体となって坐禅をしていて、その坐禅のなかに釈尊もいれば、菩提樹もあり、山河大地もあり、明けの明星もあるという見方です。この見方では、釈尊も坐禅を荘厳する調度の一つになっています。あるいは釈尊＝世界＝坐禅（＝は「合同」であることを表す数学記号）と言う方が適切かもしれません。釈尊が成道されたとき、その結跏趺坐はもはや釈尊個人に限定されたものではなく、「三千大千世界の虚空《こくう》に遍満」（『大品般若経』）した「無限大の坐」であったということです。釈尊はそのような坐禅を坐っていたのです。そういう坐禅が現前したからこそ人間釈尊が仏になった、成道したと言うことができたわけです。

釈尊が成道されたときに発したといわれている「我と大地有情と同時成道」という言葉はそのことを傍証してくれています。つまり、釈尊がそのとき行じていた坐禅が、「尽一切」から切り離された個人的営みではなく、「尽一切」をその内容とするような、あるいは尽一切と一枚であるような坐禅であったとするなら、その門下であるわれわれとしては、本当ならもっと雄大で無限のスケールの「坐禅の図」を構想することができなくてはならないはずです。そして、釈尊の坐禅がそうであったように、尽一切に向かってどこまでも開かれているような坐禅を修行するのでなくてはならないはずです。尽一切と通い合っているような坐禅はどのようになされるべきなのか、それを工夫するべきです。それなのに、坐禅の「図」にしても坐禅の「行」にしても、小さく限定された個人大のスケールに留《とど》まったものが世間に流布しているようです。こういう矮小化された坐禅観で坐禅をすれば、坐禅の実践もやはりそれに相応して個人内のプライベートな営みに終始してしまいます。尽一切と通い合う坐禅を坐るためにはまず、そういう個人スケールの常識的な坐禅の見方を天地いっぱいの坐禅という大乗仏教にふさわしい坐禅観に入れ替えることがどうしても必要になります。この講義はそういう方向を目指して行ないたいと思います。

魚と水

そういうわけで、くどくなりますが、この辺の問題を「魚と水」の例でもう少し考えてみたいと思います。本物の生きた魚はそれがそのなかを泳いでいる水から切り離すことはできません。水とともにあってこそ活潑潑地《かっぱっぱっち》（ぴちぴち躍り跳ねる生きのよいさま）に泳ぎ回る生きた魚といえるのです。だから、魚をその生きた姿のまま捉えようとするなら、魚だけでなく、魚と水を含む全体をこそ「魚」と見るべきなのです。しかし、常識的には、泳ぐ「魚」とその環境としての「水」というふうに、魚と水をまず分けてからその組み合わせとして全体を見ています。それはもうすでに分別の立場に落ちているといわなくてはなりません。そうではなくて、リアルにあるのは継ぎ目のない「一枚の全体」なのであって、いわゆる「魚」と「水」はそれを便宜的に分節したものなのです。それぞれ異なる相貌《そうぼう》と機能を持つのでわれわれにはあたかも独立した二つの実体があるかのように見えるだけです（「魚行《ゆ》いて魚に似たり」『正法眼蔵　坐禅箴《ざぜんしん》』）。ですから禅的には、こういう継ぎ目のない全体そのもの（もちろん、それは動きのない固定的なものではなく、魚は泳ぎ水は流れる、そういう絶えず変化流動を続ける動的《ダイナミック》なものなのです）が「魚」であると言うべきなのです。常識的にはとんでもない話に聞こえるでしょうが……。

われわれが日頃やっているように、水と切り離され独立した個体としての魚だけに注目してそれを魚とするのは、水の外に取り出されて死んだ干物のような魚を相手にしているようなものです（「魚もし水をいづればたちまちに死す。以水為命しりぬべし」『正法眼蔵　現成公案』）。そういう水から切り離された魚はあくまでも抽象化された虚構の魚なのであって、宏智《わんし》禅師作の『坐禅箴』にある「水清徹底兮、魚行遅々（水清

くして底に徹す　魚行きて遅々たり)」という句が示すような、無辺際の水のなか(魚はいくら泳いでも水を泳ぎ尽くすことはできない)で悠々と泳ぎ続ける本物の魚とは程遠い、われわれの観念のなかにしか存在しない架空の魚でしかないのです。だからここでも、「水清徹底兮、魚行遅々」というこの句の表している状況のまるごと全体がリアルな魚の当体を表現していると理解すべきだということになります。

坐禅を、坐っている一人の人間の身心の活動のみに限定して考えることは、魚を水から取り出して考えるのと同じ誤りを犯すことであって、坐禅を抽象化して捉えることに他なりません。そこでわれわれが見るのは干物になった死んだ坐禅の姿だけで、いのちの通ったみずみずしい坐禅の本来の姿は見失われてしまいます。魚にとって水に当たるものは、坐禅においてはわれわれの身心を含む「尽一切」です。だから抽象化されないナマのリアルな坐禅の当体とは、坐禅しているわれわれの身心を含む「尽一切」からなる継ぎ目なしの無限大の全体であると言う他はありません。

まど・みちおさんの『コップ』という詩があります。これを引いて理解の助けにしたいと思います。

コップの中に　水がある
そして　外には　世界中が

コップは世界中に包まれていて
自分は　水を包んでいる
自分の　はだで　じかに

けれども　よく見ると
コップのはだは　ふちをとおって
内側と外側とが一まいにつづいている

コップは思っているのではないだろうか
自分を包む世界中を
自分もまた包んでいるのだと
その一まいの　はだで
水ごと　すっぽりと
コップが　ここに坐って

えいえんに坐っているかのように
こんなに静かなのは…

（伊藤英治・編『まど・みちお全詩集』理論社）

われわれが「えいえんに坐っているかのよう」なコップのように、じたばたしないで静かに坐っていられるためには、くつろいでいられるためには、こころのどこかで「自分を包む世界中を自分もまた包んでいるのだ」ということを知っているというか、それが信じられていることが必要です。尽一切は無限ですからそれをわれわれの有限な見聞覚知によって見届けることはできません。尽一切は言葉によって構想することはできてもそれを体験として覚知することはできないものなのです。しかし、尽一切を自分の体験の枠のなかに押し込めようとするだいそれた企てを放棄し、そのことでかえって尽一切と徹底して親しめるような可能性を開いてくれる、非常にユニークな行為があるのです。それが坐禅だということです。

坐禅と覚知

知覚心理学が教えているように、われわれの覚知できる範囲はかなり限られたものです。たとえばわれわれ人間が音として覚知できるのは振動数が一秒間に二十回位の低い音から、一秒間に二万回の高い音の間に限られているそうです。この範囲外の音はわれわれには覚知できないので、われわれにとっては存在しないも同然ですが、それはそういう音が存在しないということではありません。そういう音を覚知できる動物もいるし、何らかの機械を使って間接的にその音を検出することもできるからです。それに意識で覚知できない音がわれわれの心理や生理に微妙な影響を与えているということだって十分にあり得ることです。このように地平線（そこから先は覚知が届かない限界線）を本質的に持っているわれわれの有限なる覚知によって、尽一切と繋がっている坐禅の全体を捉え切ることは、当然のことながら不可能です。どんなに覚知を一生懸命働かせてもそこで捉えられたものは、坐禅の「一部分」、「一側面」、「一面」でしかありません。

　道元禅師はその著述のなかで、われわれの覚知の限界性・部分性・一面性についていろいろ論じています。たとえば『普勧坐禅儀』に「瞥地《べっち》之《の》智通《ちつう》」という言葉があります。「瞥地」というのは「ちらっと見ること」でわれわれの覚知ではいかに頑張っても、坐禅の全体に対しては「瞥地」の域を出ないということです。だから道元禅師はこの言葉によって、坐禅によって何か素晴らしいものを「ちらっと見た」くらいで有頂天になってしまうと、それに捉われて身動きできなくなるような羽目に陥るから気をつけよと注意を促しているのです。それがどのように深遠高尚な洞察、纖細微妙な覚知であったにしても(それはそれで貴重なものではありますが)、それは人間が人間であることからくる限定を必ず被《こうむ》っており、部分的・一面的であることをまぬかれることはできません。またこういう言葉もあります。「たとへば、舟にのりて山なき海中にいでて四方《よも》をみるに、ただまろにのみみゆ、さらにことなる相みゆることなし。しかあれど、この大海、まろなるにあらず、方《けた》なるにあらず。のこれる海徳、つくすべからざるなり」(『正法眼蔵　現成公案』)。われわれは自分の見えている範囲のものだけを海だと思ってしまいがちです。けれどもわれわれには見えていないところに「海徳」、つまり海としてのあり方、功徳がまだまだあるのだと道元は説いているのです。覚知できないけれども厳然としてあるという事実を見逃してはなりません。

内山興正老師の作られた数多くの法句詩のなかに「覚知せざれども」という次のような詩があります。

〃是の法は示すべからず
言辞《ごんじ》相寂滅すればなり〃(『法華経　方便品』)

十方仏土中　覚知せざれども　十方仏土中
覚知せざれども　受諸苦悩の故に只管打坐す

覚知せざれども　自己正体の故に只管打坐す
覚知せざれども　身心脱落の故に只管打坐す
覚知せざれども　只管打坐の故に只管打坐す

（『御いのち抄』柏樹社）

自分にはその全体を覚知することはできないけれども、凡夫の身として様々な苦悩を受けるから、坐禅が自己の正体だから、身心脱落がわれわれの本来のあり方だから、われわれに可能な解脱の道は只管打坐しかないから、今一心に只管打坐の坐禅をしているということです。人は自分が覚知できる範囲だけを自分の世界だと思ってそのなかでなんとかうまくやりくりしようと常日頃は努力しているのですが、坐禅においてはそうではなくて「覚知せざれども」ということが大事だというところを内山老師は表現しようとしているのです。

坐禅の坐禅たるゆえん

もちろんわれわれは訓練によって覚知の範囲をある程度広げることはできます。それが坐禅の目的ではないのですが、坐禅が深まってくれば、その副作用（？）としてそれまで微妙微細すぎて覚知の対象にはなっていなかったことをいろいろ感覚として捉えられるようになってくることは確かです。身心が調《ととの》うことによって感覚器官の感受性が向上するということは間違いありません。これについては次の講義で話しますが、しかしそれすらも坐禅の全体のほんの一部でしかないのだということを忘れてはなりません（「参学眼力のをよぶばかりを見取会取《ういしゅ》するなり。……のこりの海徳山徳おほくきはまりなく、よもの世界あることをしるべし。」（『正法眼蔵　現成公案』）。意識としての自分が、存在としての自分自身を含めて全てのものに向かい合ったとき、わかることはほんのわずかなことに過ぎないということを忘れてはいけないのです。

坐禅の全体は覚知の範囲よりもはるかに広く、奥深いのです。どこまで分け入ってもここで行き止まりということがありません。その果てしのなさは、どこまでも澄み切って明るくはっきりとしているのに、決してその果てに届くことがない青空のようです。たとえば、これについても次の講義で詳しく述べますが、脳と脊髄《せきずい》をそのなかにすっぽりと浸している脳脊髄液は規則的な流動、還流を続けていますが、その動き自体は覚知の直接的対象にはなりません。それは身体各部の微細な動きを通して間接的に覚知されるのみです。脳脊髄液は当人の意識には全く知られないままに密《ひそ》やかに、しかし確かに、その人間が生きている限り流動を続けていのちを支え続け、覚知という生理的機能そのものを可能にしているのです。しかし「坐禅」といった場合に、わわれわれは「覚知によって捉えられる範囲」にのみ注目しそこに重心をかけがちです。それはわたしの覚知できる範囲内で坐禅を捉え、理解しようとすることに繋がります。しかし、実は「脳脊髄液の流動」のように、「覚知によっては決して対象的に捉えられないけれども、確かに存在して、覚知を下支えている世界」が覚知の「視野」の外（背後？）に広大無辺に広がっているのです。そのことにしっかり思いを致さなくては「葦《よし》の髄から天井を覗《のぞ》く」愚を犯すことになります。

ここまでくると、「坐禅」とは覚知によってはかり知ることのできない「途方もないもの」、「幽邃《ゆうすい》なもの」という他はなくなってきます（薬山《やくさん》禅師はそこを「千聖もまた知らず」、つまり歴代の諸仏諸祖でもそれを知ることができないと言われました）。人間には「不知」（知りようがない）、「不会」（理解のしようがない）であるのが坐禅の坐禅たるゆえんです。だから坐禅を実際に行じるしかないわけです。しかし、ありがたいことに、誰でも正しく坐禅しさえすれば、覚知を越えたところで尽一切が何の留保もなくそこに無条件で現成しているのです（「もし人、一時なりといふとも、三業に仏印を標し、三昧に端坐するとき、遍法界みな仏印となり、尽虚空ことごとくさとりとなる」『弁道話』）。ただそれを自分が見ることができないというだけです。

われわれが坐禅に精出しているとき、この全体の外に出てそれを対象として眺めることはできません。だから、坐禅しながら坐禅の全体を見とどけることはできないのです。そういう不可能な企てに余計な気を回さず、安心して全てを坐禅に打ち任せてその全体に浸《つ》かり込んでいくこと、つまり今ここの坐禅が坐禅になるようにその工夫をただ専心に続ければそれで充分です。それが「只管打坐」といわれるゆえんです。

余談になりますが、坐禅についてよく言われる「身心脱落」、「脱落身心」ということもこの文脈で理解できないでしょうか。つまり、「身心脱落」とは、これまでメイメイの持ちものとして個人的・私的・限定的に使われていた身心が、坐禅においてそういう吾我による束縛や拘束から解き放たれて、本来の宇宙的・公的・無限なものとして自由に働いている状態になっているという事実の描写であり、またその事実に対する気づきの言葉、洞察の言葉でもあると解するのです。あえて体験的に言うならば、わたしの身心（＝図柄）と周りの世界一切（＝地）という二分法的ながめが脱落して、身心が尽一切の世界と一枚になった無限大の広がりとして感得されるのです（もちろんその果てを見届けることはできませんが）。そして、「脱落身心」とはこうして狭い殻から脱落した自由な身心が今ここの自己という具体的な身心として活《い》き活《い》きと自在に働いているという、同じ事実のもう一つの側面の描写であり、その自覚の言葉でもあるのです。これもあえて体験的に言えば、無限な全体がいまここに具体的身心としてのかたちをとって息づいている出来事として身心が感得されるのです。身心脱落、脱落身心、いずれも身心が尽一切に接続し、摂取され、そういう身心として働いている坐禅のありようを端的に捉えた言葉なのです。自分のものだと思っていた身心が実はじめから大自然の一部であったという洞察であり、坐禅はそれをそのまま実修していることになります。

自力行ではない坐禅

このような意味で脱落した身心で行なわれている坐禅は、自覚できている範囲の限られた自分の能力だけで自力的な個人プレーをやっているのではありません。それは、自分を取り巻くあらゆるものからの様々な助けや支え、自分のなかにあるもののそのほとんどは自分が全く気づかぬままに発現されている能力のおかげを被《こう》むって初めて成立しているという事実があるわけです。われわれが坐禅を考える上で、そこが非常に大事なポイントになってきます。もちろん、尽一切の側からすればただ尽一切しているだけで、坐禅を「助ける」ということなど全く問題にしていません。しかし、坐禅している当人の意識からすれば、尽一切の働きが自分の坐禅を援助してくれているように感じられてしまうということです。

坐禅は普通、自力行の典型だと思われています。しかし、道元禅師が『正法眼蔵現成公案』に書いている「万法すすみて自己を修証する」という状態、これをかれは

「さとり」であると言っていますが、その純粋形がほかならぬ坐禅だとすれば、それは普通に理解されているような意味での自力の行とはとうてい言えません。道元禅師の著作にある「仏のかたよりおこなわれて……」とか「万法すすみて……」といった表現が示しているのは、「仏のかた」にしても「万法」にしても、無限なる何かがむこうから、自分のところにやってきて自分を現場として活き活きと働いているという見方です。自分はそれをそっくり受用しその働きに安心して任せ切っている、自分はそれを謙虚に注意深く見守っていて手を出さないようにしているのです。こちらが何から何まで支配し管理し操作しようというのではなく、自分はここで待っていて向こうから来る働きにそのまま任せている、そういう絶対的な受身の態度です。何がどう起こるかということはお任せしているのです。こちらはただ正身端坐に務めているだけです(「唯務打坐」)。ですから、発信モードではなく徹底した受信モードの営みであるということになります。そういう観点から、自力行だと思われている坐禅をもう一度洗い直してみる必要があるのではないでしょうか。そして、そういうはっきりした理解と態度を踏まえて、実際にそのような坐禅を行じなければいけないと思うのです。

ですから必然的に、自分が何かをする、自分から積極的に何かをするという要素は、なるべく少なくする、最小限にしていく方向で坐禅の工夫が進められることになります。つまり一般的に行なわれている「自分が主体になって何をどうやるか」という工夫とは逆方向になっていきます。「する」工夫ではなく「やらない」工夫、「ただそこに在る」工夫というべきでしょうか。普段、自分で何かを考えて、その考えにもとづいて自分で良し悪しを判断しながらやっていくというモードにすっかり慣れている、あるいは条件づけられているわれわれにとっては、坐禅においてもそのまま放っておくと知らないうちに意識や思考が先行してからだやこころをコントロールするというつもの「する」モードに戻ってしまいます。頭脳のどこかにある司令室に自分が陣取っていて、からだはそこから命令を下して操縦する機械、ロボットであるかのようなイメージを持ったままでは、「する」坐禅しかできません。その「する」こと自体に多くの力が費やされてしまい、すでにそこに存在しているもっと大切なものの多くを受けとることがおろそかになってしまいます。坐禅は意識としての自分がそこにまだない何かを得ようと努力することではなく、存在としての自分がすでにそこにあるものたちと一緒の在るという次元に帰っていくことなのです。

人間性の封印としての坐禅

人間を他の生き物から区別する大きな特徴として、二足歩行、手による道具の操作、言語の使用、そして抽象的な思考活動の四点が挙げられると思います。いずれも長い間の進化の過程で人類が獲得した、万物の霊長としての人間が自ら誇りにしている勝《すぐ》れた能力です。しかし、坐禅においてはそれらの四つの能力の全てがみんな「封印」されてしまいます。

「右の足を持って左の腿《もも》の上に置く、左の足を右腿の上におく」結跏趺坐、あるいは「ただ左の足を持って右の腿を圧する」半跏趺坐で脚をしっかり組むことで、二足歩行の能力は一時的にですが使用不可能になります。これでは好ましいものやことを追いかけたり、好ましくないものやことから逃げることはできません。ですから、脚をそのように組むということは、自分の都合で移動しません、追ったり逃げたりはしませんということをからだで表明していることになります。

「右の手を左の足の上におき、左のたなごころを右のたなごころの上におき、ふたつのおやゆびを、むかえてあいさゝう」と『普勧坐禅儀』に示されているような仕方で両手を組むことで、直立姿勢の獲得によってからだを支持する役目から解放された手が得た、道具を操作する能力が使えなくなります。これは自分の欲求を満たすために手を使って道具を操作し外界に働きかけることはしませんということの表明です。

「舌はかみのあぎとに掛け、くちびるも歯もあい着くべし」というやり方で口を閉じることで、社会的動物といわれる人間にとって非常に重要な意味を持つ言葉を発する能力を発揮することができなくなります。これは言葉を使って他者とのコミュニケーションをはかり、取り引きや駆け引きはしませんということの表明になります。「思量箇不思量底　不思量底如何思量　非思量」という思いの手放し状態でいることは、人間において高度に発達した概念操作による抽象的思考能力（そこに無いものを言葉の力によって喚起できる能力）を一時的に放棄していることになります。これは頭であれこれと過去や未来のことについて考えをめぐらしたり、どうしようこうしようとはからったりしないということの表明です。

このように、坐禅をするということは必然的にというか、自動的に人間を人間たらしめている、少なくとも四つの能力を封印することになっているのです。ですから、坐禅は「人間が人間らしいことを何もしていない姿」であると言えるでしょう。澤木老師の「人間をちょっと一服したのが仏じゃ。人間がエラくなったのが仏じゃないぞ」という名言から借りれば、坐禅はまさに「人間をちょっと一服した」姿そのものなのです。

坐禅の作法に従って脚、手、口、アタマをしかるべきあり方、状態におさめるということは、それらを普段の生活活動においてやっているように、自分の都合のためには一切使いませんと無言で宣言していることなのです。普段のわたしは脚、手、口、アタマをいつも自分の満足感の追求のために使っていますが、坐禅においては身・口・意のそういう凡夫的使用が封印されてしまうのです。

道元禅師は『弁道話』のなかで坐禅のことを「三業に仏印《ぶっちん》を標し（身は結跏趺坐して動かず、口は閉じてしゃべらず、意は非思量で思いの手放し）三昧に端坐する」と表現していますが、坐禅のときの脚、手、口、アタマには「仏印」、つまり仏であるというしるしがついていると言うのです。とすると普段のわれわれのからだやこころには「凡夫印」がびっしり張りついているということになりますね。そういう凡夫印をみんなはがして全部仏印に張り替えることで、凡夫の生身がそっくり全て仏のからだになるということが坐禅では起きているわけです。これを瑩山禅師の『坐禅用心記』では「即標諸仏体（諸々《もろもろ》の仏の体を即標する）」と言っています。つまりたちまちに諸々の仏のからだが現前するということです。

このように、坐禅はある面から見ると、凡夫のわたしにびっしりと仏印が張られることで、凡夫性に染まった行ないが否応《いやおう》なしにできなくなっている状態だと言えます。いわば、凡夫のわたしが坐禅に磔《はりつけ》にされているようなものです。われわれが坐禅をするときにしばしば味わういろいろな苦痛や不快感、ネガティブな感情や思いといったものは、自分のなかの凡夫根性がこうした封印によって身動きできなくなって上げている悲鳴なのかもしれません。『普勧坐禅儀』には「ただ打坐を務めて兀地《ごっち》に礙《さ》えらる（ただ坐禅を努力することで坐禅に邪魔される）」という表現がありますが、この坐禅に「礙えらる＝妨げられる」という感じを表現したいと思って「封印」という表現を使ったのです。

しかし別な面から見れば、坐禅は確かに凡夫にとっては封印なのですが、仏の側からすれば、それは同時に仏性が生き生きと現前するような仏の開封となります。坐禅の姿のあらゆるところに仏のめじるしがはっきりと現われ、仏の働きが躍動しているのです。つまり坐禅では、凡夫が封じ込まれるという封印と、仏が踊り出るという開封とが同時に進行しているということになります。たとえば、結跏趺坐に組んだ脚はどうしたって二足歩行ができないのですから凡夫の側からすればそれは普通の意味での脚の機能としては死んでいることになりますが、坐禅という仏の姿（横山祖道老師の「坐相みほとけ」という言葉を思い出してください）から見ればその脚は仏のからだの欠かせない一部となって立派に「成仏」し、仏の荘厳をしていると言えるのです。手、口、アタマなど他のどの部分についても同じことが言えます。それらがみんな「わたしの所有物」から「仏＝大自然の一部」へと存在の意味ががらりと転換してしまうのです。

自分が開かれていく

三業（身・口・意）に仏印が標されている坐禅では、それまで自分の所有物のようにして欲望充足のために勝手に使っていたこころやからだがもはや自分のものではなくなっています。こころもからだも自分のためには一切使いません、使えなくしてありますというのがあの坐禅の姿勢に込められた意味というかメッセージなのです。するとどうなるかと言えば、それまで無償で借りていたこころやからだをそっくり本来の持ち主である大自然、つまり仏にお返しすることになります。そして、こころやからだが私的に限定されて使用されている状態から解放されて、大自然の働きそのもの、仏のかたよりおこなわれるものとしてそこに息づくようになります。

坐禅というと、どうしても自己の内面を探究することだとか、内的なこころの世界へ沈潜することだというような私秘的なこころの世界に関わることだというイメージで見られがちですが、道元禅師のいう坐禅は全くそうではありません。むしろそれとは逆の方向で、個人の意識のなかという、限られた小さな世界であれこれとやりくりしている内向きな自分を外へ向かって開き、そんな自分も本当ははじめからずっと世界と繫がっていたことに目覚めていくこと、気づいていくことなのです。そういうあり方を単にアタマで想像したり考えたりするのではなく、身をもって実際に表現する、行為を通して表白すること、それが坐禅です。坐禅に親しむことによって、霧のなかを歩いていると知らないうちに衣服が濡《ぬ》れるように、坐禅という行為の滋養物が身心に取り入れられて、いつのまにか無意識レベルでの自ずからなる変容が遂げられていくのです。

この変容というのは、意識としての自分に重きを置いて、そこから全てを眺め扱おうとする態度から、もっと基底的な存在としての自分が周りの無数の存在たちと同じ地平で繋がっているというところで感じ、考え、行動するという態度への変化です。もちろん、坐禅する、しないにかかわらずその繋がりは厳然としてあるのですが、意識中心のわれわれの日常のなかではそれがすっかり眩《くら》まされて、あたかもそのような繋がりなどないかのような現実が事実としては展開されているのです。そういうあり方に慣れきってそこから全てを始めています。その現実もこの繋がりの上で初めて成り立っているにもかかわらず、です。仏教ではそういうわれわれの人生を「酔生夢死」と表現しています。それから覚める道が坐禅なのです。酔いや夢から覚めたとき、眼の前にあるのは前からいた部屋やベッドで、何も変わったわけではありません。しかし覚めたわたしはそこで、酔ったり夢を見たりしているときとは全く違う新しい生き方を始めるのです。

個人のなかへと狭く閉じていこうとする態度が「凡夫印」であり、その逆に世界に向かって広く自分が開かれていこうとする態度が「仏印」だと言えるでしょう。このことが意味しているのは、仏印でおおわれた坐禅は、あらゆるもの、つまり道元禅師の使う言葉で言うなら「尽一切（全宇宙）」と通い合っているような開かれた坐禅でなければならないということです。ですから、何か一つのものやことを選択してそれに集中没頭し、それだけに注意を向け続けるという瞑想《めいそう》は、多くの場合内面的なものやこと（息、身体感覚、マントラ、ヴィジュアリゼーションなど）に集中していくのですから、尽一切とともに坐るという坐禅のあり方とは根本的に違うものだと言えます。尽一切であるべき仏の行というその定義から外れてしまうわけです。そういう何か特定の対象への集中、没頭ということをやっては坐禅でなくなってしまうということです。

ただ気をつけなくてはいけないのは「尽一切と通い合っているような坐禅」といっても、それ自体を体験の内容とすることは絶対にできないということ、またそういう尽一切との合一体験を得ることを目指して坐禅をしているのでもないし、そういう坐禅をしてはいけないということです。尽一切と通い合っているという事実は推理というか推測することはできます。つまり言葉によって語ることはできますが、それ自体を経験することは不可能なのです。ですからそういうことができる、あるいはそういう体験をしたというのは、あり得ないことが可能であり、またそのあり得ないことを体験したと主張するのですから、それは神秘主義になってしまいます。仏道は神秘主義の立場をとらないのです。そういう体験はあくまでからだの一部である脳がある条件下で作り出した幻影、錯覚であるとしてそこに重きを置きません。只管打坐の坐禅の伝統では、そのときそのとき立ち上がってくる体験はどのようなものであれそれはそれとしてしっかり受け止めますが、特定の体験に特別な意味を付与して、特別扱いしたり、特に重視するようなことはしないのです。いくら特別な体験であるとしても、それはどこまでも「自分にとって」特別であるだけであって、そうである限りは吾我の領域内のことだとされるからです。特定の体験への特別な関心（執心）が手放されるとき初めて、尽一切のものが自分のところに来て自分を生かしめていることがそれとなく見えてきます。

坐禅がわたしをする⁉

尽一切と通い合っているという事実は坐禅の成果や結果としてそうなるのではありません。坐禅をしようがしまいがそういうこととは関係なく、そもそもはじめからずっとそうであるし、いつもそうであるし、そういう事実の上で坐禅が行なわれているのです。この事実は最も仏教的な教義と言われている「縁起（あらゆる存在はなんらかのかたちでそれぞれが関わり合って生滅変化している）」の教えと同じことを別な表現で言い換えたにすぎません。縁起という事実は釈尊が悟ることによってそうなったのではなく、悟る以前からそうであったというそういう厳然たる事実を発見したのです。しかし、真実は縁起というあり方をしているにもかかわらず、われわれの現実世界はあたかも縁起の考えとは対極的な実体主義的な虚妄分別にもとづいて展開しています（この虚妄分別自体もまた縁起によって生成しているのですが）。この真実と現実のズレから、人間にとって様々な苦しみや問題が生まれてきているというのが仏教の洞察です。そこに、事実としては縁起によって生きているのに、あらためて縁起を修行するという必要性というか課題がわれわれには出てくるのです。いつでも尽一切と通い合って初めて存在できているわれわれが（われわれはそういう存在のあり方しか許されていません）、わざわざあらためて尽一切と通い合っている坐禅を修行するのは、そうしなければそこから宙に浮いた生き方を生理的にしてしまう生来の習性、傾向（凡夫性）を持っているからです。尽一切の自己、常にそこに立ち返り、そこから出直し、出直ししながら新鮮に生きていこうという決意、つまり発心を絶えず更新し続けようというのが坐禅修行の方向性です。縁起で生かされている自分を坐禅という行為を通して事実として証明する、自分が世界から分離しているのではなく尽一切と通い合っているがゆえに、その通い合いを今ここで自分の身心を舞台にして表現し、証《あかし》するのが坐禅であるということです。

釈尊が菩提樹の下で発した「大地有情同時成道」という言葉も、自分と大地や有情を隔てている（と思っていた）バリアー、カーテンが実はもとから無かったという洞察によって、自分から消えたという自覚の表白です。自分が知らないうちに、気がつかないうちに作り上げていた自他の境界が坐禅のなかで雲散霧消してしまったのです。それが一時的で特殊な体験であるに留《とど》まらず、釈尊のなかで吟味され咀嚼《そしやく》され、もはやそれが神秘的なことでもなんでもなく、ごく自然で当たり前のありのままのあり方だということが腑《ふ》に落ちるところまで熟していったのでしょう。境界がなくなった、というよりはあると思っていた境界が実は虚構でしかなかった、はじめから無かったものをあると思い込んで、錯覚していただけだったということが全身でうなずけたのです。自分で自分を縛っていただけだった、しかも自分を縛る縄はそもそもはじめから無かった、つまり自縄自縛ではなく無縄自縛だった、と。本来無縄無縛だということがわかってみると、この範囲内がわたしだと思って閉ざしていた領域がその境界のところで世界が遮断されているのではない、わたしと世界の間に厚い壁が立ちはだかっているのではなくて、いわば細胞を取り巻いている半透膜のように周りの環境と交流しつつ、通い合いながら内部の恒常性が一定に維持されているということが、ごく自然にうなずけるのです。わたしが世界と、尽一切と切り離されているようにはもはや感じられなくなってくるので、わたしが坐っているのか世界が坐っているのか、そこではもうわたしと世界という二分法が意味をなさなくなってきます。そうすると、わたしが広い世界のなかで小さな坐禅をするのだと思っていたけれども、いまや尽一切の坐禅がわたしをしているとも言えるし、坐禅が坐禅をしているとも言えるし、坐禅という言葉も落ちてしまって、それがそれをしているという言い方をしてもあながちおかしくはないと思えてきます。坐禅という言葉も一つの便宜的な名づけに過ぎませんから、もうこうなったら「それがそれをしている」と言うしかないということなのです。坐禅は「それは〜である」というような言い切り、断定をとうてい許さないものになります。

サポートを受けとって坐る坐禅

さて、尽大地と通い合っている坐禅は、坐禅している側からいえば、無数のサポート、支え、援助によって支えられている坐禅です。ですからこういう坐禅を行じる上では、そういうサポートをどれだけ豊かに受け取り、活かせているかということが大切なポイントになります。常識的な理解では、修行というのは自分の持っている力をどれだけたくさん使っているかということが大事なことであり、そのために自分の持っている力、個人持ちの力を増大させていくことが目指されます。「自分の力を全部出し切れ！　そういう力をもっとつけろ！」というわけです。これは、これまでの講義で使った言葉で表現するならポジティブ・ケイパビリティ、強為の立場に立つ能力観であり修行観です。修行によって自分に力をつける、これはある意味、われわれにはわかりやすいというか、親しみやすい考え方ですね。わたしたちが「鍛える」とか「鍛錬」という言葉を使うときはたいていこういう意味合いで使っています。そこでは楽をすることはタブー視されます。そういうことをすると「サボっている」とか「怠けている」という非難を受けます。修行というものは「きつく」なければならないのだから、「楽な修行」などというものは形容矛盾だとされます。

坐禅も安らかで楽そうに坐っていると「何をやっている！　もっと気合を入れろ！　そんな甘いものじゃないぞ」と檄《げき》を飛ばされたりします。しかし、釈尊が坐っている像や絵を見ても、どうも「気合を入れて」必死の形相で歯を食いしばって、「きつい坐禅」を我慢して坐っているようには見えません。何かに耐えているどころかとても楽に、安らかに、ごく自然に坐っているように見えます。いたずらな苦行を否定されたあとの坐禅なのですからそうでなければならないはずです。われわれの坐禅が菩提樹の下での釈尊のそのような坐りを起源とし、模範としているなら、われわれもそのように楽に、安らかに、自然に坐らなければならないのではないでしょうか？　道元禅師も「坐禅は安楽の法門である」と『普勧坐禅儀』や『正法眼蔵　坐禅儀』で繰り返し説いています。安楽というのは『禅学大辞典』（大修館書店）によると「身安らかであり心よろこばしいこと」とあります。

しかし、こんなことを言うと、たいていは「坐禅が安楽の法門だなんて何十年も苦修練行を重ねた者だけが実感できることであって、初心者や修行未熟な者の分際でそんなことを口にするのは百年早い！」というお叱りを受けることになります。けれども、諸行無常を強調する仏教のなかで、たとえば「今は無理、長い修行を経たあとでなければ実現不可能」というような、未来があることをはじめから前提にしているかのようなことを言うのは筋が通らないことではないかと思うのです。われわれの誰もが例外なく、明日をも知れぬ、いや次の瞬間に死ぬかもしれない身の上であるというところから出発して修行している以上、安楽の法門としての坐禅が、いくら初心者とはいえ、いくら修行が未熟であるとはいえ、今ここで坐る坐禅において実現していなければならないはずです。次に坐禅する機会が確実にあるという保証はどこにもないというのが仏教の立場なのです。ですから今の一坐に、たとえ砂粒ほどの小ささでも、毛筋ほどのわずかさであっても、正真正銘の安楽さという質が備わっていなければならないのです。そのためには実践する側がそういう真剣な問題意識と、道元禅師が言う「審細《しんさい》」な工夫をもって坐禅に取り組むべきことはもちろんですが、指導する側もそういう坐禅が現前するような指導をするべく尽力すべきです。「そのうち、いつか、そうなるから今のところは我慢して、辛抱して、頑張って坐っていなさい」としか言わないで放っておくというのは怠慢というべきではないでしょうか。それでは安楽の法門を開くどころか、閉ざすことにならないでしょうか。もしかしたら、安楽の実現を未来に先延ばしするようなことを言うのは、安楽ということを、坐禅に慣れっこになることと取り違えているのではないでしょうか。つまり、そのうちに坐禅の苦痛や不快感に耐えられる我慢力がついてくるから安楽に感じるようになる、坐禅がつらくなくなるということを言いたいのでしょうか。しかし、そういうことが本当にここで言われている安楽ということの意味なのでしょうか？　坐禅の深まりというのはそのようなことを言うのでしょうか？

安楽というのは、坐禅を修行していくうちにいつかそうなるというような将来において獲得されることが期待される目標などではなく、むしろ坐禅が坐禅であるためのそもそもの前提条件であると考えるべきではないでしょうか。つまり、「ちからをもいれず、こころをもついやさず」（『正法眼蔵　生死』）というあり方が、そもそもの最初から坐禅になければならないということです。そうでなければそれは坐禅ではない、似ているけど別な何かだと言わなければなりません。坐禅の深まりというのは安楽でなかったものがだんだん安楽になっていくということではなく、はじめからあった、備わっていた安楽という特質がますます向上し深まっていくということでなければなりません。

ですから、坐禅においてもし「鍛える」という言葉を使うとするなら、それは尽一切との繋がりを通してやってくるサポートや助けをありがたく受けとり最大限に活かすこと（「受用」）で、自分の身心の力の発揮、つまり余計な力みや緊張、頑張りを最小限にしていく方向へ向かっての鍛錬ということになります。自分の力をいかにたくさん使って坐るかではなく、自分の力をいかに少なく使って坐るかを学ぶことです。ですからそれは、まさに「楽をする」ことを学ぶ稽古《けいこ》なのです。自分が困難に耐えて頑張っているという努力感、手ごたえ、実感が少なければ少ないほど良いという、常識とはまるで逆の話になります。尽一切と通い合っている坐禅では、自分の能力を最大限に使って自力で頑張るという修行のイメージを払拭《ふっしょく》し、他力の助けを十全に感知し受け用いることができるように、自分をどれだけオープンにできるかを学ぶことが修行だ、というイメージに入れ替えなければなりません。自力の要素が少なければ少ないほど、努力している自分の存在感が希薄であれば希薄であるほど、尽一切の助けが損なわれることなく発現してきます。したがって、こういう坐禅では自分が頑張っているという自己満足や確かに何かをやっているという常識的な意味での手ごたえはありません。そのかわり、人間の姑息《こそく》なはからいが作る不自然なもの、人為的なものが入り込まない、自然法爾《じねんほうに》の安楽そのものの坐禅がそこに立ち現われます。そういう坐禅のなかにいる自分は何もしていないで、ただはっきりと覚めてそこにいるだけ、徹底してくつろいでいることができます。安心立命、安身立命の坐禅です。

坐禅を助けてくれるもの

たとえば坐禅のとき、からだの中心軸が重力の方向に沿ってまっすぐに直立しているということは正身端坐の条件としてとても重要です。しかしこれも自分の意志的な努力だけで成り立っているのではなく、そこには実にいろいろなサポート、助けが働いているのです。内外の自然からきている助けに比べれば、自分が自覚してやっている努力はほんのわずかでしかありません。坐禅しているときに、自分が今使っていると意識できている能力など実際に働いている能力の全体から見たらごく一部にすぎないのです。今、自分が生きていることを支えてくれている働きがどれほど凄いものなのか、今、自分が現にこうして坐禅することができている事実が成り立つためにどれほどの自然の力が自分のあずかり知らぬところで費やされているか、われわれにはその全貌を測り知ることはできません。測り知ろうとすることそのものもまたそういう力の働きに拠《よ》っているからです。しかし、自分がやっていると思っていることだけで坐禅ができているのではないことは確かです。自分なりの最低限必要な努力はもちろんしているのですが、それよりもっと大きなものが黙って助けてくれていることをしみじみと感じながら坐っているのです。もしも、「いや、そんなことはない。おれは自分の意識的努力だけで坐禅をしている」と言う人がいるなら、それは自分で意識化できる限られた範囲の能力を、意識的努力以外に何も感じられないほど濃厚に、一部に集中させているからです。そのことだけに没頭して、他のことが眼に入らなくなっているのです。坐禅にとってはこれは望ましいことではありません。意識が把握することができる範囲内だけで坐禅を扱おうとしている強為の坐禅になっているからです。云為の坐禅においては、意識としての自分は何もたいしたことはやらないで、いろいろなところからくる助けに安心して自分をゆだねて、ただそこに安らかに楽に存在しているだけなのです。ですから、いろいろな助けにじっくりと親しむことができる視野の広さや余裕のようなものがそこに生まれるのです。坐禅をしていると、折に触れてそういう助けの存在に自ずと、ふと気がつくときがあります。何気なく眼をやると、そこに前から支えがあった、助けがあったということを思いがけなく発見するのです。まさに、「よくみればなずな花さく垣ねかな」(芭蕉《ばしょう》)という感じです。そんなときは「ああ、この助けのおかげで坐禅ができていたのか」という驚きと喜びが湧いてきます。

そういうかたちで見つけた、坐禅を助けにきてくれている「なずなの花たち」をいくつか思いつくままに挙げてみましょう。まずは、坐っている床からの支えです。床から支えられていなければ、楽な直立姿勢は維持できません。上方に向かって伸びやかに立ち上がっている上体は自分の筋肉の力だけで上に引き上げているのではありません。逆に筋肉の緊張は最小限にしてからだをゆるめ、自分の体重が重力に引かれて床を下に押す力に対する反作用の力（ニュートンの運動法則のなかの第三法則である作用・反作用の法則）を坐禅の姿勢のなかに無駄なくすーっと通すことで、余計な筋肉の緊張を使わなくても上体をまっすぐに上に向かって立てていることができるのです。この場合、筋肉の主な役割は大きな力を出して上体を立てることではなくて、床からの反作用の力が上体のなかをまっすぐ上に向かって通過するようにからだの傾きを正しく微調整することなのです。体重を床にゆだねればゆだねるほど、任せれば任せるほど、それだけ多くの力が床から返ってきます。地球の中心に向かおうとする自分の重さにしても、その反作用として生まれてくるそれと逆方向の力にしても、わたしの意識以前の大自然の法則（わたしはそれを「般若《はんにゃ》」と呼びたいのですが）がただ働いているだけです。どちらもわたしの修行以前からすでにそこに在るもので、こちらはそれに一方的に助けてもらうだけです。ただ、その助けを邪魔しないように余計な手をなるべく出さないようにするつつましい努力や、そうした助けの存在を感知しありがたく受用する工夫は必要です。われわれはその逆をやりすぎてしまう傾向があるからです。だからネガティブ・ケイパビリティ、やらない能力を育てていかなければならないのです。云為の力を真剣に修行し磨いていかなければならないのです。それはすでにきている助け手を発見し、素直に受け入れる修行だと言えます。

坐の環境を整える

坐禅は周りに存在している空気にも助けられています。生命維持のために必須《ひっす》の呼吸という働きは空気がなければ成り立ちません。肺の構造や機能を見ればわかるように、肺は最初から空気の存在を前提にしてできています。肺はあらかじめ空気がどのような性質のものであるかを知っていたかのように、空気とぴったりマッチするようなあり方をしています。歩く足と地面、眼と光もそういう関係にありますが、こういうことはあまりにも当たり前の事実なのでわれわれはそのことにあらためて驚いたり、深く考えたりすることはめったにありませんが、われわれのからだは周りの環境を自分が生きるための助けとしてしっかり受けとれるように最初からできているのです。われわれの呼吸をつかさどるからだの働きや構造と空気は最初から親密な関係にあります。

自分の力だけで呼吸をしなければならないと思い込んでいるとそれはその通りの「きつい仕事」になってしまいますが、実は意識以前のところで呼吸の面倒をちゃんとみてくれる精妙なメカニズムがからだには内蔵されていますから、呼吸のことは空気とそのメカニズムに任せておけばいいわけです。ところがわれわれにはそういうことがなかなか難しいのです。もうあとほんの数センチ足を下ろせば地面に足が着いて両足で立って楽になれるのに、それを知らないで手を離したらまっさかさまに落ちて死んでしまうと思い込んでいる人は自分が必死につかんでいる綱を手放すことができません。この人は綱にしがみつくことに全力を尽くすことに精一杯で、自分が高いところにぶら下がっているのではなく、本当は地面のすぐそばにいるという事実に眼が向けられないのです。すぐそばまで自分を重荷から解放してくれる助けがきているにもかかわらずそれが見えないのです。こういうもったいなく、かつ愚かしいことをしているのがわれわれの実態です。

呼吸をからだに任せて坐っていると、自分が自主的に吸う、吐くということを「やっている」という感覚がだんだん薄れてきて、空気の方がからだのなかに入ってきたり、出ていったりしているという感じ方になってきます。坐禅をめぐる対談者の一人であるヨーガの塩澤賢一先生は「人が亡くなるとき『息を引き取る』って言いますよね。その主語はなんなんでしょうね。どう考えても亡くなる人ではないですよね。だとすると外にある空気が引き取るということじゃないかと思うんですよ。空気の方でもうあなたには必要でないからうちで引き取りますよって感じじゃないですかね」とおっしゃっていましたが、それはこういう感覚から発想されたものではないでしょうか。それからわたしの場合、あるとき、周りの空気がやわらかい壁のような感じになってそれに支えられてからだを立てているような、周りじゅうにある空気の壁にはさまれ、それに寄りかかって坐っているような感覚がしたことがありました。そういうときは、空気がどちらかに動けばそっちの方向に押されてからだがなびいてしまいそうでしたから、今もし風が吹いたら困るなあ、と思ったことでした。古来、「風が直接あたるような場所は坐禅には適さない」と言われていますが、それは単に、からだが冷えるとか気が散るという理由だけでなく、からだが風になびいて正身端坐が難しくなるからだったのだと妙に納得がいきました。空気が荒々しく動かずそこに静かにじっと存在してくれていることのおかげを被《こうむ》って坐禅していたことがわかった出来事でした。

わたしは日本の内外いろいろな場所で坐禅をしてきましたが、そういう経験を通して坐禅を行なう場の大切さを実感してきました。「『禅定力』さえあればどんな場所でも坐禅はできるはずだ」と豪語する方もおられますが、わたしはそういう立場はとりません。坐禅を助けてくれるものがなるべくたくさんあるような場所で坐禅ができるようにベストを尽くすべきであると思っています。坐禅の環境には十分配慮すべきです。坐禅をする場は一緒に坐禅をするパートナーなのですから、何でもいいというわけにはいかないのです。道元禅師の『正法眼蔵　坐禅儀』には、

「坐禪は靜處《じょうしょ》よろし。坐蓐《ざにく》あつくしくべし。風烟《ふうえん》をいらしむる事なかれ、雨露をもらしむることなかれ、容身の地を護持すべし。かつて金剛のうへに坐し、盤石のうへに坐する蹤跡《しょうせき》あり、かれらみな草をあつくしきて坐せしなり。坐処あきらかなるべし、昼夜くらからざれ。冬暖夏涼をその術とせり」

と懇切丁寧にその指針が述べられているのですから、「容身の地を護持すべ」く最善を尽くすべきです。わたしは坐禅に親しんでいくうちに、ここに書かれている指針の意味がより深く味わえるようになってきました。部屋の静かさ、適切な温度や湿度、明るさ、坐蒲や坐布団、坐禅中にたくお香、一緒に坐っている同行の人たちの存在、自分に坐禅の時間を保証してくれている家族、あるいは平和で安全な環境……そういった環境や場所からの有形無形の助けのありがたさがしみじみ感じられるというのは坐禅の大きな功徳であり喜びであると言うしかありません。みなさんもそういう眼で、自分の坐禅を助けてくれているものやことを一つ一つ発見していってください。

内からの助け

さて今度は、自分にとっては外からくる助けの話から内側からくる助けの話に移り

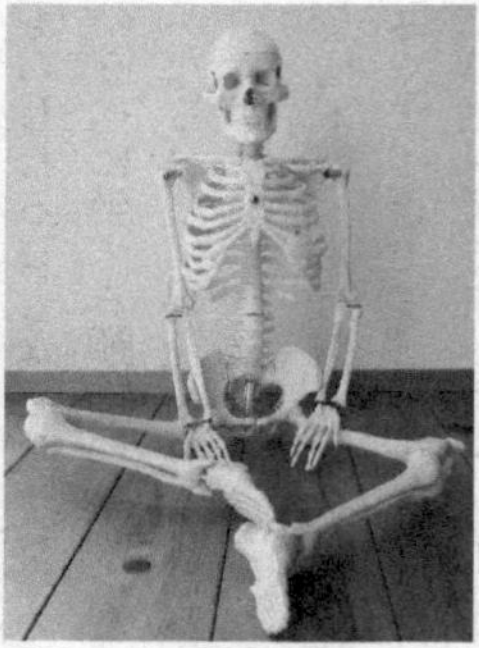
バランスで坐る骨格標本（正面）

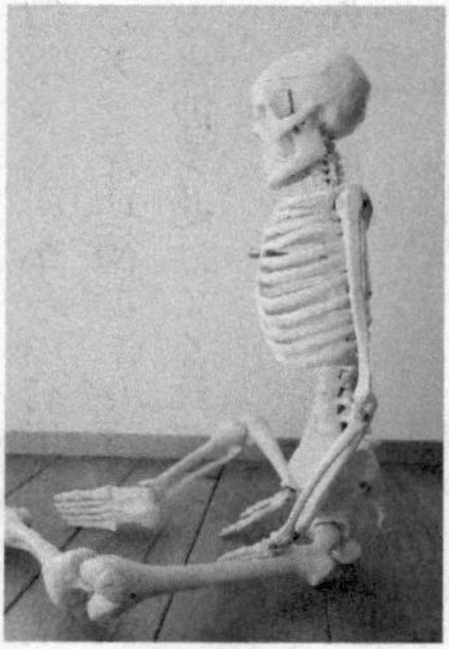
同（側面）

ましょう。坐禅の姿勢に関して内側からの助けとしては、まず人間の骨格の堅牢さを挙げたいと思います。内骨格といわれるように、われわれはからだの芯《しん》に固い骨格を持っています。外骨格の生きものでは、骨は外部環境から生体を保護する鎧《よろい》のような役割をしていますが、内骨格の骨は主にからだを支持する、文字通り骨組みの役割を果たしています。この写真はわたしが坐禅の説明のときにしばしば用いる骨格標本ですが、ご覧のようにきちんとバランスがとれていれば筋肉がなくても骨だけで支えなしに立派に坐ることができます。ですから、筋肉を緊張させて突っかい棒や引っ張り綱にして正身端坐の姿勢を維持するのではなく、筋肉をリラックスさせて運動器ではなく鋭敏な感覚器として使い、骨の堅固さの助けを借りて、重力とのバランスをとることで坐れるような工夫をすべきなのです。筋肉がほぐれればほぐれるほど固い骨の頼りがいのようなものをありありと感じることができるようになります。

さらに、内臓も重要な姿勢の支えとなってくれています。それぞれの内臓は空気が入った風船のように内側から内圧を持ってあるかたちに膨らんでいます。トーヌスと呼ばれるこうした一定の張りを持った様々な臓器がからだの内部にぎっしりとおさめられ、主に胴体の前面部をある一定の形状に保ち、支えているのです。ですから何らかの病気で臓器を切除したり、臓器の内圧が下がって、その部分にあった「張りを持った内臓＝膨らんだ風船」の支えがなくなるとそこの空間がつぶれてしまい、以前のように姿勢のバランスを保つことが難しくなるそうです。意識のあずかり知らぬところで沈黙のうちに生命維持の活動をしている肺、心臓、胃、すい臓、肝臓や腸などの臓器はそれらがそこに健全に存在していることで、姿勢を内側から支えているということです。胴体を取り巻く筋肉から余計な緊張がほどけた状態で坐っていると、胴体のなかに膨らんだ風船がたくさん詰まっていて、その張りのおかげで上体がずいぶん楽に立ち上がることができていることをありありと感じられるようになります。

内臓といえば、比較解剖学者の三木成夫《みきしげお》氏によると、人間のからだは体壁系（外皮系・神経系・筋肉系）と内臓系（腸管系・血管系・腎管系）に分類できるのだそうです。前者は感覚・伝達・運動をつかさどるので「動物機能」を営むとされます。一方、後者は呼吸・循環・排出をつかさどるので「植物機能」を営むとされます。この分類を念頭において坐禅を見ると、面白いことが見えてきます。坐禅においては、皮膚や筋肉の余分な緊張やこわばりをほどき体壁系をできる限り休めて、そのことによって内臓系が本来のリズムと働きを取り戻せるような状態になっています。つまり坐禅は普段の生活活動のように体壁系優先ではなく内臓系優先なのです。三木氏は「生命の主人公は、あくまでも食と性を営む内臓系で、感覚と運動にたずさわる体壁系は、文字通り手足にすぎない。つまり内臓系が本で、体壁系は末という本末の関係にある。ところがわれわれの日常を振り返ってみると、目につきやすい体壁系にばかり注意が注がれ、内臓系はおろそかにされている。まさに本末転倒である」(『内臓のはたらきと子どものこころ』築地書館)と語り、「はらわたの見直し＝内臓の復興」をはかるべきだと主張しています。とすると、坐禅はまさにここで言われている「内臓の復興」を実現させている営みであり、いのちのあり方としては本末転倒である普段の状態をひっくり返して正しいいのちの本末関係に戻すことなのです。余談になりますが、坐禅と脳の関係は脳波計、ｆＭＲＩ、ＰＥＴといった様々な脳の活動の測定装置を使って盛んに研究されています。それは実は坐禅においては「末」の部分を研究しているということになります。ですから、坐禅にとって「本《もと》」である内臓に注目した研究がもっと真剣になされる必要があります。つまり、坐禅のときに内臓にはどういうことが起きているのか、どのような内臓の働きが坐禅を支えているのかといったことが科学的に明らかにされなければならないのです。内臓から坐禅を見直すということです。

呼吸と五感

実は、呼吸も姿勢を支えてくれています。坐禅のとき、息が入ってくると、だんだん上に向かってほんのわずかの動きですが、明らかにからだが立ち上がっていきます。入息に伴って骨盤全体が前に少し傾きその動きによってその上に繋がっている五個の腰椎《ようつい》、十二個の胸椎、七個の頸椎《けいつい》、そして一番上にある頭蓋骨《ずがいこつ》が下から順番に上に向かってほんのわずか「ぶら上がって」いき、全体としては上体が上に伸び上がるような動きになります。また背中には左右に広がる動きが生まれます。息が出ていくとその逆に骨盤が元の位置に戻り、それに従って脊椎《せきつい》も下から順番に元の位置に戻っていきます。背骨全体として見れば入息、出息に伴って外からは見えないほど小さい（しかし体感としてははっきり感じられる）上に伸び上がったり元に戻ったりというリズミカルな運動が起きています。この呼吸が生み出す背骨の運動については次の講義で触れますが、この呼吸が生み出す自然で微細な動きが全身にわたってスムーズに起きているような坐り方ができているかどうかが正身端坐の一つの目安になります。この背骨の運動の感覚を手がかりにすることでからだのどこにどのような緊張やこわばりがあるかをからだが認識します。それにもとづいて姿勢の自動的な調整運動が起こるのですから、呼吸に導かれていくことで姿勢が向上していくということになるのです。息がからだのなかに入ってくると内圧が上がってからだ全体が一個の風船のように膨らんでいきます。息が出ていくときにはからだ全体の弾力によって元のかたちに戻っていきます。この呼吸による膨張—収縮運動も姿勢を維持する大きな助けになっています。というのは全くからだを動かすことなくじっと静止しているというのは本来非常に疲れることなのです。ですから、こういう膨張—収縮運動は一種の呼吸による全身マッサージのようなものだと言えますし、呼吸によって微妙に揺さぶられながらバランスをとって坐ることでそれほど疲れずに姿勢を維持することができるのです。呼吸は、外界から酸素を取り入れ、体内で消費して二酸化炭素を放出するという生命維持の働きだけでなく、こうして坐禅そのものを成り立たせる大きな助けになっているのです。

また、視覚や聴覚も坐禅を助けてくれます。ものを見るとき、普段のように、もっと見ようとして眼を緊張させて使うと、見たものに引きずられるようにそちらの方にからだがのめっていきます。何かの音を聞くときも、もっと聞こうとすると耳が緊張して、耳を傾けるという言葉がありますが、からだもそちらへ傾きます。これは視覚や聴覚が姿勢を崩すように働くという例ですが、実はこれとは反対に、姿勢を支え調えてくれるように働く眼の使い方や耳の使い方があります。もっと見よう、もっと聞こうと欲張らないで、余計な努力をする以前にもうすでに見えていること、聞こえていることに落ち着き、視野や聴野（こういう言葉はないかもしれませんが聞こえる範囲、聴力の及ぶ範囲という意味です）のなかのどれか特定のものに濃厚な関心を集中しないで、視野・聴野のなかにある全てのものを均等に柔らかく受けとるのです。さらに、その情報を受けとる場所ですが、肉体的な意味での眼や耳のある場所ではなく、視覚の場合なら後頭部上方にある脳の視覚野、聴覚の場合なら両耳の少し上あたりにある脳の聴覚野あたりで、何となく情報を受けとるような感じでいると、眼や耳そのものを緊張させずに見たり聞いたりできるようになります。こういうやわらかい、焦点を特定の場所に結ばない、広域受信モードの眼は、前に言ったマジック・アイに他なりませんから、それと同じような質を持った耳は「マジック・イア」と呼べるでしょう。こういうマジック・アイやマジック・イアで見たり、聞いたりするなら、その視覚や聴覚は姿勢の維持や全身のリラックス、意識の覚醒に大きな貢献をしてくれます。もちろん、他の感覚、味覚や嗅覚《きゅうかく》、身体感覚についても同じことが言えます。全ての感覚器官がマジック・アイ的な質を備えるならそこから入ってくるあらゆる情報が坐禅を維持し豊かにする助けになってくれるのです。

他を排除する悪しき集中

興味深いことに、仏教心理学では眼・耳・鼻・舌・身の五つの感覚器官（五根）に加えて、意つまりこころも六番目の感覚器官とみなしています。全部で六つの感覚器官（六根）があり、それぞれ独自の感覚対象（六境）があり、感覚器官と感覚対象が接触することで独自の認識（六識）が生まれると説いています。われわれの経験はこの六根・六境・六識の組み合わせから成り立っていてそれ以外の構成要素はないというのです。では、意は何を感覚対象としているかと言えば、思いとイメージです。ですから坐禅では、五根だけでなく意もまたマジック・アイ的なあり方をしている必要があります。つまり、「マジック・マインド」ですね。それは、浮かんでは消えていく思いやイメージを能動的につかもうとしたり、排除したりしようとせず、やわらかくリラックスして、どれか特定の対象に焦点を当てず、「意野」（意識の及ぶ範囲のこと）に登場してくるものをみんな均等に受動的に柔らかく受けとっているというあり方です。普段われわれの意根はその反対の状態になっています。他の五根に注がれるべきエネルギーまで使い込んでしまい、頭のなかのある特定の思いやイメージに捉われて、そこからなかなか離れられなくなっているということです。そこでは思いやイメージが勝手にどんどん自己増殖していくようになり、意根がそれに魅せられてそちらにのめり込んでいるのです。

坐禅中にもよくこういうことが起こります。知らないうちに思いを追いかけ始め、考えごとにふけってしまうのです。人それぞれに考えごとをするときに思わずとってしまう姿勢があります。たとえばある人は前かがみになるし、別な人はからだが右に傾く、顔を上に向けて考える人もいればうつむいて考える人もいますし、首を右にかしげる人もいるでしょう。坐禅のとき両手で作っているきれいな楕円《だえん》形も考えごとをしているときは手がお留守になってしまいますからかたちを保つことができずだらりとつぶれてしまいます。考えごとにふけると、たいていの人は開いているべき眼も閉じてしまうでしょう。そのような正身端坐とは相容《あいい》れないその人独特の考える姿勢にならないとどうしても考えを追うことができませんから、考えごとをすれば必ず正身端坐の姿勢が崩れます。そしてそのことに気づきもしません。意根の対象に過度に集中しているせいで、他の五根から入ってくる情報がきちんと受け止められていないからです。ですから、考えごとというのは意根がその対象に過剰な集中をしている状態と言っていいでしょう。マジック・マインドではなくなっているということです。

「坐禅中にどうも考えごとにふけってしまって、うまく集中できません」と言う人がいますが、実は思いやイメージにはちゃんと集中できているのです。そこからずっと注意が離れないのですから。しかし、こういう偏った集中は、どの感覚器官においても、坐禅では避けなければなりません。どこかの感覚領域だけに注意が濃く集まっていて、他の領域には全く注意が注がれていないような注意のアンバランス状態では、必ずどこかにからだで言えば「凝り」、こころで言えば「スキ」ができてしまい、正身端坐が実現できないからです。

しばしば坐禅は精神集中の練習だと思われていますが、これは大きな誤解と言わなければなりません。何かに精神を集中することは何よりもまず集中しようとしている自分と集中するべき対象という本来は存在しない二元性を人為的に作り出します。そして必然的にその対象以外のものは集中を妨げる邪魔物になってしまいますから、それを極力排除する努力を伴います。ですから何かに集中するという営みは、尽一切と通い合っている自分を純粋に表現する坐禅とは共存できないのです。坐禅について、どうしても「集中」という言葉を使いたいのなら、自分が選んだ特定の対象に集中する普通の意味での一点集中型の集中ではなく、全てに集中するオープンな集中、焦点を持たない集中でなければなりません。英語だと前者は pay attention to ～（～に注意を注ぐ　という能動的な動詞　対象が特定される）、後者は be attentive（注意深くあるという状態　対象は特定されない）という具合にそのあり方を区別できるのでしょうが、日本語ではうまい言い方が見つかりません。こういうわけで集中という言葉はいらぬ誤解を招きかねないので、わたしとしてはむしろ坐禅では「集中」という表現を使わない方がいいのではないかと思っています。坐禅は一点集中型の瞑想とは異なり、たとえば息を集中の対象として恣意的《しいてき》に選び出し、それだけにひたすら注意を注ぐようなことはしないからです。注意の対象を限定しないで、ただ注意深くあるだけです。やわらかく包括的な注意深さの状態のなかで、そのほかのいろいろな出来事とならんで息ももちろんそれとなく感じられているのです。六根が全てマジック・アイ的な状態になっていて、姿勢も息もこころのあり方もそして外界の刻々の変化も、その全部が継ぎ目のないまるごと一つの立体曼荼羅《まんだら》として受けとられます。六つの感覚領域全てに均等に注意が向けられていますから、内界にも外界にも等しく開かれたあり方で坐っています。こうして内にも外にも通い合いながら坐禅が展開していくのです。

世界との親密さを深める

ですから坐禅というのは世界とより親密になっていく道だと言えます。それを直接に目標として目指しているわけではありませんが（坐禅は正しく坐禅すること以外何ものも目指しません)、尽一切と通い合う坐禅をしていれば自ずとそうなっていくのです。坐禅していると敵がなくなっていくような気がするのです。味方、親友が増えていく感じです。自分のいのちを支えてくれている自然とそれが当たり前のように親密に交流していく。坐禅ではそれがあらゆる局面でそれと知らずに行なわれているのです。たとえば、呼吸というのは、周囲の空気とどのように親密に交流していくかという問題として捉えることができます。坐禅の姿勢は重力とのダンスのようなものだと前に言いましたが、そういうダンスを通して重力との間によそよそしい関係、あるいは坐禅をおびやかすような敵対した関係ではなく、坐相をまとめ、支え、身心を癒《いや》してさえくれるような親しい関係を学んでいくのです。

しかし、その交流の全部を自分の覚知のなかには持ち込めません。この交流のありさまというのはそれくらい広くて深いものなのです。それに尽一切と通い合うといっても、尽一切を相手に通い合っている様子を自分が対象的に知覚するとかそういうような感覚を味わって感激するというような話ではありません。通い合いをそのような覚知や感情として自分の体験に持ち込もうとすることは、逆に尽一切から宙に浮くことになります。尽一切の一部を切りとって自分のものにしようとすることだからです。何かの機縁でそれが意識に上ってくることはあるにしてもやはり尽一切との通い合いはそのままそっと自然に行なわれているままにしておかなければなりません。「手に

取るな　やはり野における蓮華草」という態度です。

けれども同時に、覚知する力を繊細、精密にしていくという努力はやはり必要です。感受性の洗練ということです。そういう努力をすればするほど、覚知できない世界が覚知できる世界と接しつつ無限に広がっていることがより鮮やかに自覚されてくるからです。尽一切との通い合いということが実感を通してより確かなものとして確信され、尽一切からの助けをさらに微細なレベルで受け止められるようになる深まりの回路が開かれていきます。

尽一切との通い合いの実際がこのようにして深まっていけば、もはや「助け」という言葉を使うのが水くさく感じられるようになってきます。「助けられるわたし」と「助ける何か」という分け方がもはやできない次元に入っていくのです。助けるも助けられるもなくなって、それらがみんな一つの簡素な坐禅の一要素として繋がり合うからです。わたしとしてはその辺のことを表現する言葉をまだ持てていませんので、今回の講義ではそこに踏み込むことはしないまま、この辺で終わらせていただきます。

第三対談　明るく開いて待つ

対談者　小林俊雄（こばやし・としお）

一九六〇年、山形県に生まれる。二十七歳で肺結核を患い、療養中に気功と出会う。主に中国道家気功に学び、現在は世田谷区にて気功教室を主宰。「かんじる」「つながる」「そうぞうする」をテーマに、気功法、瞑想《めいそう》、気功外気療法を指導。並行して、音楽との交流を身体表現した舞踏公演にも取り組んでいる。

（当教室は、特定の政治団体・宗教団体に属しておらず、政治的・宗教的組織活動を目的としておりません）

站椿の稽古

一照　小林さんには長年、気功を実践し教えておられる立場から、坐禅《ざぜん》について一時間ほどいろいろ語っていただきたいと思っています。

気功の稽古《けいこ》に立禅《りつぜん》あるいは站椿《たんとう》というものがありますね。ただじっと立ち続けるという修行法ですね。で、坐禅は姿勢としては立っているんじゃなくて坐《すわ》っているんですけど、やはり同じような姿勢をずっと取り続けるという点では共通しているというか、同じところがあるはずだと思うんです。それでまずは、立禅を長く稽古されてきた経験を踏まえて、坐禅について語っていただければと思うんですが。

小林　動かないでじっとしてるってことはわたしたちにとっては一番の苦痛でしょうね。わたしが最初に立禅、站椿を教わったときは、ただ壁に向かって立つというだけで、正しい立ち方とかそういうことは一切教えてくれなかったですね。ただ「足を肩幅に開いて手をだらっとして立ちなさい、ハイ始め！」先生はそれだけ言って立ち去ってしまうんです。で、わたしは意味がわかんないわけですよ。でもとにかくそこにじっと立ってなくちゃいけない。

一照　そのままの恰好《かっこう》でずーっと動いてはいけないんですよね。

小林　そうです。動いてはいけないんです。とりあえず一時間か二時間はそうしてなきゃいけないって言われてるんで、最初はどうやって時間をつぶすかということを思いましたね。黙ってそうやっていると脚は痛くなるし背中は震えてくるから、しりとりか何かを考えて（笑）、魚シリーズとか、世界の町シリーズとか、でも大体七分くらいで終わってしまうんですすよ。その位の時間しかもたないことに気づいて……。じゃあ次は今日の食べ物とか（笑）、とにかくあらゆる雑念を使って時間をどうやって埋めるかということを、たぶんわたしだけじゃなくてほとんどの人がまずはやることだと思いますね。それでもその回数を重ねてくると、だんだんそれにも飽きてきて、今度は寝るってことをやるんですね。でも本当に熟睡しちゃうと倒れてしまうので、寝ながらも倒れないでいられるギリギリのところを探るということをするんです。

一照　電車のなかでつり革につかまってうとうとしているサラリーマンの人みたいな……。

小林　そうそう、あいにくつり革はありませんけどね（笑）。うとうとしていて倒れそうになるとフッと起きるわけです。そういう技術をマスターし始めるんですね（笑）。何度かは本当に倒れてね、でも倒れる瞬間っていうのはものすごく気持ちがいいんですよ。何度か「ついに悟ったぞ！」と思ったら、がたーんと倒れて……。そういうのを何度か繰り返すと、うまく立ちながら寝るってことができるようになりまして、ひと眠りするとだいたい二十分から三十分はやり過ごせるようになるんです。

一照　うまくなると寝ていても倒れなくなるんですか。

小林　それができるようになるんですよ。で、そんなことを繰り返しているうちに、より楽に立つということを、力を抜いてより楽に立って自分のこころを雑念とか居眠りを使ってごまかすんじゃなくて、そういうことを全部やめてくってことを先生は自然にやらせようとしていたんじゃないか、と今はそういう推測ができます。今は教える立場になりましたからそれがよくわかります。

一照　站椿の修行に飽きちゃってそれ自体をやめるということにはならなかったんですか？　やってることが空しくなっちゃって……。そういう人もいるはずですが。
小林　まず自分が真っ先にそう考えましたよね。他の先生に弟子入りした人はみんな○△功法とか□◇功だとかかっこいいことをいろいろ習っているわけです。まあそのころは気功のなんたるかなんて全く何もわかっていなかったんですが、「お前ら、いいなあ、気功師らしいよなあ」とうらやましく思うわけです。自分はただずーっと立っているだけなんですから。
一照　しかも雑念だらけだったり、立っていねむりしたりしているんですからね。自分でもとても修行しているなんて思えないでしょう。
小林　思えませんよね（笑）。別に何か深まるわけじゃないし、ただ時間をやり過ごすだけなわけだから。別なところに入門した人は着々と気功師らしきものになっていくのに自分だけは変わり映えもないし、同期もやめていくし……。
一照　一緒に学んでいた方もいたんですね。
小林　はい、いましたけどやめていきますよね、そりゃ。なんにも教えてくれないんですから。
一照　でも小林さんは続けていかれたわけですね。
小林　まあ、ほかにやることがなかったというか（笑）。今もそうなんですが、わからないけど何かきっと意味があるはずだ、何かがあるはずだと感じているのが一割、あと九割は負けず嫌いというか。でもどこかで信じていて、その一割のところをこれまで保ってこれたのがよかったかなって今は思ってます。

ある日、世界が変わった！

一照　站椿が深まってきて何かがわかり始めてきたときというのはどういう……。

小林　はい。決定的だったのは、ある日のことなんですが、裸電球のスイッチをつまんでパチンとひねったときのような音がありますよね、ああいう感じの音がして、さーっと世界が変わっていって、ものすごく細かい粒子のようなものが見えて、静かーな世界に入ったんですよ。

一照　站椿をしている最中にですか？

小林　そうなんです。始めて何か月たったころだったのか、よくわかりませんが、三、四十分立ち続けたところにそういうことが起きたんですね。パチンという音とともにすっと変わって、さらにそれまであった雑念が突然全くなくなるんですね。で、「何だろう？　この世界は」って感じです。意識はあるんだけど、眼で見ているという気がしないし、とにかく澄み切った世界なんですよ。ただ心地いいんです。ものすごく心地いいから「このまま出たくないな」なんて思うと、その瞬間にわーっと戻っちゃって。それはだいたい一分か二分くらいのことでした。でもそれからそういうことがちょくちょく起こるようになって、そのパチンという音が聞こえるとそういう世界に入るということがわかってからは、何となく「おっ、もうじき来るな」という感覚があるとそのうちパチンがきて、最初は一分か二分だったのが、しまいには一時間とか二時間になっていきました。ホッとそこから出てきてもとに戻ってみると、「ああーすごいなー」と思うんですが、脚を見るとパンパンに張っていたりするんですよ。

一照　パチンというのは自分で思う通りに入れるんじゃなくて向こうから勝手にきちゃうんですか？

小林　突然です。三十分後かもしれないし、四十分後かもしれない、あるいは今日はこないかもしれない、あったりなかったりですよね。最初のころは十回に一回あるかないかくらいでした。調子のいい日でも最低二十分はかかっていました。ただこの世界に入ると、身体の感覚がないし、呼吸の感覚がないし、ただ意識だけがあって。

今でも初めて入ったときのことをすっごく鮮明に覚えているんですけれども、ほんとに細かい点がもう無数に、星の光のように無数にあって、もっともあんなにきれいじゃないんですが、澄んだ点のような感じなんですけど。すごい世界だと思って見ているんですが、そのなかの一点、それが「おれだ」ってまざまざとわかるんです。「あっ、あの点がおれだ」ってわかった瞬間にその点になっちゃうんですね。

で、その点になってみると、わーってまたその場が違うようになって、あれっ、さっきはこれを見ていたのにこっちから向こうを見てる。あれっ、おれ二人いるなと思ったら、さらにもう一人、それを見てる三人目の自分がいるぞって思って。空間の全てが自分で、その点が自分で、それを見てる自分がいて……。変だけどこれは気持ちがいいや～って思ったんですね。

毎回それを目指すんですけど、実際は目指してそうなるもんじゃなく、あのころは偶然にそうなるのを待つしかなくて。ただ、ちょっとずつは上手にはなりましたけどね。

「動」の極みの「静」

一照　だんだん要領というか、それに近づく筋道のようなものがわかってきたんでしょうね。やはり立禅では静止しているってことが大事なんでしょうか。静止といっても死んだような状態ではなくて、おそらく非常に高度なことをやっているんでしょうね、二時間もずっと立ち続けることができるわけですから。単純に力任せというか、筋力だけでやっていたんじゃそんなにもたないでしょう？

小林　その静止のような状態を自分で意識的に作っているんじゃなくて、身体が楽なように楽なように、しびれないように、疲れないように、重心が狂ったら反対方向にかけるように……。自分はそう意識してはいないんですけど、とにかく身体が勝手に覚えていったんだと思います。

一照　それは立ちながら微妙に動いて、そういう動きを通してそうなったんでしょうね。

そうすると立禅というのは静止状態だと捉《とら》えるのは間違いで、実は動きなんだということですね。動と静は実際は二元的に対立しているのではないですね。動を否定して静がある訳じゃないと……。動のなかに静がある。

小林　その通りだと思います。わたしは動の極みが静だと教わりました。どんどん動いていってそれが極まった瞬間が静なんです。だから、静へ向かうのに、停止するんではなく動の方向へ行く方がより正解だと思います。

今わたしの教室では、まず揺れるというところから始めてます。「立て」というとまずたいていはみんな停止になってしまいますので、とにかく揺らぎから始めていって、まずは動かして動かして、無駄な動きでもいいからとにかく動かして揺れていくうちに、自分で気持ちの良い幅の揺らぎが各個人にあるので、一人一人がそういう一番気持ちの良い揺れの長さ、波長に入っていくと、どんどん静の方向へ近づいていくんです。

一照　揺らいでいるうちに自然にそうなるんですね。

小林　そう、自然にです。最後は身体はほとんど揺れていないんだけれども、本人の意識だけはかげろうのようにふわーっと揺れているような感じになるんですね。自分の揺れが細かくなってくると、自分以外の空間が密度を増してくるということがありますね。自分が固いうちは、周りの空間は自分よりも薄いんですけれども、自分の方が薄くなると周りの空間の方がもっと分厚い気の感覚で感じられるようになります。そうすると波のような感覚、磁力のような感覚で、なんだ自分よりも周りの方が気が粗いじゃないかというように思えてくるんです。

揺すりと揺らぎの技法

一照　それが今の小林さんの立禅の指導の仕方なんですね。そのはじめの揺らぎというのはどういう導入の仕方をされるんでしょうか？

小林　一番最初は、まず丹田から金魚が水のなかを泳ぐように揺らします。早い揺すりと遅い揺らぎの二種類を使うんです。揺すりは物理的な生身の身体にかけていきます。緊張をほどくためです。それに揺らぎをミックスすると、砕いた緊張や凝りを今度は溶かしていくイメージで揺らぎ、次にまた揺すりをかけて、また揺らいで、というふうに何度も繰り返すと、どんどん身体が溶けていって。で、身体がそうやって溶けていくと、今度は意識の固さみたいなものが溶け出します。

身体が溶けてこころが溶けていくと、何だか意識だけの揺らぎみたいになって。言葉で言うと、「意識」のうちの「意」っていうところにはまだ作為があるからその「意」も落としてしまって、「識」だけになる……。そうすると周りの密度がすごく濃くなって、自分を包んでいる周りの全てが自分をサポートしてくれている、成り立たせてくれているから、それを積極的に、もっと自分のなかに波を入れてくるように通過させて……。

そうすると境がなくなって、そういう境がなくなった意識でそれを見ると、もうちょっと粗い部分が見えて、さらにもーっと細かく一緒になっていこうっていう、そういう努力をずーっと続けるんです。

そういうのを自分で「孤舟《こしゅう》」って名前をつけて呼んでいるんです。たとえば、日本の細長い和舟のようなやつに自分が乗っていて、舟のヘリをつかんで揺らすと舟の揺れと自分の揺れが最初は合わないわけですよ。で、まずやるべきは自分と舟の揺れを一つにすること。自分と舟の揺れが一つになると今度は自分たちと波との関係に……。

一照　自分たち？　ああ、舟と自分のことですね。

小林　そうそう。舟と自分が一つになったから、今度は「舟&わたし」対「波」の関係になってきて、さらにその両者が一つになるような揺らぎをかけるんです。すると舟も人も消えて波だけになる。舟から人が消え、その舟も消えて、波だけ……。だからちょっとしゃれてそれを「孤舟」って呼んでいるわけですよ。教室のみんなには、それを技として「孤舟をかけろ」なんて言ってます。

瞑想のなかでもそれを使って、より細かくなってきたときに、「よし、そこでもう一歩孤舟をかけるんだ」とか言って(笑)。もう一歩、より細やかな外の波のなかに自分の意識を溶かしていく工夫をする。それは作為的な工夫じゃなくて脱力的な工夫といった方がいいんですけど。

凧あげで正中線をつかむ

一照　気功のなかには立禅だけじゃなくて坐って行なう坐功というものがあると聞いていますが、そういうこともされているんですか?
小林　はい、それもやっています。でも、立ってやる方がはるかに速いです。
一照　速いというと?
小林　さっき言ったような状態に入っていくのが速いんです。自分の印象では立禅というのは「考えの世界」から、まずは「感覚の世界」にスイッチすることをねらっていると思うんですよ。坐ってやるとどうしても身体が安心するものだから、どうしても精神がピシッと来ないというか、垂直の軸が立ちにくいんです。立ってやると確かに脚はつらいんだけれども、必ず天と地の軸が立ってしまうものですから、これが立ってしまうとずいぶん楽にいろんなものが自分のなかに出てくるので。
一照　じゃあまず立禅でそういう感覚を身につけてから坐った方が、姿勢の精度が高くなるというか……。
小林　立ち方については、わたしは「凧《たこ》あげ」なんだって言うんですよ。合宿なんかで、ゲイラカイトというんですかあの西洋凧がありますよね、あれをみんなにあげてもらって、凧が空にあがる感覚を徹底的に憶《おぼ》えてもらうんですよ。綱元と糸と凧に分かれているわけですね。で、わたしたちの身体で言うと綱元というのは丹田にあって正中線が凧糸、自分の意識があがった凧なんですね。これをまずこう、まっすぐ上にあげる、真上にあげるのと、あえて前に走らせる、後ろにふうっと抜く、抜きすぎると後ろにふっと落ちるわけですね。そのギリギリのところをやらせるんです。そうやって凧を真ん中に静止させる技術を学ぶんですよ。前に走らせない、後ろに落とさないという……。それが感覚として身につくんです。で、それができてきた人は次に「地空の凧」と言って、真下に向けて凧をあげさせるんですよ。さっきの凧は天空に向かってあがっていたんですが、今度は糸が下に向いて地球の中心に向かってあがってるんですね。

それで天空の凧も地空の凧もうまくあげられるようになってきたら、二つ同時にあげろって言います。すると糸がピィーンと張って、その中心が丹田であり、それが本当の丹田なんです。そのときやっと初めて本当の正中線が立つわけです。ですから正中線というのは結果であって、こうやって背中を伸ばしたり顎《あご》を引いてなんとかしてというのは作った正中線だから本当のものじゃないんですね。

真上にあがった凧と真下にあがった凧の糸がきれいに静止してバランスのとれたときに、わたしは「中空の丹」って言ってるんですけど、それは中心にあるんですけど、たえず天空と地空の凧に影響を及ぼしながら、また影響を受けながら中心として存在している、そういうものが本当の丹田だと思うんです。そうやってまず、立つという感覚を教えています。

イメージが持つ身体を変える力

一照　そういう感覚をつかむには坐っているよりも立っている方が断然速いということなんですね。

小林　そうなんです。リアリティがあるというか。それができてから坐ると、坐っていても天空と地空の凧をあげればいいんで、腰が曲がっているだとか背中が丸まっているだとか首が曲がっているだとかうるさく指摘しなくても、みんなスウッとこう軸が通る訳ですよね。

一照　なるほどねぇ。一口に坐ると言ってもなかなか難しいものがあって、もちろんハードウェアというんでしょうか、各関節の柔らかさとかそういうことも大事なんでしょうが、無理なくまっすぐ坐ると言ってもいったいそれがどういう感覚のものなのか、ほとんどの人にとってはその手がかりすらないでしょうね。そこらへんに触れるような指導がなければやっぱり坐禅の坐りが深まっていくような方向にはいかないような気がします。小林さんはさっきからお伺いしていると、ずいぶんいろいろなイメージを使って指導していらっしゃるようですが……。それはイメージには身体を変えていく力のようなものがあると考えておられるからでしょうか？

小林　はい、そうです。わたしはよく譬《たと》えで「梅干し」を持ち出すんですけれども、一度梅干しを食べて、それがどんなものであるかをからだが覚えてしまうと、梅干しって言ったらもうそれは空想じゃなくて実想になってほんとに唾《つば》が出てきますよね。凧に関しても実際にあげてもらって、とにかく感覚を憶えろと。それからイメージのなかで凧あげというと、これは死んだ凧じゃなくて本当にあがるわけです。高い空の上までスーッとあがるんです。……好きなんでしょうね、そういうのが（笑）。

一照　楽しいんでしょうね、そういうことをいろいろ考え出すのが。凧っていうのは素晴らしいイメージだと思います。

小林　ありがとうございます。勢いがつきすぎて、今はパラグライダーで自分が凧になったりもしています（笑）。

内と外の境がなくなる

一照　凧っていうのは固い棒で上に突き上げているんではなくて、細い糸で繋《つな》がって風が持ち上げているので、いつもゆらゆら動いているんですよね。

小林　そう、そうなんですよ。最後は凧との関係ではなくて、風との関係になってくるんです。じゃあ風ってなんだろうと。坐禅で言えば、坐るその先に何があるんだろうってことですかね。

一照　わたしは坐禅というのは自分の身体やこころのなかだけで何かすることじゃないと

思っているんです。ところが多くの場合、坐禅とか瞑想というと外界との繋がりを遮断するというか断って、内面に沈潜するとか、内なる感覚だとか真我とかいったものにアクセスするとか、ともかく内側にずーっと入っていくような営みだと思われているようなんですね。

でも小林さんの行なっている気功の行法はどれもむしろ外の世界に繋がっていこうとしているような印象なんです。自分を開いて外の世界に溶け込んでいくというか……。さっき言われたように、意識がずーっと細くなっていくんだけれどもそれで終わりじゃなくて、周りに気づいていくっていうことを言われていたし、今の話でも地球の中心と天空との繋がりのなかで自分のあり方を感じるということが出ていましたよね。それに内と外の境がなくなる、外を遮断して内だけ、あるいはその逆とかではなくて、内と外が透き通しになるというか、そういう方向を目指して稽古しているように思えたんですが……。

小林　ミクロの世界とマクロの世界があって、たぶんどっちを追求していっても同じで、どっちか気持ちのいいやり方をやっていけばいいのであって、ストイックになかへ、なかへとやっていくと、どうしても……。これは去年の夏、一照さんの坐禅会に参加させていただいたとき、すっごく参考になったことなんですけれども、そのとき一照さんは「明るく坐って」とおっしゃったんです。「暗くならないで」って。

一照　ああ、あのころはそういう言い方をしてましたね。

小林　それを今でもよく覚えていて、わたしの教室でも「明るく開いて待つ」ってことをよく言うんですよ。なかなか向かっていってうまくいく人もいるし、外へ外へ行ってうまくいく人もいる、結局球だから同じなんですよ。でも、初めての人はなかなかストイックに行くよりも、外に外に広げていった結果としていつの間にか中心に向かってたという方が……。

求めずして得られた「中心」

一照　外に広がっていけばいくほど中心がはっきりしてくるということは確かにありますね。ずーっと広がっていく、この広がりのなかに中心が自然に意識されてくるんですね。中心を意識しようと思って意識するんじゃなくて、外に広がることを通じて自《おの》ずと中心が意識されてくるというのはとても面白いですね。

小林　まさにその通りだと思います。わたしにはいつも球の考え方があって、平面だと二人の人が背中合わせになって反対方向に歩いていくと、二人は決して会わないんですが、球の上だといつかはまた出会うんですね。ですから自分の発したエネルギーはずーっと球を通って自分に戻ってくるはずだという考えなんです。ですので、ストイックにひたすら中心を求めるというのではなくて、外に広げていくと必ず中心に戻ってくると思っているんです。

一照　直接的にではなく間接的に得られるものにこそ本当のものがあるような気がするん

ですよ。思いがけなく行き当たるって言うんでしょうか。最初からよーし、中心に行くぞって思って、そのときやっぱりこういうものが中心だという勝手な思い込みがあるんですね。

で、その思い込んだものに向かって意欲満々突進していく、それはやっぱり独りよがりというか、でっち上げになると思うんです。そうじゃなくて中心のことはすっかり忘れて逆へ行ってみたら「あれ、これが中心かもしれない」とあるときはたと気がつく、そういうものが本当かもしれないですね、求めずして得られたというか。

小林　今の一照さんの話を聞いて思ったんですけど、わたしは高校を出て東京へ出てきたんですが、家族のことなんてそれまで少しも考えたことがなかったのに、いざ世間に出て放蕩《ほうとう》をやってみると「なんて家族ってありがたいんだろう」ってしみじみ思ったんですよ。そういうことってあるんですよね。

一照　世界を放浪した人が、日本なんてって思って日本を出たはずなのに、結局世界中を回ってみると日本が一番いいって思うようになって帰ってくるって言いますよね。

小林　最初っから何かが大事って言うよりも、ふわっと外に出たときにやっと大事なものがわかるっていうか、中心がしみじみとね……。

一照　道元さんは「自己をはこびて万法を修証するは迷いなり」って言っていて、自分の勝手な思いを持ち出して周りのものをああだこうだするのは迷いという態度だということですね。その逆に「万法すすみてわれを修証するはさとりなり」と、周りのもの全てがやってきて自分を確かなものにしてくれているというのは悟りという態度だと言ってますね。ですから自分から手を伸ばして何かをつかもうという態度は迷いということになります。向こうの方からやってきて、それがああなるほどと思わせてくれるのが悟りなんです。ほかにも「ただわが身をも心をもはなちわすれて、仏のいへになげいれて、仏のかたよりおこなはれて、これにしたがひもてゆくとき、ちからをもいれず、こころをもつひやさずして、生死をはなれ仏となる」というような表現もあります。ですから禅は自力だなんて思われてますけど、道元さんは非常に他力的なところがあると思いますね。

小林　すばらしいですね。一照さんの今の坐禅の指導もそういうふうなところからなさっているんですか？

一照　あるときはたと、「おれの坐禅て、ちからをも入れ、こころをも費やしてやってるじゃないか」と思い当たって（笑）、これじゃあ仏になれないなあって。今まで何をやってきたんだろうって愕然《がくぜん》としまして。

小林　わたしも全く同じです（笑）。

今ここで、安楽の坐禅を

一照　じゃあそうじゃない坐禅てどうすればいいんだろうという模索が始まったわけです。今の坐禅のやり方って、あまりにもマニュアル的っていうんですか、意識で脚はこうする、手はこう、眼はこう、息は、こころは……というふうに「こころを費やして」「力を入れて」作っていっているように思うんですよ。それに修行ということについても、苦しければ苦しいほど、痛みや困難にめげずに立ち向かい、それをぶち破っていくことこそが修行なんだというようなマッチョな考え方が主流ですよね。でも道元さんは「坐禅は安楽の法門なり」ってはっきり言ってるんですね。ですからどうもそこに大きな食い違いがあると思うんです。

先輩方に聞くと「そんなことは何十年も修行した挙句にできるようになるんだ」という答えが返ってくるんです。安楽な坐禅なんて時間をかけなきゃ不可能だっていうわけですよ。でもそれはどうでしょうかね、諸行無常ということは仏教の根本的洞察ですよね。要するに一言で言えば一瞬先はどうなるかわからないということでしょう、明日はないかもしれないということですね。だとしたらそのうちなんとかなるなんて悠長なこと言うのは、何十年か先のことをあてにさせるようなことを言うのは、指導者としてはとても無責任なんじゃないかと。

今ここで、安楽の味わいがほんの少しでもわかるような、片鱗《へんりん》でもいいから垣間《かいま》見えるような坐禅の仕方を伝える工夫が要ると思うんですよ。もちろん深いわかり方っていうのは確かに時間がかかるかもしれないですけれど、その味わいくらいは今ここで実感してもらえるようじゃないといけないんじゃないか。そういう筋道が示されていないと思うんです。

そう思っていろいろやっているところなんです。試みていることの一つは坐禅の前に十分身体をほぐすということです。身体がのびのびした結果として自然に上体が立ち上がる、自分で頑張って立てるんではなくて、身体自身の「立ち上がりたいな」っていう声を聴いて、それに従ってそれが実現するように、極力邪魔しないようにできる感受性と身体の使い方を学んでいこうとしています。まあ、身体との対話が深いレベルでできるようになる練習だと思っているんですけど。

小林　このあいだ一緒に坐らせていただいたときに、からだほぐしから入っていって、さあいつから坐禅が始まるんだろうと思っていたら「おまえはもうすでに坐禅をしている……」って言われて（笑）。いやーあれは実に本当理想だなと思いました。どこから入るんだろうと思っていたら、いや実はもう入ってたっての は愉快でしたね。

一照　みんながそれと気づかずにやっている、それが実はもう坐禅なんだということにしたかったんですよ。さあこれから坐禅だ、だからこう坐らなくちゃいけない、動いちゃいけない、考えごとをしちゃいけない、……って、ことさらに何かを始めちゃうから、かえってごそごそ動きたくなったり、あちこちが凝ってきて痛くなったり、考えごとが始まったり、なぜか急に眠くなったり、……ということになるんだと思うんです。からだほぐしをしながら身体の感覚を楽しんでいるときにはそういうことが起こらないのに、いざ坐禅だとなるとそうなっちゃうんですから。どういうわけか坐禅を特別なものだと思い込んでいて、それはこうじゃなきゃいけないという外からの押しつけに、身体や深層のこころの許可や合意、協力を全く得ることなしに、一方的に従わせようとするから、そういういろいろな反逆、抵抗が起きてくるんでしょう。それは全く無理もないこと、当然なことなんで身体やこころが悪いんではなくて、坐禅のときに起きてくるトラブルの原因は実はそもそものアプローチの仕方自体に問題があるからではないかということです。

小林　そういうことがみんなにわかってもらえたらもっと柔らかい坐禅になるでしょうね。

本来の自己とは何か

小林　わたしの方からお聞きしたいのですが、一照さんにとっての坐禅はどのようなところに向かっているのでしょうか？

一照　坐禅が向かうところですか？　まあ、教科書的な言い方をすれば、「本来の自己」ということになるでしょうか。もちろん、われわれは本来の自己から一瞬たりとも離れることはないんですよ。それはいつでも今ここにあるんですが、普通はあまりにも非本来的な自己を自分だと思い誤って、それに主人公ヅラされてしまって生きているんですね。まあそれも仕方がないというか、そういうあり方が必要な局面もあるので、それを一切やめてしまうということではないのです。そういうことを言い切ってしまうというのもまた現実的でないと思います。ただ、非本来的な自己があまりにも出張ってしまって本末転倒しちゃっているので、本来的な自己と非本来的な自己の本末の関係を元に戻すという時間を持つ必要が出てくると思うんです。そういうことをしていると非本来的な自己の方ももう少し成長して大人になれるんじゃないでしょうか。

本末転倒しているときの非本来的自己というのは未熟な子供があれが欲しい、これが欲しい、あれが好き、これが嫌い、ああしたい、こうしたい……と駄々をこねているようなものです。それは本来的な自己に支えられた上で自分があるということを知らないからなんです。自分の出自を知らないっていうか。実はいつでもしっかりと支えられているのにそれを知らないで、自分は切り離されて孤立していると思ったり感じたりしているんですね。

本当は無限に大きないのちの流れのなかの渦巻きのように自分が存在しているのに、なぜか自分はその流れから宙に浮いているように思っている、自分が根無し草のように感じているんです。だから孤独で不安なので、あれやこれやに手を出して自分で支えというか繫がりを作ろうとするんですね。物質的な富とか地位や名誉、能力といったもっと抽象的なものまで、とにかくこれさえあれば大丈夫と思えるような何かですね、そういうもので自分を補強しようとするんです。

でも、これはやらなくてもいいことを必死になってやっているんで、やればやるほど疲れるし、苦しみが増す結果になっているんだと思うんです。非本来的な自己の支えや根というようなものは外側じゃなくて自分の足元、つまり本来的自己にはじめからあるということがよーくわかりさえすれば……。さっき小林さんもおっしゃったように、内と外の境目がなくなっても自分や世界が消えてしまうんではなく、世界や自分がもっと生き生きと安らかで美しく味わえてくるんであって、そういう味を知っていれば、この非本来的自己だってそんなにぐずったり駄々をこねる必要がなくなると思うんですよ。子供から大人に成長するんです。そうすれば苦労が全くなくなるわけじゃなくても少しは軽くなるでしょう。

非本来的な自己が根無し草的なものになって、もともとあるこの豊かないのちという大地から栄養分を十分に吸収できていない状態に陥っている。坐禅というのは何もやっていないようだけど、根がしっかりと大地のなかに張ってそこから滋養分がサーっと入ってきていることなんじゃないでしょうか。

坐禅から立ち上がって世間に出て行っても、自分の本来的な家というかふるさと、帰るべき場所がちゃんとあるということをはっきり知っている非本来的自己なら、そんなにむやみに愚図らないし、あくせくしないし、不安からやみくもに動き回らなくてすむでしょう。ですから坐禅というのはそういうあらゆるものを生み出している何か根源的なものに直接する時間を持つということだと思うんです。そういう時間を持っていないと、人間はスピリチュアルな意味で非常に貧しい放浪者になってしまうんではないでしょうか？　それってとてももったいないことだと思うんですよ。

まあ、坐禅以外にも家に帰る道、根源的なものと繋がり、そこから滋養分を受けとる回路はあると思いますが、とりわけ坐禅っていうのは非常に端的でシンプルなものだと思います。もちろん坐禅の深まりとともにその根は広く太くなっていくと思いますが、たとえ髪の毛ほどの根でもそこから滋養分が入ってくれれば、それだけの安らぎは味わえるんだと思います。

修行で変わってきた坐禅

小林　初めて坐られたころと今では時間的にずいぶん長い年月が流れていると思いますが、一番の違いというのはどういうことですか？

一照　二十七歳のときにはじめて坐って今が五十七ですから三十年になりますね。そうですね、今は坐禅していないときでも安心していられるというか、坐禅と坐禅でないときとがあんまり変わらないようになったと言えるかもしれませんね。はじめのころは、坐禅というのは脚の痛いのも我慢して、動きたいのも我慢して何か特別なことをやっているという感じがして、日常の他の活動とは違うというかね、それでとにかく早く「坐禅をした甲斐《かい》があった！」と思えるような瞬間がきて欲しいと思っていました。熱心に坐っているようでしたけど、今から思うと修行の名の下に我欲でやっていましたね。

何がなんでも成し遂げるぞというような意気込んだものじゃなく、平常の、日常のただなかでただ淡々と坐るというんでしょうか、こっちの方がはるかに難しくまた深い修行なんだろうなと今は思っていますね。それが大きな変化だったかもしれません。いろんな人との出会いのおかげもありますね。

小林　さらっとおっしゃいましたけど大変なことですね。

一照　行く先云々《うんぬん》ではなく自分の足元が見られるようになったということでしょうか。嫌なものから遮二無二逃げ出そうとしていた、欲しいものに向かってがむしゃらに突進していた、そういう自分を見たということです。尻尾《しっぽ》に火がついていて痛みから逃げ出そうとダッシュしている犬みたいなもので、まず止まっていったい何が起きているかをはっきりと見極めなければ、ただ動き回っていても解決の道は見えてきません。逃げるのではなくまず見て、本当に必要なことをする、この場合なら尻尾の先の火を消すことですが、それをするということですよね。そこには大きなモードの転換、質的な変化があると思うんです。

わたしはそれが仏教の革命的なところだったと思っているんです。でなければ釈尊はバラモン教で事足りていたはずですから。心の停止を目指す瞑想や身を責めさいなむ苦行という当時の宗教的行法では自分の人生の問題は解決できなかった、苦しみからの逃避ではだめだという見極めがあって、釈尊は自分の独自の路線を開拓されたわけです。

それともう一つ、やはり禅は中国の文化のなかでインドから伝わった仏教がまた一つグレードアップしたものだとわたしは思っています。

躍動的でダイナミックな坐禅

小林　わたしも気功に関して同じような感触を持っています。インドから伝わったものが中国で気功に変わったのだと思います。

一照　草創期の禅の師匠たちにはインド的な瞑想行に対して非常に批判的なスタンスがあります。ああいう現実から遊離するような、活潑潑地の働きのない、行ない澄ましたようなものでは駄目だと言っています。中国的なメンタリティでは受け入れられないんでしょう。やはり生き生きと現実に働いているようなものでなくては。こころを一点に集中して停止させるような消極的なものではいけないと言うんですね。もちろんかれらも坐禅はしていましたが、質的に違うものだったのではないかと思うんです。もっと躍動的でダイナミックな……。

　だから最近わたしは、坐禅しているとき何にも集中しないようにって言うんです。

小林　そりゃまた難しいことを（笑）。

一照　集中するっていうのは、自分で何か集中する対象を選んで、それから注意がそれそうになったら、引き戻してくるっていう練習だということになっています。それはそれで有用なことだと思うんですが、坐禅はそうではなくて、こころは動きたいように動いてもいい、それよりずっと大きなフィールドがあればそのなかでいくらこころが動き回ってもなんにも問題ないっていう話なんです。動いているこころと一緒に動いてしまわなければ大丈夫って言うか、たとえばわれわれが今いるこの部屋の空間はそのなかでわたしがどう動こうが文句も言わないしちっとも問題ないですよね。その空間のなかで自由に遊ばせればいい。身体もほぐしてほぐして自由に遊ばせればいい、そりゃときには動くこともあるだろうっていうくらい自由にさせる。こんな坐禅を考えているんですが……。

小林「明るい」と「面白い」はぜったいに真理に近づく道だと思いますから、それでいいんじゃないでしょうか（笑）。

一照　この本の題名に使えそうですね、それって（笑）。

そろそろ時間なんですが、最後に小林さんの気功の特徴みたいなものをお話し願えませんか？　わたしは小林さんが気功のことについて話していることはそのまま坐禅の話にも使えると思っているんです。

開いて待つ「気功」

小林　とりあえず、いつもこの三つのことを言っています。「かんじる」・「つながる」・「そうぞうする」。これは手段でもあるし目的でもあるし、結果でもあるんですね。かんじる喜び、つながる喜び、そうぞうする喜び、これはたぶんとても幸せなことだし……。感じるためには今にいなければいけなくて、感じるためのフィールドを作るっていうことが必要ですね。で、感じることができれば必ず何かと繋がりますから、で、繋がると必ず結果としてそうぞうが起きてきます。
一照　その「そうぞう」ってクリエイトっていう意味の創造ですか、それともイマジネーションの方の想像？
小林　実は両方の意味を込めてます。だからわざとひらがなで書くんですよ。その二つの意味の「そうぞう」が起きてきて……。
何かを感じてそれと繋がったときに、何かをやったというのではなくて、自ずと出てしまった、たぶんそれはとても自然で、美しい、言葉であったりふるまいであったり……それが本来の芸術だと思っています。
一照　クリエイティブなものが自ずと表現されるという……。
小林　はい、そういう表現が立ち上がるとき同時にあるイマジネーションが生まれてくるんですね。生きている人はみんな身体のなかに物語を持っていて、その物語があるから何かに出会ったときにふっと表現が生まれてくるんだと思うんです。わたしは物語と言っていますが、もしかしたら考え方や基本的な生きる姿勢かもしれません。
ともかく、「かんじる」・「つながる」・「そうぞうする」がわたしの気功の正体で、手段でもあるし、もしかしたら目的かもしれないと思ってます。われわれが稽古ができるのは「かんじる」と「つながる」までで、「そうぞうする」はそれを直接に稽古ということができなくて常に結果です。わたしたちにアプローチできるのは「かんじる」と「つながる」

だけで、あとは一照さんの言い方を借りれば「明るく開いて待つ」ときだけ、本当の「そうぞう」、創り出すという創造とイマジネーションの意味の想像が花開くんだと思いますね。

わたしたちにできる稽古や工夫は「かんじる」と「つながる」だけであとは、お母さんを信じて二メートルくらい手前から子供がワーッと飛び込むみたいに、もう飛び込むしかない。お母さんは何があっても受け止めてくれる、「そうぞう」はそれを信じて飛び込むしかない、あらゆる作為をしないで……。

一照　小林さんの気功の教室では感じる稽古と、繋がる稽古をしてから、そうぞうが起こる場も設けるわけですか？

小林　はい、そうです。それをわたしは「ひらく」と言っているんですけど、ほんとにこうやって立って手を開いて、身体を開いて、こころを開いて、「待ちなさい」って言います。

一照　そうすると何が始まりますか？

小林　これはほんとにいろいろで……。開かないドアのようなものが現われることもありますが、そういうときでもあれこれ小細工しないで、明るく待っていると、さっき一照さんがおっしゃったような根っこから髪の毛一本くらいの細いストローみたいなものが必ず繋がっているんですよ、それが絶対に見つかるんですね。必ず開くんですよ。こういうときにはああだこうだ工夫しちゃ駄目なんですよ。工夫はこのドアの前に立つまで散々やり尽くしておいて、あとは開いて待つだけっていうか……。
一照　坐禅の世界では小林さんの言う「そうぞう」っていうような発想はどうでしょうかね、表現するっていうことを重視はしてないような気がしますね。でも、たしかに坐禅のあとにそういうようなことがあったら確かにいいように思います。坐禅のあとに何かのかたちでそれを表現する機会があれば、面白いでしょうね。
小林　そう思いますよ。それが「今を生きる」ことだと思います。

思考の世界を超える「そうぞう」

一照　アメリカなんかでは瞑想リトリートの最後にシェアリングっていって、各自が体験したことを分かち合う時間を持ったりするところが多いんですが、わたしが参加して見聞したところでは、小林さんのいう「そうぞう」とはやっぱり全然違うものですね。どうしても自分の頭で整理した体験談、わたしの個人的お話なんですよ。自分なりの総括みたいなもんで、それではもう坐禅が終わってしまったその後のことになってしまいます。小林さんの「そうぞう」は依然として気功のなかのことですよね。だからそういう話を次々と聞かされているといい加減飽きてくるんですね。「もう結構です」って。「あなたの頭の分泌物につき合っている暇はないんですけど」って言いたくなってくるんです。
小林　言葉でぺらぺら話せるようなもんじゃないので、わたしの場合は踊るしかなくなるんです。いつか瞑想のなかで、深く入っていったときがあって、実は怖かったんですけれども、ものすごいスピードで引き上げられているんですよ。すごい加速度で、誰かが自分の頭のてっぺんをつかんでワーッて飛んでいくんです……。心臓が二メートルくらい前でバンバンいってるし、冷や汗がダーって出てくるし、こりゃあ死ぬーって思って、二回中断したんですけれども、三度目はもう死んだっていいやと思っていったんですよ。で、どれくらいの時間かわからないんですけど、ふっとどっかに出たんです。やったー、おれついに悟ったーって思ったら、皮膚の一ミリ上にいたんですよ。

えーっ、自分のなかから皮膚の外一ミリ出るのにこんなに大変なことをしなけりゃいけないのーと思ったと同時に、なんだか自分のなかで、その体験だけじゃなくてその後の体験も含めて、宇宙の果てはこの皮膚だっていう実感が今ものすごくあるんですよ。宇宙の果てって外にあるんじゃなくて、どんどん遠くに行ったら全員がそれぞれの皮膚のところに出て、だからわたしたちは今ここに生きてて、眼の前に道がなくて、前例もなくて、人としてこうやって生きていくってことがすごく大事なんだなと思って、これが「そうぞう」する部分だと思うんですよ。

まだなんの答えもなくて、まだなんの意味もつけられてなくて、あたまで考えるんじゃなくてほんとに人として生きてみるってことが「そうぞう」のような気がしてるんです。それを楽しむっていうか……。

一照　なるほど。

何のための気功か、そして坐禅か

小林　なんだかゲームをしにきてるって感覚があって、たとえばサッカーは足しか使っちゃいけないでしょ、われわれは五官しか使っちゃいけないっていうルールというか制限のなかで、あえて五官のなかでおまえは生きてみろって、それが人として生きるっていうことだから。死ねば今度は人として生きるんじゃなくて別なふうに生きるから、今は、今ここでは人として生きてみろって、不自由なんだけれどもね。この経験がもしかしたらわたしたちにものすごいインパクトというか、何か深いものを刻み込むんじゃないかなーって。だから、みんな修行して、気功師になったんじゃ面白くないからそんなのやめろって言ってるんですよ。気功をやってそういう体験をしたらもう一回自分に戻って、音楽なりなり、それぞれの持ち場で何かやってみろと、そうじゃなければ気功の意味はないって。わたしたちは一人残らずアーティストなんですから。

一照　わたしも坐禅が実生活からの逃避になってしまわないようにって、よく言います。それぞれの持ち場でいかに生き生きと働くか、そのための坐禅なんだって。現実に対して腰砕けっていうか、腰を引いておずおず生きるのではなくて、しっかりそれと向かい合う、腰を入れて、腹を決めて対峙《たいじ》する、そういう態度の稽古なんだと思うんです。だから恥ずかしそうに、何か内側に隠すようなかじかんだ坐り方ではなく、ぜーんぶ「逃げも隠れもしませんよ」ってさらけ出して、何も隠さず堂々と透明に坐るんです。

小林　せっかくやるんですから、失敗とか成功とかそういうちまちましたことを言わず、堂々とやったらいいんですよね。腰を引かずに……。

一照　そういう態度がだんだんできてくると、姿勢も自ずと変わってくるでしょうね。そういう堂々とした態度と、腰の引けた姿勢じゃマッチするはずがないですものね。さてもうそろそろ時間です。どうもいろいろ興味深いお話ありがとうございました。

小林　こちらこそありがとうございました。

第四講　活潑潑地の坐禅

公案現成、羅《ら》籠《ろう》未だ到らず。
若し比の意を得ば、龍の水を得るが如く、
虎の山に靠《よ》るに似たり

道元『普勧坐禅儀』

坐禅の不動性

坐禅《ざぜん》はじっと坐《すわ》って山のように動かない「不動」のイメージで見られがちです。確かに坐禅をしているときに、次々と頭に浮かんでくる、将来の計画や過去の出来事についての様々な思いや、快感、不快感、痛み、かゆみといったからだのあちこちに生じるいろいろな感覚にいちいち反応して、からだをグラグラさせたり、ごそごそ動かしたりしていたら、とうてい坐禅にはなりません。坐禅においては、からだのどこかにかゆみを感じるとか、予期せぬ音を耳にするとか、普段なら思わずからだを動かしてしまうような状況になっても、あえてからだを動かさないように心がけ、そこに手をやって掻《か》いたり、頭を動かして振り向いたりしないのです。あるいはからだのどこかにかなり強い痛みを感じたり、こころに大きな感情的動揺が起きるとか、普段ならとてもじっと坐っていられないような状況になっても、坐を解いて立ち上がり坐禅を中断することなく、あえて坐り続けるように努めます。

われわれは普段、そういう好ましくない状況になると、たいていは自分にとって都合のいいように状況を変えようとして、意識的、無意識的に反応してからだを動かしてしまいます。多くの場合、それは自分の慣れ親しんだ習慣的行動のパターンを反復することになります。ですから、ほとんど自動的、反射的な反応になっています。自分で自覚するよりも先に、気がついたらもうすでに動いてしまっています。これに対して坐禅では、不動の態度を自覚的に貫こうとします。つまり、かゆみや音、痛みやこころの動揺といったことが自分に起きているということにはっきりと気づいていながらも、それに対していつものような反応をあえて起こさず、じっと坐り続けているのです。坐禅をしているあいだは、どこまでも正身端坐を守ることを最優先とし、習慣的反応パターンが思わず起動しそうになるのを坐禅の姿勢のなかに静かにおさめておきます。それは譬《たと》えて言うなら、燃え上がろうとする火を内におさめ上手に制御しているかまどのようです。

こういう観点から坐禅を見ると、それは「習慣的行動パターンの抑止」という意味を持っていると言えます。坐禅をすると、自分が日頃どのような身心の反応パターンを習慣的に反復し、それを強化させながら暮らしているかがまざまざと浮き彫りになります。そういう反応パターンが坐禅の不動性への抵抗として様々なかたちで浮かび上がってくるからです。普段なら垣間《かいま》見ることのないナマの自分のありさまがそこにいやおうなく映し出されてしまいます。坐禅をしていると自分がお粗末なんだということがよくわかってきます。そんなお粗末な自分に自信を失うことが坐禅の功徳なんですね。そのことで思い出すことがあります。

子供のころ、祖母から地獄の大王、閻魔《えんま》さまの話を聞かされました。閻魔さまは死んだ人を裁く裁判官のようなことをやっていて、生前の行ないを全て映し出す特別な鏡を持っていると言うのです。仏教ではそれを浄玻璃《じょうはり》の鏡と言います。「この鏡の前ではどんな隠しごともできん。もし嘘をついていることがわかったら閻魔さんがおまえの舌を引っこ抜くんだよ！」と祖母が真顔で話すものですから、純情なわたしはそういう鏡が本当にあるんだと信じ込みました。しかしいつしか、そんな恐ろしい鏡は空想の産物にすぎないと思うようになりました。さてずっと後になって、坐禅に親しむようになったころ、人から「坐禅中は無念無想、さぞかし清らかな心境なんでしょうね」とよく言われました。でも実際にはそんなことは滅多にありません。少なくともわたしの場合は「我が心鏡にうつるものならばさぞや姿の醜くかるらん」という道歌がぴったりの状態であることがしばしばでした。坐禅のなかでは日常の自分の「浅はかさ」、「いじましさ」がそのまま浮き彫りになるのをまざまざと見せつけられます。自分が煩悩《ぼんのう》の塊《かたまり》であることを嫌でも思い知らされるのです。そういう経験と祖母の言っていた浄玻璃の鏡の話があるときパッと一つに結びつきました。「あの鏡は本当にあった！　この坐禅のことだったんだ！」。坐禅をしていると、自分が凡夫《ぼんぷ》であることをありありと照らし出す浄玻璃の鏡の前に立っているような気がしてきます。けれども、それは自分が非難されているとか責められている、とがめられているという感じではないのです。不思議なことですが、お粗末な自分をそのままに大きな坐禅がそっと包んでくれている、受け入れてくれているという安らかさのようなものがそこにはあるのです。

このように坐禅の大きな特徴が、その不動性にあることは間違いありません。しかし、いのちの通った実際の坐禅の不動のあり方はいのちの通わない死物の不動とは全く違います。正身端坐を外から見れば、なるほど微動だにせず山のようにじっと坐っているように見えます。しかし仔細《しさい》に点検してみると、実は非常に微細なものですがそこには確かに「動き」があるのです。坐禅の不動性は完全な「静」ではなく内に「動」を蔵しているものなのです。しかも、その動きは自分が意図して動かしている随意的な運動ではなく、自然に自発的に起きている不随意的微小運動です。それは坐禅にいのちが通っているしるしとして現われている坐禅の「鼓動」、「息吹」、「息づき」とでも言うべきものです。

ですから、坐禅の不動性を完全な静止と単純に理解するのは誤解だということになります。事実、そういう思い込みにもとづいて、文字通りの不動にならなければと筋肉を緊張させ石のようにからだを硬く凝り固め、息を詰めて坐っている人をしばしば見かけます。しかし何がなんでもじっとしていようと、自然で自発的な動きさえも全て極力排除しようとして不自然で無理な坐り方をしていると、その人の思いとは裏腹に、姿勢は静止するどころかかえって不安定になって、グラグラと揺れ出し、からだのあちこちに痛みが生じ、息も浅く不規則なものになり、それを反映してこころも様々な思いで乱れに乱れるということになります。実は、正身端坐の不動性はこれとは逆に、重力に対して適切でバランスの取れた関係で坐り、そのことによってからだから余計な緊張がすっかりほどけ、ゆったり、すっきりと楽に坐ることによって初めて実現するのです。身心が落ち着くところへ落ち着いているからもうごそごそ、グラグラと落ち着きなく動く必要がないというのが正身端坐なのです。『大言海』という辞書には「すわる」とは「定まりて動かず、居所、善くかなう」と書いてあります。身心がまさにあるべきところに定まって満足して坐っているのが坐禅なのです。そして、身心がそのようにくつろいで本当に坐っているからこそ自《おの》ずと微《かす》かに立ち現われてくるような動きこそが、これからお話しする坐禅のなかの動きです。

坐禅の不動性を背景としそこから浮かび上がってくる微細、微妙な動きが確かにあるのです。いかにも不動そのものに見える坐禅のなかには実はバラエティに富んだ豊かな動きの世界が秘められているのです。ですから坐禅を静止的、固定的なからだのポーズとして理解するのは正しくないということになります。坐禅はむしろダンスのような動的なプロセスとして理解すべきです。

坐禅のなかの動き ①呼吸の脈動

では、どのような動きが坐禅のなかで息づいているのでしょうか？　ここで言う動きは、自我意識が能動的に起こす、坐禅の不動性に抵抗しそれをこわすような意図的、意志的で粗大な動きではありません。脚が痛いのでごそごそ動いたり、蚊が顔にとまったので手で払ったり、隣の人が気になってキョロキョロしたり……そういう類《たぐい》の動きではありません。坐禅が生きた身心で行なわれていることの証《あか》しとして現われている動きであり、筋肉と骨組みで正身端坐をきめ細かくねらっていることから必然的に出てくる非意識的、自発的な微細運動です。ですからこの動きは不動性から生み出されてくる動きであり、むしろ不動性を支えている動きなのです。

こうした動きのなかで、もっとも気づきやすいのはやはり呼吸が生み出す動きでしょう。呼吸というのはそれ自体が運動に他なりません。「呼吸あるところ運動あり」です。いかに静かで微かな息であろうとそれが呼吸である限り必ず動きを孕《はら》んでいます。第一講で触れたように、正身端坐は全一的ですから、呼吸運動に直接関わるからだの部分、つまり胸郭部や横隔膜周辺、下腹だけでなく、呼吸に伴って実は全身が連動して動いているのです。ところが、坐禅では丹田で呼吸をしなければならないという思い込みから、呼吸の動きを下腹のあたりだけに閉じ込めるような息をしようとわざわざ努力している人が時々見受けられます。その結果、胴体の中層部や上層部にまで息が十分に満ちわたりません。また、下腹の前面を膨らませることばかりに意識を傾けて呼吸しているので、胴体の側面や背面にも息が十分通っていません。ましてや胴体に対しては枝にあたる下肢や上肢、それから首や頭に息が届くなどということは思いもよりません。ここで「息が満ちる」とか「息が通う」、「息が届く」と表現したのは、要するに息の出入りが生み出す微かな動きがある部位にまで波及し、そこで息の存在を感じとることができるということです。丹田呼吸というのは意識的に丹田だけで呼吸するという文字通りの意味に理解してはいけないのです。正しい坐相で自然な息をしていると、入息が生み出すからだを膨らませるような動きの波が丹田あたりを中心にして、周囲に放射状に広がっていき、出息でまたそこに収斂《しゅうれん》していくように感じられるという意味なのです。ですから正確には全身呼吸と言うべきです。呼吸はからだの限られた場所だけで行なわれているのではなく、全身が呼吸器官になっているからです。丹田呼吸というのはその意味では誤解を招きやすい呼称と言わねばなりませんね。

ここで「自然な」呼吸というのは、呼吸をことさらに抑制したり強制したりしない、わざと大きく呼吸したり小さく呼吸したりしない、意図的に長い、あるいは短い呼吸をしないということです。しかし、それは必ずしもいつもの習慣的な呼吸ということでもありません。われわれはいろいろな理由で、正しい、本当に自然な（本来的、理想的な）呼吸からはほど遠い未熟で不自然な呼吸を習慣的に行なっています。誤った習慣を自然と勘違いし、それと混同してはいけません。普通＝習慣＝自然とは言えないのです。ですから自然な呼吸といっても、すでに身についている習慣的な呼吸のままに放置しておけばいいということではありません。それでは調息にはならないのです。しかしかといって、あるメソッドに従って呼吸を意識で直接にコントロールしようとするのもやはり坐禅の立場ではありません。それでは人為的、人工的な「呼吸法」になってしまい、自然な息ではなくなってしまうからです。「正しい自然な呼吸はこうあるべきだ」とあらかじめ設定された呼吸の仕方を一生懸命練習することではのびのびした自然な呼吸にたどり着くことはできないのです。それに自然な呼吸とは確定的なものではなく、そのつどそのつどの条件次第で自然な呼吸のあり方は変わってくるのです。呼吸は全一的に機能している身心の一部なのですから、それだけを単独に取り上げてどうこうすることはできません。調息だけを単独に行なうことはできないのです。

では呼吸に自然さを取り戻すにはどうアプローチすればいいのでしょうか。結論から言えば、それは間接的に、結果的にそうなるというあり方でしか実現しないのです。

第一講で述べたような正身端坐の工夫を通して、間違ったからだやこころの使い方が改められ、身心が調和し、筋肉の余計な緊張がほぐれて深いところからのリラックス状態が実現すると、あとはからだ自身の自己調整作用によって、呼吸のときの胸郭の動きや横隔膜の動きがスムーズになり、からだが勝手に、つまり自然に呼吸するようになるのです。それは何か新しいやり方を身につけていくというものではなく、自然な呼吸を妨げているものを見極め、それを落としていく、捨てていく、やめていくプロセスです。正しくないことをやめれば正しいことが自然に起こるのです。呼吸は坐禅の極めて重要な一部ではありますが、それはあくまでも坐禅というより全体的なプロセスの一部であり、調《ととの》った呼吸は正身端坐の原因ではなく自然な結果という位置づけにあるのです。

つまり、どう呼吸するべきかなどということは案ずる必要がない、正しい坐禅をしているからだがいい塩梅《あんばい》にやってくれるのに任せておく、というのが坐禅の調息です。こちらは息が刻々に自分自身をどこでどう表現しているかをありのままにきめ細かく感じとっているだけです。それも、よそよそしい冷たい感じ方ではなく暖かい好奇心を持って感じるのです。つまり、どう呼吸すべきかという理想が問題なのではなくて、自分は今どのような呼吸をしているかという実際に気づいていることが大事なのです。息はどこから始まっているのだろうか？　どこで呼吸がはっきり感じられるだろうか？　息はどんな感じ、どんな様子だろうか？

正身端坐の姿勢はある意味で、呼吸の全体を最も繊細に感じ取り、楽に観察できる姿勢の一つでしょう。普段は粗雑にしか感じられていない呼吸のきめ細かな表情（位置、源、頻度、入息と出息の配分、深さ、肌理《きめ》、質感など）がそれとなく感じられてくるのです。ことさらに意識をそこに向けて何がなんでも感じとろうと必死で頑張らなくても呼吸の方から意識のスクリーンに映ってくるという感じです。それは、坐禅においてはゆったりとリラックスした状態とはっきりと冴えた状態がバランスよくつり合っているからです。自然な呼吸に対しては人間的な尺度から○とか×、正とか誤の判定を当てはめることはできません。そのときはただそういう息が現われたというだけのことです。それに自分に感じられたことだけが息の全てではありません。意識はあくまでも息の一部しか捉《とら》えることができません。

それを承知の上で、わたしが感じた範囲で息が生み出す動きを例として述べてみます。これはあくまでも個人的な一例にしかすぎず、これ以外の感じ方ではいけないということでは決してありません。呼吸は一人一人顔が違うように人によって個性的に違っているのが自然で当たり前だからです。

空気が鼻からからだのなかに入ってくると脊椎《せきつい》の前面が刷毛《はけ》でやさしくなでおろされているような感覚が上から下へとゆっくりと伝わっていきます。そのとき一つ一つの脊椎が呼吸の通過によってほんのわずか、風に揺らされるように動いている感じがします。坐蒲《ざふ》の上に乗っている坐骨まで空気が届くと、上から注がれた水が桶《おけ》を底から順に満たしていくように、空気が腹部をゆっくりと満たしてそこを三次元的に、つまり上にも下にも、前にも後ろにも、右にも左にも膨らませます。このとき骨盤はほんのわずかですが、開きながら前の方に転がるように動きます。それに連動して腰がわずかながら反り気味になります。空気が胴体を下からだんだんと上の方へ向かって満たしていくにつれて椎骨も下の方から一つ一つ上へ向かって浮き上がっていくようにわずかに動きます。中層部、上層部にも空気が順に満ちていくので、そこも三次元的に膨らんでいきます。わきや胸、背中に余計な緊張があるとこの膨らみに制約が加えられ、満ちていく動きがブロックされて、息の感覚が感じられなくなってしまうのです。ですから、直立の坐位姿勢においては、なるべく筋肉の緊張に頼らず主に骨格のバランスで坐るようにしなければなりません。

胴体の膨らみは肩を介して、腕にも波及し指先にまで届きます。そのことによって腕は中心から外側へ回転しますから、組んでいる両手もわずかにスライドして親指の先端同士が触れ合っている圧力が下がります。空気が満ちることで引き起こされる内側からの膨らみの波はさらに上に向かって首を通り頭部にまで達します。頸椎《けいつい》と頭蓋《ずがい》骨《こつ》も水に浮く流木のように上へと向かう波に押し上げられます。下腹部から始まるこうした膨らみのうねりは上方だけでなく、もちろん下方にも伝わります。骨盤が結跏趺坐あるいは半跏趺坐で開いた股関節《こかんせつ》のあいだに入り込んでくるように前傾するので、脚の間の角度は外に押し広げられて膝《ひざ》同士が離れるように動きます。大腿部《だいたいぶ》は中心から外側に回転し、足もそれに連れてスライドします。

こうやって言葉でいちいち記述しようとするとひどく複雑な動きが起きているように聞こえますが、実は、第一講で紹介したおもちゃのホバーマン・スフィアがイガイガ状態から丸い球に膨らむのと同じように、入ってくる空気によってからだが内側から風船のように三次元的に膨らんでいるだけなのです。それをいざ、からだの各部ごとに記述しようとするとひどく煩瑣《はんさ》なものになってしまうのです。静かな池の水面に石を投げ込むと、水の流体的な性質のせいで、波紋が周りへと放射状に広がっていくように、下腹から始まる膨らむ動きが連鎖反応的に全身へと広がっていっているだけなのです。空気が出ていくときには、からだの弾力と同時相関連動の法則、そして重力の助けで、腹部のへこみから始まってさっきとは逆の経路で連鎖的に各部が元の位置に戻っていきます。ここでは息が出ていくときのいちいちの各部の動きを記述することは省略します。もちろん、呼吸が産み出すこのような動きはきわめて微妙、微細なものですから、柔らかくほぐれた弾力のある姿勢で坐っていればその動きは柔らかさに吸収されて外には現われません。ですから呼吸のたびにからだがグラグラと揺れたりすることはありません。もし呼吸のたびにからだが大きく揺れているのがありありと見えるようなら、それはどこか坐り方か呼吸の仕方、あるいはその両方に問題があるということです。しかし、たとえ外からは見えなくても、坐っている本人の体感の世界では、坐相の全体が呼吸によって膨らんだり、元に戻ったりしている、伸びたり、元に戻ったり、締まったり、ゆるんだりを繰り返していることがはっきりと感じられているのです。

ちなみに、こういう感じ方、つまり出入りする空気によってからだが動かされるという感じ方とは逆に、からだがそういう動きをしているから空気が入ったり出たりしているという感じ方もあり得ますし、それも間違いではないのです。からだの動きと空気の出入りは一体のものですから、空気がからだを動かすという表現も、からだの動きが空気を動かすという表現も同等に可能なのです。わたしの場合は時によって、どちらの感じ方をするかが変わってきます。

気をつけなければいけないことは、こういうふうに細かく記述すると、なかにはこれを手本にしてからだを意識的にコントロールし、自分でそう動くように「しよう」と努力する、あるいはことさらにそういう感じを持とうと努力するという誤りを犯しやすいことです。ここで述べた微細な動きや感覚はあくまでそう意図して動いているのでもなく、そう感じようとしたのでもありません。呼吸の運動として自発的に出てくる動きであり素直に感じられるものだということを忘れてはいけません。骨盤が息の出入りによって前後に「揺れる」のと、わたしが骨盤を筋肉の力を使って前後に「揺らす」のとでは、一見似ているようでもわたしの体感においては天と地の違いです。それが云為と強為の違いです。云為によらなければ全身が連動しつつ一つのまとまりとして、坐相全体が膨らむ―元に戻るという運動をスムーズに繰り返すことはできません。全身に存在するあらゆる関節部（椎骨《ついこつ》の繋《つな》がりも含めて）においてそれぞれユニークなかたちとタイミングで現われる呼吸の運動を全て意識で操作して、作り出すことは数が多すぎて不可能だからです。また仮にうまく作り出せたとしても自然にそうなったのと、人工的に作ったのとではそこに雲泥の差ができます。意識ではとうてい真似のできないほど精妙に統合された呼吸による微細運動も、からだに備わった構造と機能に任せればなんなくできてしまうのです。

　このように坐禅においては、呼吸の働きによって全身がある繋がりを持ったまま膨らんだり、元に戻ったりして「脈動（ある一定の平衡状態にあるものが微小な周期的変化をする現象）」しているのです。わたしは自分が坐禅をしていてこういう呼吸が生み出す全身の脈動を感じるときには、野口三千三先生が言われていた「原初生命体感覚」という言葉を思い出します。「原初生命体感覚」というのは野口体操の発想の根源となっているある存在感覚のことです。「自分自身のまるごと全体が、オパーリンの生命の起源における〈コアセルベート〉の未分化・全体性のあり方とそっくりそのまま、かさなりあい融け合ってしまったような実感」です。「私にとってこのような、原初生命体コアセルベートと渾然と重なり合ってうまれる自分の存在感が、目覚めているときのあらゆる行動の根源的感覚にもなっているのである。自分自身で納得できる行動ができたときには、この原初生命体と一体となっている、あるいは、それが基盤・母体・背景・根源になっているという実感がある」（『原初生命体としての人間』岩波書店）。

呼吸が産出するこのような脈動を許さない、かたくなでこわばった許容量《キャパシティ》の小さいかじかんだ「不動」でもない、「不動」でもなく、また脈動によってたやすく乱されかき回されてしまう、弱々しい「不動」でもない、脈動を内に豊かに含み、そのことで生き生きと息づきながら成立しているような、柔軟で弾力性に富んだおおらかな「不動」こそが坐禅の不動性でなければなりません。『普勧坐禅儀』にある呼吸についての唯一の指示である「鼻息微かに通ず」というのは全身呼吸の脈動がからだのなかをなめらかに伝わっているようなあり方を言うのではないでしょうか。坐禅をしているときには、からだの五つの枝（四肢と頭・首）が胴体に融合してしまい自分がアメーバのような単細胞生物になり、その全身が呼吸のリズムで脈動しているような感覚が生まれてきます。このときの体感はまさに野口先生が言うように「生きている人間のからだ、それは皮膚という生きた袋のなかに、液体的なものがいっぱい入っていて、そのなかに骨も内臓も浮かんでいる」ようです。禅には「臭皮袋《しゅうひたい》（くさい皮袋）」という用語がありま す。これは軽蔑《けいべつ》的な言葉として使われていますが、人間が生きた皮袋だという指摘は当たっています。坐禅は、生命力が枯渇しなかの液体がよどんで嫌なにおいを発している「臭皮袋」をよみがえらせ、中の液体もそこに浮かんでいる骨や内臓、脳も生き生きと流動し、蠢《うごめ》き、躍動してかぐわしい生命の香りを発する「香皮袋（？）」に変えるものでなければなりません。道元禅師の『普勧坐禅儀』のなかにある「水を得た龍」や「山に靠《よ》る（山に身をよせる）虎」のように、「羅籠《らろう》（網や籠《かご》）」にとらわれることなく自由自在に生き生きと本来のいのちを発現させるのです。

坐禅のなかの動き　②体軸の揺らぎ

正身端坐して坐る姿勢は立つ姿勢に比べてはるかに安定しています。立つ姿勢においては、地面に接する両足の裏によって囲まれている範囲がからだの重さを受けとめる基底面になっています。立ったときの両足の広さは全体表面積の約一％くらいだそうですから、これはきわめて狭い着地面積だと言わなければなりません。これに対して、坐禅の姿勢では、結跏趺坐によって両膝と尻《しり》の三点がかたち作る三角形が基底面になりますから、着地面積は立つときよりもずっと広くなり、それだけ安定性が増します。立つ姿勢を細長い円錐《えんすい》が頂点で逆さに立っているようなものだとするなら、坐禅は三角錐がでんと坐っているようなものだと言えます。また、坐ることによって重心の位置が立っているときよりもだいぶ低くなることも安定度を増す要因になっています。だから、ヒトが人たる基盤である重力場での直立姿勢、つまり「からだの主軸である体軸の直立」を最も安定的に実現する姿勢が結跏趺坐の姿勢なのです。

しかし、坐禅の安定性は死んだ物体の持つ静的な安定性とは質を全く異にしています。重力によって鉛直方向に沿って常時下に引っ張られている重力場において生身の人間が背骨を立てて坐るのですから、いかに安定度の高い姿勢とはいえ、体軸を重力方向に沿って真っ直ぐに保ち全身のバランスを維持し続けるためには、刻々に起きるバランスのくずれを迅速に補正し調整するような動きが不可欠です。ですから坐禅の安定性は動的でダイナミックな安定性なのです。それは坐禅中における体軸が揺らぐような動きとなって現われます。

坐禅を開始するとき（終わるときにも行ないますが）には、いわゆる「左右揺振《さゆうようしん》」を行ないます。これは、坐蒲の上にある尻の位置を動かさないようにして、上体をゆっくりと左右に倒す（前後運動をいれても可）運動のことで、はじめ大きく深く倒す動きから段々小さく浅く倒す動きにしていき、七、八度動かして最もバランスがとれ安定しそうなところで静止します。これは通常、左右揺振の前に行なう「欠気一息《かんきいっそく》」(深呼吸)と並んで『普勧坐禅儀』に挙げられている坐禅の前の大切な運動法です。この運動は、筋肉・関節の凝りをほぐし、姿勢の無理や窮屈なところをのびのびさせる目的で行なうのですが、わたしはそれにもう一つつけ加えたい目的があります。それは、大きな揺振から小さな揺振へと移行していく過程で、重力の方向に最も調和したベストな体軸の位置(「左へそばだち、右へかたぶき、前にくぐまり、後ろへ仰ぐ」ことのない、最もバランスのとれた体軸の位置)を、身体感覚を手がかりにして発見するということです。前後左右の揺振によって体軸をいろいろな角度に傾けながらさぐりを入れて、大きな揺すりから小さな揺すりへと絞り込んでいって、だんだんとその最適位置に接近し、最終的に一番落ち着きがいいと感じられるところで自分の体軸を静止させるのです。この位置では体軸がどちらの方向にも傾いていないので、倒れないように筋肉を緊張させてつっかい棒や引っ張り綱にする必要がありませんから、リラックスできて独特の楽なニュートラルな感じというか体重がすーっと軽くなったような感じがあります。「あっ、ここだな」という自分で納得のいく感じがあるところを丁寧に探してそこにたどり着いていきます。ですから、この揺振運動は正身端坐へ到る道筋として重要な意義を持っており、あだおろそかに行なうべきではありません。坐禅中は、今言ったニュートラルな感じを頼りにして、体軸をその最適な位

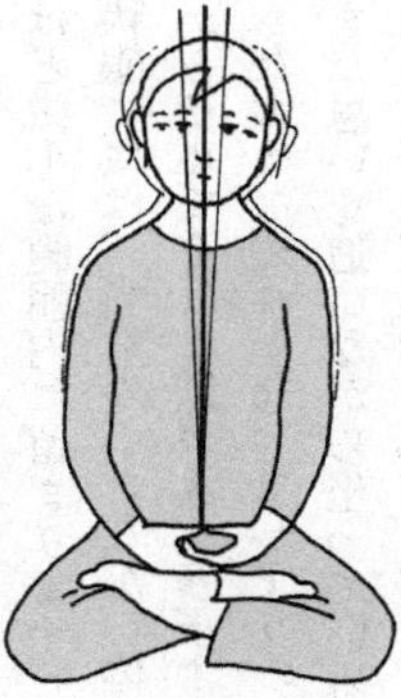

体軸の揺らぎ

置に保持し続けるようにして、そこからはずさないようにして坐ります。

しかし、実際にはこの揺振が完全に静止することはないのです。意図的に行なう粗大な揺振運動はもはや行なっていないにもかかわらず、微細な揺振運動が依然として余韻のように続いていきます。それは、まさに「体軸の揺らぎ」というべき不随意的な動きです。「左右揺振」を通して、ひとまず体軸を「ここが一番バランスがとれている」と感じられる位置に落ち着けることができたとしても、その後の坐禅中の身心両面における大小様々の出来事（たとえば、思いへの捉われ、感情的動揺、眠気の発生など）からインパクトを受けて、体軸は容易に動揺し変位します。体軸の保持ということは、それほど微妙なことなのです。厳密にいえば、体軸は、決して一箇所に固定的に留《とど》まることはなく、常に揺らぎ続けています。だから、正身端坐を続けるためには、様々な理由による体軸のずれ→ずれの検出→ずれの補正という調整のための微細な揺振運動がいつも起こっていなければなりません。体軸が正しい位置にあるときの感じがはっきり身についていれば、そしてそこからのずれに対する感覚が鋭敏であれば、そのずれの検出が迅速に行なわれ、姿勢の補正が速やかにかつ適切に行なわれるので、体軸の揺らぎは外目では捉えられないほど微小な範囲内に留まります。ウトウトしながら坐禅をしている場合（「昏沈」の状態）には、当然のことながら体軸についての感覚が鈍っているので、大きくずれてから初めてそれに気づき、修正することになるので、俗にいう「舟をこいでいる」ような大きな揺れになってしまうのです。

また思いを追いながら坐っているとき、つまり考えごとをしているとき（「散乱」の状態）にも、体軸の位置に関する感度が当然鈍くなるので、ずれの検出が遅れ、姿勢は大きく傾く結果となります。「思いの手放し」の姿勢ではなく「考える人」の姿勢になるのです。

実際の坐禅におけるこの微細な揺振運動は、ほとんど無意識的に行なわれる調整活動です。坐禅をしている当人の意識においては「体軸が重力と調和したいい位置にあり、筋力ではなくバランスで坐っているのでとても楽な感じ」、「居心地がいい感じ」

を確認しながらそこに留まり、さらにそういう感じがより深まっていくようねらっているだけで、あとの具体的な細かい調整や洗練はからだに「お任せ」し、「ゆだねている」のです。その結果として、この「楽な感じ」、「居心地のよさ」がより鮮明になり、それに導かれてはじめの体軸の位置よりももっと適正な位置に自然に動いていくこともあるし、時には居眠りや考えごとに陥ったり聞こえてくる音に注意を奪われたりして、この「楽な感じ」との接触が失われ体軸の保持がおろそかになってしまうこともあります。この「楽な感じ」の精度自体が時間とともにゆらいでいるのです。

スタシオロジー（身体静止学）という研究分野を開拓され、「足の裏博士」と異名をとる平澤《ひらさわ》彌《や》一郎《いちろう》（一九二三～二〇〇二）という方がいます。平澤先生は直立姿勢における重心の揺れを検出・記録する装置（ピドスコープ）を開発され、非常に興味深い数々の知見を発表されています（『足の裏は語る』筑摩書房、『新しい人体論』放送大学教育振興会など）。たとえば、閉眼時は開眼時に比べて神経電図、重心図、筋電図ともに動きが激しいこと、左足の主軸性が大切であること、第五腰椎より上は主として前後方向の、下は左右方向の揺らぎを調整しているので第五腰椎周辺は安定点としての役割を果たしていること、立っているときの揺れのパターンにはいくつかのタイプがあること、呼気のときは前の方に揺らぎ、吸気のときには後ろに揺らいでいるということなどが実験データによって確認されているのです。それらの知見はわたしが坐禅について考える上で、貴重な参考資料になっています。わたしはこの装置を使って、立っているときだけでなく坐禅中の重心の揺れについてもいろいろ調べてもらえないだろうかとずっと思ってきました。「不動のなかの動」の実態、重心の揺れ具合と坐相の正確度の関係、精神状態と重心の揺れとの関係、坐禅による疲労度と重心の揺れとの関係といったことを実験データをもとに明らかにしたいのです。坐禅中の脳の活動に関する研究ももちろん興味深いものですが、こういう研究の方がよほど坐相そのものの解明に肉薄できるのではないかと思うからです。

坐骨というのは独立した骨ではなくて、解剖学的に言うと寛骨《かんこつ》（骨盤の側壁と前壁を作る骨。腸骨・坐骨・恥骨が互いに癒合したもの）の後下部を占める屈曲した骨で、この部分は特に坐ったとき体幹を支えるのでこう呼ばれます。体軸というのは、左右のそれぞれの坐骨の曲線上のどこかで上からまっすぐに落ちてくる体重を支えている点を結ぶ線分の中点を垂直に貫通している仮想的ラインあたりに感じられるからだの中心軸のことです。もちろん、このようなラインは解剖学的な実体ではなく、身体感覚的にのみ存在するいわば主観的実在です。ですから、それが感じられる人には確かにあるけれども感じられない人には無いというような代物です。マジック・アイで見るときに限って見えてくる三次元の絵と同じで、こちらの感受性のありよう次第で、あったりなかったり、ぼやけたり鮮明になったり、となかなかつかみどころのないものです。余談になりますが、空に現われる虹はどこからでも見ることができるわけではありません。射してくる太陽の光に対してある角度を持った位置から見る人にしかその虹は現われないのです。この人に虹がはっきり見えているときでもそれ以外の場所にいる人には虹は見えません。つまり虹の有る無しはそれを見る人がどこにいるかということと無関係に論じられないということになります。虹が見える位置を辛抱強く探すような感じで、内部感覚を頼りにしながら体軸を探していきます。こういう探索自体が正身端坐への道筋になります。正しい坐相というのは体軸が最も鮮明に立ち現われているような姿勢と言えるでしょう。

さて、①で述べた全身の脈動は、下腹部のいわゆる丹田あたりを起点として波が三次元的にあらゆる方向に広がるように坐相の全体が柔らかい皮袋のごとく丸く膨らみ、弾力でまた元のかたちに戻るという動きを繰り返すという動きです。この脈動は呼吸の働きによって出入りする空気の動きでそういう運動が起きているのでした。それに対して、この体軸の揺らぎは回っている独楽《こま》が示す首振り運動のように、微小な揺らぎ運動を続けているのですが、これは重力との適切でバランスのとれた関係を維持し洗練していくため自然に起きている動きです。高速で回転している澄んだ独楽は一見静止しているように見えますが、実は細かい歳差運動（首振り運動）をしながらバランスを回復しつつ回っています。先ほどの平澤彌一郎氏は人間の直立姿勢は「澄んだ独楽方式の原理」で成り立っているのではないかという仮説を提唱されていますが、わたしも坐禅の安定性は澄んだ独楽のような動的なバランスで成立していると理解すべきだと思っています。

全身の脈動にしても、揺らぎつつ立っている体軸にしても、自分が意識的にはからって動かしているのではなく、坐禅に「いのちが通っている」ことから必然的に出てくる自然な自発的運動です。そういった、いわば生きている坐禅の「自律的運動」、「鼓動」、「息吹」、「息づき」ともいえる動きとしては、この他にも、たとえば心臓の拍動（とそれに伴う血液循環）に由来する動きを挙げることができます。自分自身の経験では、坐禅中に左胸のあたりで心臓そのものの拍動がことさらにはっきり感じられたりすることもあれば、組んでいる両手に拍動がはっきり感じられたり、あるいは時として全身がこの心臓の拍動のリズムでドキドキと脈打っているように感じられたりするときもあります。動きとしてはとても小さいので外からその動きを眼で見つけることはできませんが、坐禅をしている当人の内観によって普段よりはるかにはっきりと鮮明に体感できる生命の基本的運動、リズムの一つです。

坐禅のなかの動き　③頭蓋仙骨律動

さて、このような呼吸のリズムや心臓の拍動のリズムの存在は、誰でも知っていますし、少し注意すれば、それを自分や他人のからだにおいて視覚や聴覚、触覚を通して容易に観察することができます。実は、からだのなかには、それらとは別な第三のリズムが波打っているのです。「頭蓋仙骨律動」（英語の原名は「クラニオセイクラル・リズム　Craniosacral rhythm」）と呼ばれるこのリズムに伴う動きについては、その存在自体がまだあまり一般には知られていません。また、非常に微妙な動きですから、それを体感するためにはかなり鋭敏な感受性が必要とされます。この動きはわれわれのからだの深部、つまり「芯《しん》」とでも言うべき脳–脊髄系から発し表層部へと伝わってくるもので、生きている人間のいのちのありようを考える上で極めて興味深い現象だとわたしは思っています。ですから、坐禅を参究するにあたっても、もちろん貴重な材料を提供してくれるはずです。「坐禅のなかの動き」というテーマにおいては、触れない訳にはいかない問題です。わたし自身は今のところ、この「頭蓋仙骨律動」に焦点を当てている理論と実技（「頭蓋仙骨療法　Craniosacral Therapy」と総称される）のごく初歩を学んだにすぎないのですが、自分の理解した範囲でこの動きについてお話ししてみます。

昨今、日本でもようやく「頭蓋仙骨療法」のことが知られてきたようでその実践者の数も増えているようです。アメリカでは「ボディワーク」（からだに働きかけるこ

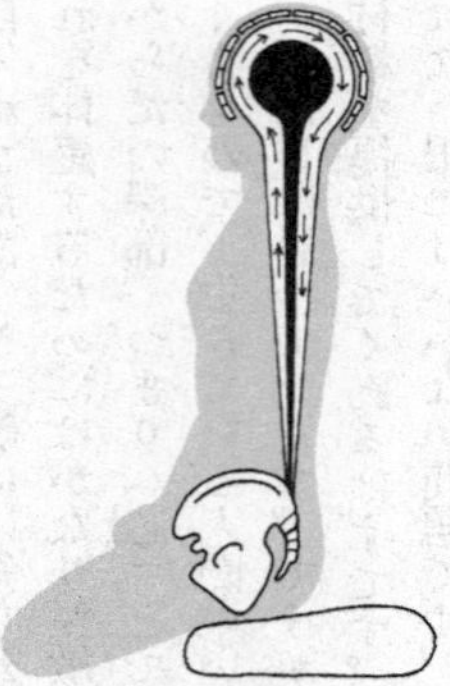

頭蓋仙骨系

とで身心全体に癒《いや》しをもたらそうとする療法の総称。指圧や鍼灸《しんきゅう》、カイロプラクティック、マッサージ、手当て療法など多種多様なテクニックがある）の一つとして注目されています。この療法で中心的役割を果たすのが「頭蓋仙骨律動」（以下ＣＳＲと略記する）です。

　このＣＳＲは頭蓋骨が膨張―収縮したり、からだの左右の骨格が体軸を中心として外旋―内旋するという動きを通して間接的に感じとることができます。いずれも極めて微細な動きですが、ある程度の訓練を積めば体表のどこに手を当てても感知できるようになります。手のひら全体で体表にごく軽く触れ（5グラム圧といわれる）、このリズムが感じられるまでこころを澄ませて静かに注意深く待っているのです。こういう触れ方はマジック・アイ的なので、普段のような押しつけがましい乱暴な触れ方と区別するために、わたしはマジック・タッチと呼んだりしています。

はじめは呼吸のリズムや心拍のリズムも一緒に感じてしまうのでそれとの区別がつきにくいのですが、あせったり無理に感じとろうとむきになってはいけません。呼吸運動は普通安静時で一分間に十四〜二十回、心臓の拍動は六十〜八十回であるのに比べ、CSRは六〜十二回とゆっくりですし、その動きの質には特徴がありますから、慣れるにしたがってだんだん識別ができるようになってきます。わたしがアメリカで参加した「頭蓋仙骨療法」の初心者レベルのワークショップでは二人でペアになり、相手のCSRを感じとる練習をしました。あおむけに寝ているパートナーの足首や腰骨、肩、頭蓋骨などにそっと触れてCSRを感じるのです。わたしの場合、自分だけではこれといった感覚がなかなかつかめませんでした。先生に助けを求めると、「感じとろうとしすぎて手に力が入りすぎている」、「きっとこういう感触だろうという予測や先入観を捨てなさい」、「手の感受性を信じなさい」、というアドバイスを受けました（そこで言われたことはみんな当たっていました……）。それから彼女はわたしの手に自分の手を重ね、パートナーのCSRに同調した動きを少し誇張したかたちでわたしの手に伝えてくれたのです。先生は徐々にその誇張の度合いを減らしていきます。そのうちに「ああ、これかな？」という程度のある微妙な独特の動きの感覚を手で感じることができるようになりました。生まれて初めて感じる、想像もしていなかったような動きでした。さらに今度は自分の手だけでも、「ああ、これだ！」というはっきりした動きを捉えることができるようになりました。呼吸とも拍動ともあきらかに違う独特の力強いリズムを自分の手で初めて鮮明に感じられたときは、その人のいのちの芯と自分とが繋がったような気がして深い感動を覚えました。

このＣＳＲを作り出しているのは脳脊髄液の流動です。脳―脊髄は頭蓋骨や脊椎に直接触れているのではなく、実は柔らかな袋状の膜（オタマジャクシのような形状をしている）に包まれています。そしてその膜の内外を脳脊髄液と呼ばれる透明な液体が満たしています。脳脊髄液は脳の深部のある器官から分泌され、脊髄の後ろ側を下って仙骨に至り、そこから脊髄の前側を上って脳に帰るという経路をたどって「還流」しています。また脳脊髄液の分泌によって膜内の圧力が次第に上がりそれが一定値に達すると、分泌が止まり膜内の液が外に吸収され圧力が下がり、それが次第に一定値まで下がると再び分泌が始まるという具合に、ある一定の範囲内で膜内の圧力が増減を繰り返しているのです（この分泌―吸収には一サイクル五～八秒の時間がかかる）。この膜内の圧力変化が膨張―収縮の動きを作り出し、ＣＳＲとして全身の骨格に伝わって、頭、顔、仙骨といった脳―脊髄の近くだけでなく、肩、肋骨《ろっこつ》、臀部《でんぶ》、脚、腕などにおいてもＣＳＲに同調した律動的な開閉の動きが現われます。呼吸や脈拍はからだの運動やこころの緊張によって大きく影響を受けそのリズムが容易に変化しますが、CSRはそれらに比べてはるかに安定しています。われわれのからだの深奥部では、密《ひそ》かにしかし着実にその人固有のいのちのリズムが刻まれているのです。

しかしもし、この脳脊髄液の還流と律動に滞りやアンバランスがあれば、脳―脊髄系に悪影響をおよぼし、知覚、運動、知的活動などにおいて様々な症状が現われます。「頭蓋仙骨療法」とは一言でいえば、手でからだの適当な部分に軽く触れることによってCSRを感知して、脳脊髄液の還流と律動の状態（幅、強度、速度、対称性など）を診断し、いろいろな手技によってその滞りやアンバランスを解消し、それが正常な状態に戻るように促す働きかけです。わたしがワークショップでこの療法の基本的なテクニックを施療してもらったときに感じたのは、からだのきわめて深いところで感じられるリラックス感覚とこころの安らぎでした。唯識《ゆいしき》を勉強していたときに出てきた「軽安《きょうあん》」（心身を軽快平安ならしめ善事をなさしめるこころの働き）という言葉の実質はこういうことかもしれないと思ったものです。

実はCSRのことを知る以前から、呼吸や心拍とはどうも異なるリズムでからだのいろいろな場所がゆっくり開閉しているような感覚をときおり感じていました。このワークショップでCSRを手で感じとることができるようになって「ああ、これだったのか」と得心がいって以来、そういう感覚をよりクリアに体感できるようになりました。たとえば、呼気と吸気とが入れ代わるあいだの時間（息を吸い切った直後の保息と吐き切った直後の止息の時間）には呼吸に伴う動きが一時的に止まってしまうので、CSRを特に感知しやすくなるということを発見しました。

「頭蓋仙骨療法」の効果によって、脳脊髄液が滞りなくスムーズに上下に還流し、CSRがからだの各部で左右、上下バランス良く表現されているような整った状態で坐ることができれば、ずっと容易に正身端坐にたどりつけるでしょう。坐禅修行者には自分のからだやこころの不整や故障をよく知り、普段から調えて、正身端坐に相応するような「坐禅のための身心」を育てていく「たしなみ」というか「教養」が必要だと思います。この点で、わたしはヨーガや気功、食養と並んで「頭蓋仙骨療法」が大いに役立つのではないかと思っています。坐禅しているときに「頭蓋仙骨療法」のやり方で後頭部や仙骨部、肩や膝などに手で触れてもらい、自分のCSRをその手からフィードバックしてもらうことで、姿勢のチェックや修正をすることはできないものでしょうか。「頭蓋仙骨療法」の手は、外からからだのある部分をグッと押したり引いたりして第三者の観点から見て「良い」とされている姿勢へと「直そうとする手」ではありません。それはCSRというからだの芯のところで生じている微細な律動の様子をありのままに「聞きとろうとする手」です。こういう手で触れられていると、坐っている当人の身心は自分のなかで気づかずに起きていることをその手からフィードバック的に教えられて、それに導かれてより良いバランスの方向に向かって自然に動いていこうとします。まさに自発的な調律作用ですね。これが第一人称の立場でなされる良い姿勢への修正の実際です。外から他の人が他律的に直すのではなく、本人の内側から自律的に改善されていくのです。坐禅を指導する立場にある人にはこういう「ただありのままを聞きとり、それを正確にフィードバックできる手」を育てていく必要があります。そうでなければ坐相の指導を十分に行なうことは難しいでしょう。

また、正身端坐をねらって一定の時間坐り続けることで、結果的にＣＳＲの質の向上がもたらされる可能性も大いに考えられるのではないでしょうか。つまり坐禅中に「頭蓋仙骨療法」的なことが自然に起きていると言えるかもしれないのです。他の人に触れられることで自分のＣＳＲをフィードバック的に感じることもできますが、必ずしも手で触れられなくても六根のうちの身根をマジックアイ的に使うことによって自分のＣＳＲを感じとることが可能なはずです。自分のからだに自分のこころで「触れる」のです。だとするなら、その感覚を手がかりとして意識下で全身の「頭蓋仙骨療法」的調整、調律が行なわれても不思議ではないでしょう。もちろんそういう微妙な自律的調整作用を許すような身心の感受性や柔軟性が条件としてそこになければなりませんが……。坐禅をすると、活力が向上する、自律神経系のバランスが回復する、血液循環がよくなる、胆力がついて落ち着きが出てくるなど古来、坐禅の医療的効果として挙げられている様々な生理的変化も、もしかしたら本人が気づかないうちに起きている「頭蓋仙骨療法的な自己調整」によるのかもしれません。もっとも今言ったようなことは、わたしが単に想像しているだけにすぎませんので、真に受けないでください。

わたしは、坐禅という行は、表層的なこころのレベル（大脳新皮質）を超えた、もっと人間存在の「芯」の部分（脳幹—脊髄系）に密接に関わるものであると考えてきました。「頭蓋仙骨療法」を習い、膜に包まれた律動する「頭蓋仙骨系」がわれわれのからだの中心部で静かに息づいていることを知ったことで、わたしはその「芯」の実態がより具体的に見えてきたように思いました。宗教的行の一つである坐禅とボディワークの一つである「頭蓋仙骨療法」、両者は一見全く無関係に見えるのですが、実は深いところで本質的な連関を見出《みいだ》せるのではないかという感触をわたしは得ているのです。もしそれが正しければ、今後「坐禅の生理学」を深めていく上で、欠かせない材料と言えるのではないでしょうか。

大空無雲　山下雷鳴

「坐禅のなかの動き」というテーマで全身呼吸の脈動、体軸の揺らぎ、そして頭蓋仙骨律動についてお話ししてきました。これらの動きの他にも取り上げるべき動きがきっとまだあるに違いありません。こうして見てくると、不動の姿勢といわれる坐禅の裡《うち》には、様々な質を持った動きが豊かに同時に存在していることがわかります。それは様々な質と拍子を持ったリズムが共存し同時進行しながら、お互いに影響を与え合い、一つの全体としてまとまりと調和を持って演奏されている交響曲のようです。これは驚嘆するに値することではないでしょうか。留意しておかなければならないのは、これらの生命的な動きは坐禅のときだけに限って存在しているのではなく、実は我々が生きている限り、いのちの証としていつでもどこでもそこにあるものだということです。そしてそれらの動きはわれわれの意識的・自力的努力によってことさらに作り出されたものではなく、「非思量《ひしりょう》」（思いを越えた大自然の働き）のままに息づいているわれわれの生命活動の具体的現われとして自然法爾《じねんほうに》に起きているものなのです。ただ、坐禅というのはそういう大自然の営みに対して、われわれとしては無条件に「負けて、参って、任せて、待っ」（漢語の「信」に対応する大和言葉、野口三千三先生による定義）姿勢ですから、それらの生命的動きがより純粋で本来的なかたちとペースを持ってはっきりと現われるだけです。

もう一つ確認しておきたいのは、習禅ではない坐禅においては特定の対象に意識を固定し集中するという作業を敢《あ》えてしませんから、坐禅中にこれらの動きを意識的に捜し出しそれに注意を向け続けるのではないということです。ただ、坐禅中は調身＝調息のおかげで感受性が自然に研ぎ澄まされてくるので、普段の散乱した粗雑な身心の状態では気づけないけれども常に存在しているこうした微細な自発的運動にふと気づく確率、機縁が大幅に増えるだけのことです。坐禅では意識はどこまでも受動的、受信的で待機していますが、思いにも捉われず眠り込みもせず、はっきりと覚めています。坐禅でよく使われる言葉ですが、「覚触《かくそく》」というのはそのように、意識が極めて澄んでいて、からだ全体を透明澄明に感受できている状態のことを言います。生きていることとの現われとしての脈動、揺らぎ、律動という微細な動きの様子が何かの拍子で向こうからそうした感受の網にかかってくるのです。ですから、今回の講義で取り上げたような動きは、瞑想の「対象」としてこちらから追いかけていくものではなく、ただ淡々と誠実に正身端坐の努力をしているときにふとそれと気づくような、坐禅のなかの流れていく「風景」の一つ、あるいは来ては去っていく「訪問客」の一人として考えるべきなのです。それに捉われて執着したり、引き止めようとしたりしてはいけません。

坐禅のなかで起こることは、常識的に考えて悪いことでも、良いことでも、不思議なことでも、ものすごいことでも、面白いことであっても、なんであろうと、「どうってことない」という軽やかな受け止め方をしなければなりません。われわれはともすると生命の働きの結果やその現われた姿形に眼がくらんで浮き足立ったり興奮してしまうのですが、坐禅ではそれらを生み出し続ける生命の働きそのものに目覚めていることが大事なのです。「大空無雲　山下雷鳴」という禅の言葉があります。高い山の下の方では雷鳴が轟《とどろ》いているが、その雷雲の上に限りなく広がっている大空は雲一つなく晴れ渡っているという大自然の様子を描写したものです。この句が言おうとしているのは、どのように深刻な、あるいは素晴らしい出来事であってもそれは全て「山下の雷鳴」としてあり、どのような暴風雨であってもそのことで虚空《こくう》は少しも傷つかないし、どのような素晴らしい天気であっても虚空は舞い上がることはない、そして大空と雲や嵐、雷鳴のその全体がまるごと仏光明の世界としてある、ということだと思います。大空が良くて雲、嵐、雷鳴が悪いというのではありません。大空の空気の流れが対流圏を作り、そこに雲や嵐や雷鳴を生み出しているのですから、本来両者を切り離すことはできません。他ならぬ大空のいのちの表現が雲であり嵐であり雷鳴なのです。坐禅は山下の雷鳴、雲や嵐を拒否し排除することではありません。拒否し排除しようとすることもまた雲や嵐なのですから、避けようがないし手の出しようもないのです。ですから、坐禅は雷鳴、雲や嵐を邪魔にせず、またそれに引き回されもせず、それらをそのままに活動させている虚空を行じることだと言えるでしょう。

こころの動き

これまでのところ、活潑潑地（魚がぴちぴちはねるように生き生きとしていること）の坐禅の具体相を身体的な側面に注目して話してきました。要するに、静かにじっと坐って何ごとも起きていないかのように見える坐禅のなかには実はいろいろな身体的動きがあるということです。もちろん、この動きは単に身体的なものだけに留まらず、それらとアンサンブルのような関係で、心理的な側面にも現われてきます。むしろからだよりこころの方がよほど活発だと言えます。たとえば一回の坐禅を坐るあいだにどのような感情を経験するかを記録してみたらどういうことになるでしょうか。満足感、悲しさ、高揚感、憂鬱《ゆううつ》感、怒り、悦《よろこ》び、倦怠《けんたい》感、希望、絶望、慈愛、性的興奮、焦燥感、……。わたしの語彙《ごい》が乏しいのでこのくらいしか例を挙げませんが、まさに三十～四十分の坐禅の間に地獄から天界に到る六道を何度も何度も輪廻《りんね》しているようです。さらに、坐っているあいだに考えてしまったことをみんな記録していったら、きっと紙がいくらあっても足りないくらいの量になるでしょう。それくらいこころは活動的で、じっとしていません。

人間のこころが馬のように走り回り、猿のようにせわしなく騒ぐことを仏教では

「意馬心猿」と言います。そして、そのように動き回るこころを一処に留めておける ように訓練するために様々な方法が考え出されています。いわゆる精神統一法とか精神集中法と呼ばれているものです。きゃんきゃんとうるさくほえながら走り回る子犬を調教して「お坐り！」ができるようにするようなイメージでしょうか。子犬は最初、無理矢理坐らせて「お坐り！」と命じても、一秒もじっとしていないですぐどこかへ行ってしまいますが、それを連れ戻してまた坐らせるということを辛抱強く繰り返しているうちにだんだんじっとしていられる時間が長くなって「お坐り！」を身につけるようになります。こころも修行によって「お坐り！」ができるようになる、坐禅もそういうこころの調教法の一つだと理解されていることが多いのですが、それは大きな誤解です。そういう方法は全て「習禅」と呼ぶべきで「坐禅」と混同してはいけないのです。道元禅師はそのような営みを「息慮凝寂《そくりょぎょうじゃく》（思慮分別をやめこころを一つの対象に集中すること）の経営」と呼んで大乗の坐禅とははっきり区別しています。では坐禅はそれとどこが違うのでしょうか。今回の講義で取り上げた、呼吸による全身の脈動、体軸の揺らぎ、頭蓋仙骨律動（CSR）は感覚的には心地よく魅惑的なものですから、もしそれに重きを置きすぎると眼を奪われてしまい、ある意味で惑溺《わくでき》状態になりかねません。さらにはそれを目指して坐禅をするといった本末転倒なことにも繋がります。そうなると坐禅からは完全に逸脱してしまいます。坐禅中に起きる何かの現象を邪魔者・悪者扱いしてそれを抑圧したり消滅させようとするのも、またそれに圧倒され溺《おぼ》れたり引き回されたりするのも、われわれにはそういう傾向がもともとあるのですが、どちらも坐禅として正しい態度ではありません。釈尊がお城で送っていた快楽追求の生活も、また出家後に試みた苛酷《かこく》な苦行生活も、どちらもバランスを欠いた極端に偏った不健全な生き方であるとし、「わたしはそういう二辺（二つの極端）に偏らない中道《ちゅうどう》を見出した」と説き、そこから仏教が始まりました。われわれの坐禅もあくまで中道のあり方をはずさないように行じていかなければなりません。それにはまず、どのような体験も、先ほどの比喩《ひゆ》で言えば「山下雷鳴」としてあること、ある条件のもとで生じた一時的で特殊なものであり必ず過ぎ去っていくものであるということ、したがって自分のものとして保存できるものではない（得るということがあり得ない）ことをよく知って、眼が眩《くら》まされないようにしておくのです。血の通った活潑潑地の坐禅であることの証し、生命活動の発現としてそのような微細な動きが現われてきているのですから、それはそれとしてそのままにしておき、それをつかもうと追いかけたりせず、そういうことは全てやめて坐禅の姿勢に任せ、一切を坐禅の風景として了了と（はっきりと）照らしているのです。それがとりもなおさず、個々の体験の内容、中身に捉われるのではなく、それらを生み出している生命の地盤そのものに目覚めていることになります。坐禅で大事なのはそこです。一時的で特殊な体験に振り回されて姿勢を崩さず、重心を下に落とし体軸をまっすぐに保ち続けることに努めるのです。

こころの面での出来事に関しても同じ中道の態度で臨みます。坐禅中には気分も思いもその時々の坐禅の内容として確かに現われてきますが、坐禅そのものは気分の問題でもなければ思いの問題でもありません。坐禅のなかではどちらも妄想分別として「坐断」していきます。気分や思いを「坐りつぶす」のです。普段は気分や思いに引きずられてついつい行動を起こしてしまうのですが、坐禅では坐相の力に助けられてそれに振り回されないで坐り続けることができます。もっとも、「断」とか「つぶす」と言っても、気分や思いを相手にしてそれらを消してしまおう、なくしてしまおうと闘うことではありません。気分や思い、煩悩が起こってくるのはやはり、自分の意志意欲以前の生命活動の発現、大自然の力の現われの事実なのですから、現われてきたものに眼を眩まされないでそれをどうこうしようとはせず、そのままにして正身端坐を骨組みと筋肉でねらい続けるのです。妄情、妄想をそのままにして坐る、煩悩を邪魔にせずそのままにして坐る、これが「坐断」であり「坐りつぶす」ということです。そこに煩悩があることはあるのですがそれが煩悩として意味をなさないというか煩悩としていつものように活躍できないような条件が坐禅には備わっているのです。こういうあり方を「ありながらありつぶれ」と言います。ここには絶対的な許容（そのままにして）と絶対的な放棄（相手にしないで坐禅する）が同時に成立しています。言葉の上ではこんなことは矛盾にしかなりませんが、坐禅という行においてはそれが実現するのです。

たとえば、怒りを坐断するというのはそういう感情をなくしてしまおうとするのでもないし、かといって怒りに呑《の》み込まれて自分を見失うのでもありません。怒りというのはいわば思いと感情が入り混じったエネルギーがアタマにのぼせ上がっている状態ですが、このとき怒りそのものには手を出さず、ただ正身端坐に努めていると重心が自然に下腹の方に降りてきます。すると、怒りは怒りとしてそこにあっても「それほどでもない」、「どうってことはない」というゆとりが自ずから出てくるのです。坐禅の姿勢によって生理的にのぼせが下がると、そのことでひとりでに心理的な変化が起き、体験する世界も同時に変わっていきます。これが怒りの「ありながらありつぶれ」です。そのうちに怒りは活躍する場がないので自分の方から消えていきます。どんな大きな怒りでも無常せざるを得ないからです。怒りを無くそうと外からわざわざ働きかけなくても、怒り自身のなかに消えていこうとする潜勢力があるということです。このようにして、坐禅のなかで自然に怒りの底へ抜けていくということが起きるのです。これは実際にそのような坐禅の工夫を通して実地に自得するしかありません。

坐禅はこころをからっぽにして何も感じず、何も思わないでボーっと恍惚《こうこつ》状態になっていることではありません。「無念無想」という言葉をそのように理解している人が多いようですが、それは大きな誤解です。全てを生命（生きている命）という地盤に戻して生命が純粋に生命しているのが坐禅です。念も想も、熟睡中の息と同じようないのちの働きとして（「思いはアタマの分泌物」内山興正老師）念や想を超えたところから立ち上がってきています。無念無想というのは、現われてくる念や想にこちらから手を出していじくろうとせず、またつかもうともせず、浮かぶは浮かぶに任せ、消えるは消えるに任せている状態のことを言うのです。こころに念や想が全く無い白紙状態ということではありません。むしろ、無量の因と縁の結果として起こる念や想が自由に起と滅を繰り返している、にぎやかでカラフルな状態なのです。ただ、そういう起滅する念や想の内容に振り回されないで、それらの起や滅そのものを坐禅の風景として了了と黙って照らしているというのが無念無想なのです（ここで「黙って」というのは念や想の内容を言葉によって意味づけ、価値づけしないで、ということです）。

活潑潑地の坐禅においては、からだの面だけではなくこころの面においてもまた生き生きとした生命のプロセスが停滞することなく展開し躍動していなければなりません。『ダルマの実践』（四季社刊）のなかのスティーブン・バチェラー氏の表現を借りれば、坐禅は「ちょこちょこと走り回る感情、さらさらと音を立てる着想、ぺちゃぺちゃとおしゃべりをする思考、チュッチュッとさえずる直観が住み着いて、それらと一緒に生きている「一本の木」のようなものです。そうした多くの「小鳥たち」を枝にとまらせたり遊ばせたりしても、その重さに耐えかねて傾いたり倒れることのない、大地に深く根を張り地上にのびのびと大きく枝や葉をしげらせた大木のような坐禅をしなければなりません。やってくる小鳥たちを喜んで受け入れ静かに堂々と立っている大木、それが大乗の坐禅のあり方です。小鳥たちを一羽も寄せつけないように身構え、眼を光らせて、もし鳥がとまったら振るい落とそうとする木のような狭量なあり方ではないのです。

正身端坐の営みがもたらす身心の平静さと明澄さがあってこそ、坐禅本来の生き生きとした活潑潑地のありさまが現実のものとなり、坐禅が自己の生命の純粋発現であることを証明することができます。『坐禅用心記』にある「本来の面目を露す」とか「本地の風光を現す」というのはそのことを指しています。坐禅中に考えごとや居眠りにふけるというのは、生き生きと流れ続け常に新鮮な現実(リアリティ)のなかにいながら、自分だけがそこから宙に浮いたようになって、過去の回想、未来の空想、意識の興奮状態かあるいはたそがれ状態のなかに迷い込んでしまうことです。これは大きな川の流れのなかでそこだけ流れが渦を巻いて停滞しているような状態です。坐禅の努力とは、そういう停滞状態をほどいて生命の平常な流れに立ち返っていくことなのです。この立ち返りをアタマで考えるのではなく、身の構え、姿勢で事実としてやっていくのです。

生き生きとした自己と世界

今回の講義では活潑潑地の坐禅というテーマで、坐禅は生命が生き生きと躍動しているとても豊かな内実を持ったものであるということ、からだとこころの面でそれがどのような具体的なかたちで現われているかということをお話ししてきました。それは、坐禅がただじっと坐っているだけで無内容なもののように考えられていることが多いからです。よく人から「何もしないで壁に向かってじーっと坐っているなんてさぞかし退屈でしょうね」と感心(?)されることがありますが、そういう質問をする人はきっと坐禅を波も風も立たないシーンとした凪《なぎ》のような状態だと思っているのでしょうね。また坐禅をする人のなかにも、なるべく何も起こらないように坐らなければならないと思って、からだもこころも自由に動けないように拘束、制約することが坐禅であるかのように坐っている人がいます。つまり、からだを動かさないように、念も想も浮かんでこさせないように、という努力をするのです。しかし実はそうではない、坐禅はまさにその逆だということを言いたかったのです。

からだをピクリとも動かさずに長時間坐り続けるとか坐禅中に思いを一つも浮かばせないとか、そういういかにも特別で不自然なこと、普通の人にはとうていできそうもないことをするのが坐禅だというなら、それは一種の芸当であって、万人に開かれた宗教としての坐禅ではありません。坐禅は生命が生き生き、そしてのびのびと発現する当たり前で自然なものでなければならないということです。われわれがこうして生きている、そのいのちの当たり前のありようを今ここで実物として表現するのが坐禅だからです。たとえば、二本の足で歩くのは当たり前のことですから誰も注目しませんが、逆立ちして歩けば「おお、すごい！」と注目されます。坐禅というのは二本の足で歩くような当たり前のことを当たり前にやることですから、特殊なことが大好きなわれわれにはあまりにも平凡で無味乾燥で退屈に見えてしまうのです。だからわざわざ逆立ちして歩くような余計なことを始めて、味つけ、色づけして派手な芸当にしてしまうのです。

坐禅は確かにどこまでも無色透明で平凡地味なものでなければなりませんが、それはそこに何も起きていない、中身のない無内容なものだということではありません。実はとても豊かな内容を持っているのです。「マジック・アイ」の絵を普通の眼で見ていれば、退屈な二次元のパターンしか見えてこないのですぐ飽きてしまいますが、マジック・アイになって同じ絵を見れば、そこに興味深くわくわくするような三次元の絵が見えてきます。それと同じように、坐禅して自分の六根（眼・耳・鼻・舌・身・意）を全てマジック・アイ的にしていると（それが坐禅で実現していることです）、そこに「自己のいのちの当たり前のありよう」がいろいろなかたちで映り込んでくるのです。その様子は無味乾燥、無内容どころか絢爛《けんらん》豪華、興味津々、内容豊富というべきものです。吾我の持ち出し、出張りをやめて自分をふっと消したような状態、自分がまるでこの世にいないかのような状態に近づけば近づくほど、不思議なことに、何もないと思っていたところに驚くほど豊かなものが息づいていたことがわかってうきうきしてくるのです。「これを見逃す手はない、そんなことはもったいない」という思いが自然に湧いてきます。考えごとや居眠りをすればそれを見失うことになりますから、考えごとや居眠りをしないように無理をして努力するまでもなく、もっと坐禅に深まっていきたいというより強い動機と促しによって、居眠りや考えごとも自ずから起こらなくなってくるのです。

この講義では、坐禅によって自ずから見えてくる豊かな生命の息づきの例として呼吸による全身の脈動、体軸の揺らぎ、頭蓋仙骨律動、様々な気分や思いの湧出《ゆうしゅつ》などに触れました。それらはいわば坐禅の内部で感じられる躍動感でした。ここで、講義の最後になりましたが、身心がそのように生き生きと坐禅しているとき、外の世界もまた同じように生き生きと躍動感にあふれたものとして体験されるということに一言触れておかなければなりません。普段はからだをせわしなく動かし、こころも様々な思い煩い、空想、計画、回想などで占められていますが、坐禅をすることでからだを鎮め、ほぐし、落ち着かせ、こころのなかでにぎり込んでいるものを全て手放してみると、今ここで周囲の世界から与えられている豊かな感覚に気づきます。遠くから、また近くから耳に届いてくる様々な音。ソフトに開いた眼に入ってくる光、影、色。鼻孔に漂ってくる線香や部屋のほんのりとした香り。自分を取り巻く空気の温かさや湿り気。自分を下から支えている床の頼もしさ……。こうしたからだの外からやってくる感覚はばらばらにではなく一つにまとまり融け合ってそのときそのときの世界の表情として体験されています。しかもそれは刻々に変化して留まることを知りません。こうして坐禅の内部でも外部でも千変万化の相を豊かに現わしながら、諸行が無常していいます。そこには変化しないものなど一つもありません。「こころが静まれば静まるほど、生きているということは眼がくらむような激流であることがますますはっきりと触知できるようになる」（スティーブン・バチェラー『ダルマの実践』）のです。今、内部とか外部とか言いましたがこれは便宜的にそう言っただけで、実際には、内と外は一枚にぶっ続いていいます。実際にはどこにも境界線を引くことができません。自分の体軸を揺るがせている力と、眼の前の木の葉をそよがせている力は同じ一つの大自然の生命力であると受けとるのが坐禅の立場です。内にも外にもありありと現われているこうした「おんいのち」の働きを、自分の都合で手を加えず、そのままぞんぶんに受けとっている姿が坐禅だと言えます。

こういう坐禅に親しんでいると、こころのなか＝意識＝有情と、こころの外＝世界＝無情という常識的な構図がいかにも怪しいものに感じられるようになります。そして、哲学者の大森荘蔵《おおもりしょうぞう》氏が主張するように「世界は感情的なのであり、天地有情なのである。其の天地に地続きの我々人間も又、其の微小な前景として、其の有情に参加する。それが我々が『心の中』にしまい込まれていると思い込んでいる感情に他ならない」（『大森荘蔵セレクション』平凡社ライブラリー）と思えてくるのです。大森氏はこの考えに立って「我々は安心して生まれついたままの自分に戻れば良いのだ。其処では、世界と私は地続きに直接に接続し、間を阻むものはない。梵我一如、天地人一体、の単純明快さに戻りさえすれば良いのだ。だから人であれば、誰でもできることで、たかだか一年も多少の練習をしさえすれば良い」と勧めています。わたしにはこれがそのまま坐禅の勧めに聞こえてしまうのですが、みなさんはどうでしょうか。

ではこれで今回の講義を終わります。一応これで理論的な話を終了し、次回の講義では坐禅の実践の仕方についてお話ししようと思います。

第四対談　自ずから成る

対談者

塩澤賢一（しおざわ・けんいち）

一九四三年長野県生まれ。七歳までに真我の光に目覚めている自分に気づき、その体験がその後の生き方を決める。以来、特定の師につかず、古代文献と自らの研修によりヨーガを修得。現代風なメソッドにとらわれないヨーガは本質に一番近いとされ、またアーサナの解説は他の追随を許さない。ヨーガと音楽その他の芸術を愛し、それらに造詣《ぞうけい》は深い。東京・中野《なかの》坂上《さかうえ》を拠点に、アーディ（原初の）ヨーガ教室を主宰する。

結跏趺坐とヨーガ

一照　これから坐《ざ》禅《ぜん》についてのお話を先生からお伺いしたいのですが、坐禅の原型・源流は、姿勢・呼吸・こころの調整の仕方を見ても、やはりヨーガの瞑想《めいそう》だと思います。ですから、源流であるヨーガを長年実践し指導しておられる先生からポイントを絞って教えていただければと思っています。まず、結跏趺坐という姿勢について何か話していただけますか。

塩澤　あれはヨーガのパドマアーサナ、蓮華坐《れんげざ》です。歴史的にも古く、瞑想と呼吸法に最適なかたちで、他の様々なアーサナ（ヨーガのポーズ、体位）の原点といえるものです。全てのアーサナはあのかたちの変化形と言えます。全てのヨーガのアーサナはあの坐法から展開し、またそこに収斂《しゅうれん》されるのです。

はじめのうちはあのアーサナは苦しいのかも知れませんが、あるレベルを超えて組めるようになると、人間がとれるもっとも安定した、楽なかたちの一つになるのです。だから長時間にわたって坐《すわ》っていることができます。

その理由の一つは、あのように脚を組んで坐っていることによって着地面積がたいへん広くなるので、立っているよりもはるかに安定感が増します。そして背中は穏やかに立っています。型に無理やりはめると確かに苦しいのですが、ある程度レベルが上がってくると、あれがもっとも楽で安定感のある姿勢になってくるのです。

そうなってくると何が起こるかというと、たとえば、脚が結ばれていて、手が結ばれていて背骨が伸びている状態は、余計なエネルギーを極力消費しないという状態になります。背骨が伸びている状態も、これもエネルギーの流れが一番良いので、エネルギーの保全に対してはまず最高のかたちです。

内に向くエネルギー

一照　エネルギーの消費量が徹底的に減るということですね。

塩澤　そうです。減ります。ですから、慣れないとそれで消費量が増えてしまうのですが、これが逆転してくるとエネルギーを一番消費しないかたちになります。そして息を調《ととの》えるということも、息を調えた瞬間にエネルギーのもれがなくなるので、穏やかに呼吸の輪が回ると見てよいのです。そして手足が組んでありますから、全てのエネルギーがなかで循環し出すわけです。

呼吸も調ってくると、一つの水車がぐるぐると回るように、全くロスがなくなり、エネルギーが最も保全されるようになってくるのです。そしてエネルギーというものは、外に向かって流れているのをブロックすると、外に向かってふだん流れている、たとえば、今《いつ》しゃべっていますが、これは外に少しエネルギーを流しているということです。これを一旦《たん》、穏やかに留《とど》まらせるとなかに向いてくるわけです。ボールが壁にぶつかり跳ね返るのによく似ています。外にいくことはないから今度は内に引き返すわけです。

坐禅の目というのも、いわゆる半眼になっていますが、基本的には目のエネルギーも内側に引き上げさせようとしています。外を見るのではなく、そのエネルギーを保全しようとしています。そしてエネルギーがなかへ向かっていくわけです。ですから、普段生きるために、生命の活動のために、社会活動のために使っているエネルギーを、今度はそのエネルギーをなかに使おうとしています。内向きにです。

粗い物質から純粋物質に還る

一照　外に流れているエネルギーを内向きに変えるというのはどのような目的がありますか。

塩澤　チャクラの理論を見てみると、下から、地・水・火・風・空・覚・純粋意識、これは世界ができてくる順序になっていて、ふつうはこの上から下へ流れてそして世界が現われてくる。ですからここで、創造を逆にたどれる可能性が出てくるのです。世界がだんだん粗なものから細というかデリケートなものに還《かえ》っていくわけです。それを、通常われわれは内から外に向かって使うことで生きているわけです。で、それを今度は自分の原点に遡《さかのぼ》ろうとするときに、エネルギーを一つずつ、粗なものから純粋なものに返していくのです。

一照　方向的には下から上へということですか。

塩澤　はい。その特徴は下から上へいくので、自分の実感としては軽くなるということですよね。だんだん比重が軽くなってくるということです、この象徴的体験は。ですから気持ちがよく、簡単に言ってしまえば、重力との釣り合いをとって、重力から解放される。このことは、何も神秘的なことではなくて、この世の重力の方向に逆らわずに、それをうまく利用して逆転しようとしているのです。

一照　その目的を達成させるために、あの結跏趺坐の姿勢を編み出したということですよね。

塩澤　そうです。この一番古いかたちを編み出して、日本では日本人の骨盤とスネのかたちに合わせて坐蒲《ざふ》を下に敷いていますが、基本的には同じです。古代人が見つけた最も偉大で大切な姿勢です。

一照　それは、たんなる健康法ではなく、もっと深い宗教的な探究とか、ねらいがあってのことですよね。

塩澤　もちろん、原型は明らかにそれです。おそらくこういうかたちというものは、この坐法によってもっと奥に帰っていくということは、古代の人間、民族は全て直感的に持っていたと思うのです。しかしそれが様々な理由で失われていったときに、インドが奇跡的に貢献し、古代の面影を持った技術を伝承できたということです。そのかたちが残っている、ハウツーを伝承し得たということは幸いでした。健康法としてのヨーガはもちろんあります。それは健康でないと、長いあいだの修行にそもそも耐えられないからです。

蓮華坐──苦楽逆転の坐法

一照　健康が目的ではなく、必要な条件だということですね。
塩澤　それに身心が病むと「これから自分はどうなるんだろう……」なんて、思考がなかへ入っていくんではなくて、外に引っ張られてしまうのですね。そのような問題が少なければ少ないほど、エネルギーはなかに入っていくのです。
一照　あの姿勢の特徴、脚を組み、手を組みという姿勢は、エネルギーが内側の方に帰ってくるということですね。
塩澤　エネルギーが円環のように回って、他に行き場所がなければなかに入ってくるしかないのです。なかにエネルギーが入ってくるのと、人間が内側を見つめるというのは実は同じことなんです。
一照　そういうことが起こるためには、あの姿勢で坐ってあるレベルを超えたとき、それが苦痛から楽になる必要があるということですね。最初はエネルギーを使う方に走ってしまうかもしれませんが。で、そのときの、あるレベルというのはどういうことですか。身体の柔軟性とかに関わることでしょうか。
塩澤　そのために他の全てのアーサナがあるといってもいいわけです。全ていろんな形、ヨーガのアーサナというのは、坐ることに直結したからだの状態とこころの状態を、坐ることだけで練習するよりもいろんなかたちをやって、それを坐ることにもってきた方が早いと見ているんでしょうね。そのためには柔軟性と支持力の二つが必要です。

一照　蓮華坐から展開していってそれぞれのアーサナになるということもできますし、全てのアーサナは蓮華坐を完成させるための一つの筋道、練習方法と考えていいわけですね。

塩澤　そうですね。結局、あの坐法が一番――ここが物事の習いどころの原点になるんでしょうけど――一番苦しかったものが、逆に一番楽なものに転化するということが起こるんです。たぶん、最初から楽なものは恐らく、そこから何か大きなものを生まない傾向があるのかもしれません。

一照　その場合、苦しかったものが楽なものに転化するということが、非常に宗教的に本質的な問題だと思うのですが、なかなか転化が起こらない、苦しいままで終わってしまい、たいていの人はやめてしまう。苦しいものが楽なものに転化する以前で、いろいろな壁がありますから。

ヨーガにはなぜ様々なアーサナがあるのか

一照　その壁を乗り越えていくための大事なポイントのようなものは何かありますか。

塩澤　参考になるとしたら、ヨーガは瞑想坐法として蓮華坐を最も大事にしてますが、実は他にも坐法がたくさんあり、それでも充分だといっていることですかね。日本の坐禅のように「両脚を上下にしっかり組んで……」とそればかり言わないで、身体がゆがまない程度の組み方にかえてももちろんよく、人によっては坐り方を一週間毎にかえたり、一坐ごとにかえたり、もっとやさしいかたちもあり、極端な場合、シャバアーサナ（屍《しかばね》のポーズ）のようにただ寝ているという姿勢も立派な瞑想坐法と認められています。そこには日本の坐禅の精神に通じるようなものはもちろんあるのだけれど、ただ一つのかたちでなければたどり着けないというのではすこし範囲が狭いと言えるかも知れませんね。

一照　様々な坐法でもオッケーというのは、そこには本質的なものがどの坐法にも保存されているということですね。その本質的なものとは何ですか。

塩澤　それはエネルギーの保存です。

一照　それにはいくつかの方法があるのですね。

塩澤　あります。

一照　もっとも理想的なのは蓮華坐という位置づけは確固としてあるものの、それが唯一ではない。そういう幅の広さもあるということですね。

塩澤　そうです。これが唯一で、これしか到達の道はないというようなものはありません。もう少しやさしくて、たとえば、鼻と臍《へそ》のラインを通して仰向《あおむ》けに寝ているだけでも立派な瞑想のアーサナです。

一照　それはやはり今の坐禅の世界にはない、鷹揚《おうよう》さ、幅の広さだと思いますね。本質的な意味合いがわかれば、別なかたちでも十分可能であるといえますが、それが見失われてかたちだけが重視されてくると、あれ以外はダメということになるんでしょうかね。

塩澤　そして、もっと象徴的な言い方をすると、要するに、まずからだを坐らせて、こころをそこに閑《しず》かに、今ここに坐らせればそれでいいわけで、身体がやってれば、あとでこころがついてくる。かたちから入れば、必ず、あるレベルまでいけばこころはついてくるわけです。ヨーガのやり方、一般例ですが、からだを坐らせる、息を坐らせる、そうしたらこころが坐ってくるぞという見方です。

自然に成る

一照　からだを坐らせる、息を坐らせる、こころを坐らせる。この場合、身体を坐らせるというのは当然ですが、こころを坐らせるというのはどういうことですか。

塩澤　一番大切なのはこれだと思います。結局、坐禅とかでも精神的なものを求めているわけですから、またその求めている気持ちというのはものすごく強いと思うんですよ。だから、本当に喉《のど》が渇いて痛いくらいの求道心で坐っているはずなのです。

それと同時に、一照さんたちが「自然に成る」という言葉を使われますよね。「自《おの》ずから成る」という。これは普通のこころでは自ずから成ることに対して決してじっと待てないはずなんです。どうしてもこっちから取りに行ってしまう。自ずから成るというのは、実はもう普通の精神状態ではないですよね。要するに求め、求め、求めているときに、自ずから成るということにはどうしたって我慢できない。そのときに一番大事なのは、こころが坐るということ、つまり待てるということでしょうね。

一照　こころが坐るというのは、待てるということとなんですね。しかし、それ自体をころでやろうとするとまたそれが目標になってしまうから、だから身体を坐らせ、まず姿勢ですよね、あれはね。それから息も自分でせかせかとやって、ハアハアといった息をするわけではなくて、身体がしたいような息に自ずとなるということですよね。それが息が坐るというような意味でしょうか。

塩澤　そしてこころを坐らせるより、まだ息を坐らせる方がまだ楽かも知れない。まだね。だから普通一般のこころでヴィパッサナーなんかできるわけがない。いじりにいっちゃってしまいますから。

一照　普通のこころは必ずそれが見たものをなんとかしようとしますね、手をあれこれ動かして。

「待つ」とは

塩澤　こころの性質は今と違うものになりたい。今と違う何か立派なものになりたいと思うのです。おそらくそれが最終的に一番邪魔なんですよね。

一照　道元さんなどはそれを一番問題にしています。「ただする」という言い方で言っています。まずお前たちがしなければならないのは、「求めるこころ」を捨てることだと。求心をまずやめなければいけない。求道のために門を叩《たた》いたはずなのに、その求心をこそ止むべしと言っていますから、これは今先生が言われたことと同じですよね。

塩澤　だから、要するに、俗世間で何かものをとりにいくように、スピリチュアルな世界でも何かをしっかり手に握りたい。これは〝追っかけ〟です。

一照　何か素晴らしいものをゲットしたい。そのゲットしたいという気持ちがあまりに強烈なときにはできないはずです、あの蓮華坐は。少し精神的な言い方をするなら、あれはどうみたって攻撃姿勢ではない。受動姿勢ですよね。待つ姿勢ですよね。第一、歩けないですからね。

塩澤　活動できないですよね。手も動かせない。あれは待っているんだと思います。

一照　待つ姿勢ですね。

塩澤　もちろん最大限の用意はしていますが、向こうから来るのを待っていますよね。やはりある意味で、内面に向かっているという積極性を持っていますが、あれは活動姿勢ではなくて、待っている。

一照　積極的に待っている？

塩澤　ええ。積極的に待つ。だいたい言葉というのは矛盾しているときが真実なんで、非常に積極的に罠《わな》をしかけて待っているというのかな。きっと何か物事が成功したときは、どの人も向こうから来たように思うと言うじゃないですか。

一照　おれがつかんだというよりは、向こうから来たという――。

塩澤　自然に成るとは、向こうから来たというのに近いものではないでしょうか。

一照　眠りと同じですよね。眠りもおれが頑張って眠ったんじゃなくて、努力まるごと忘れてしまったときに眠りが向こうから訪れるのですから。

蓮華の姿も「待ち」の姿勢

塩澤　そして、おそらく待つことができるようなこころは「待ちなさい」、「はい、待ちます」というだけではわたしはできないと思います。基本的には、本当に飢えて飢えて飢えて、求めて求めて、それが一段落したときしか出てこないのではないかと思います。恐らくそうでなければまず出てこないと思います。必死にやってやって、こころが疲れて、もうこれでダメかと思ったときにしか出てこないはずです、物事はね。で、その坐法のなかに、あの蓮華坐に全てが現われているように思われます。

一照　わたしは釈尊が出家後、まず瞑想と苦行を徹底的に試みた挙句にそれを放棄して菩《ぼ》提樹《だいじゅ》の下に坐ったときに起きた転機というのはそういうことだったのではないかと考えているんですが。蓮華坐をひも解いていくと、そこに大事な教えが具体的なかたちとしてあるのですね。

塩澤　蓮華というのは、インドでは仏教だけが大事にしている花ではなくて、インド人みんなが一番大事にしている、日本人でいえば桜の花のようなものなのです。日本人が「桜の花のごとき」と言うように、かれらは「蓮華のごとき」とよく言います。もちろん脚が蓮《はす》の葉で、手が蓮の花でってかたちが似ているってこともありますけど、気持ちとしても蓮の花のごとき、なんでしょうね。植物は「待ち」の要素を含んでいる生物で、そういうことも象徴されているのではないでしょうか。それと最終的な人間の開花という意味もあります。

一照　かれら植物は動かないですからね。ただ太陽の光を受け取り、空気を受け取り、水も受け取り、土壌からも受け取り、と全てがそうですよね。

塩澤　その植物の気持ちも込められています、蓮華坐は。

一照　エネルギーを環流させるというのもありますけど、エネルギーは自分の身体のなかだけではなくて周りにも充満しているわけですから、あのかたちはエネルギーを受けとる姿勢だと言ってもいいわけですよね。

塩澤　もちろんいいです。宇宙に満ちるよき力を受けとる姿勢と言っていいです。

緊張とリラックスを含む姿勢とは

一照　自分の内輪だけで閉じているのではなくて、外界からの様々なエネルギーを十分受けとるための開かれた姿勢になりますよね。

塩澤　そして、かっこよくいえば、天地を繋《つな》いでいる。前後左右水平にもそれを行なってます。あのかたちは世界を映したものですから。あのように坐っていると、人間は水平性をまず感じ始めます、全ての方向に。水平性を感じてそれが終わると今度は垂直性が出てきます。

一照　水平性が最初ですか。

塩澤　そうです。わたしの場合は水平性が最初です。

一照　拡がりという意味ですか。

塩澤　そうです。際限のない拡がりが出てきて、そしてそれが今度は、立ち上がってくる。今度は垂直になってきて、どうもその逆ではないですね。だからこそその垂直性には作為がないのです。

一照　なるほど、垂直性そのものを目指してやるわけではないからですね。

塩澤　そうです。

一照　水平のなかから生まれてくるような垂直性ということですね、なるほどね。

塩澤　どこまでも水平性を感じてきて、次にそれが終わると垂直性が出てきます。

一照　水平性が感じられるような坐りができるために大切なことはなんですか。

塩澤　一口で言えばこういうことです。リラックスしている方から見ると、なかに芯《しん》が、緊張がある。緊張の方から見るとなかにふっとゆるんだ部分がある。

一照　緊張だけでもないしリラックスだけでもなくて。

塩澤　それが同等になっているからどっちとも言えないのです。
一照　それは筋肉レベルでも言えるし、精神的なレベルでも言えるんですね。
塩澤　そうです。はじめは筋肉レベルでいいです。前と後ろ。そのバランスがとれているわけですよね。そうすると、一種の平衡状態ですよね。人間は普段どっちかなんですよね。
一照　ゆるむ方に優勢になっているか、緊張する方に優勢になっているか。
塩澤　それが同等であると、お互いを含んでいるとしか言いようがない。

背骨を調弦する

一照　たとえば、無重力状態といっても、そこに重力がないんではなくて、外に飛ぼうとする遠心力と内に向かう求心力が均等につり合っているから、プラスマイナスゼロで、重力がないように見えるが重力はある。つり合っているんですね。
塩澤　だから、緊張と弛緩《しかん》が入っているのだと思います。結局、どうしたらいいかというと、緊張と弛緩がつり合っているというのは、これは一照さんの分野ですけど、釈尊が尼《に》連禅河《れんぜんが》で聞いたと言われている、村の若者の歌があるじゃないですか。
一照　ああ、調弦の。
塩澤　糸が強けりゃ強くて切れる。糸がゆるけりゃゆるくて鳴らぬ。締めずゆるめず調子を合わせ、手振り足振りリズムで躍れ……という民謡を聴いて――。

一照　はい、はい。ブッダが中道についての洞察を得たという……。

塩澤　あれは民謡で、舟に乗っていた若者が歌っていたわけでしょ。これは腰の調律のやり方とかにもピッタリ当てはまります。釈尊はもっと別な次元で言われたんでしょうが、この場合に背骨を弦とすれば、楽器のように締めずゆるめずちょうどいいようにすればいいわけで、緊張とも弛緩とも言えない、高すぎず低すぎず微妙な合わせどころがあるわけですね。

一照　わたしは、このあいだ津軽《つがる》三味線の生演奏をあるお寺で聴く機会がありました。演奏の前にこうビンビンとはじきながら調弦してますよね。あれはよほど耳がないと。たぶんプロの調弦の仕方と比べればわれわれの調弦の仕方などいい加減な、つまり耳がないわけですよ、音の高低の違いを聴きとる力が。それと同じで、微妙な緊張と弛緩、どちらにも偏らないベストな調弦というのは、ある感覚、感受性みたいなものがないと、頭で考えてもできないわけですよね。そういう感受性そのものというのは、どういうかたちで磨いていけるか、どうやって身につけていったらいいんでしょうかね。

生活のなかでの問題意識の大切さ

塩澤　まず坐る練習をする。それからこころを開いておいて、ヒントというのは必ず自分のやっている専門じゃないところからくる。もちろん自分のやっているところからも来ますが、それを助けるのは外界ですよね。自分以外の世界、自分が関わっている世界以外のところからヒントがくるので、そのとき、こころが開いていれば必ずどこかとんでもないところから応援がくるわけです。
一照　それは坐禅のとき、その最中にということですか。
塩澤　いえ。
一照　生活のなかで？
塩澤　はい。きっと、だれでもそうですが、ヒントは意外なところからくる。坐禅のとき見つけるのももちろんあるのでしょうが、その調弦の仕方なんかに対しては、違うところから、たとえば、坐るのはひょっとしたらカエルの方が上手《うま》いかも知れない、というか。
問題意識さえ持っていれば。
一照　問題意識もなしにただぼーっとしていてはダメですけれどね。たぶんその人が切実な問題としてそれを模索していればヒントは外からくるんですね。
塩澤　そうです。ヒントは外からくる。それは前提条件として切実に模索しているからなのではないでしょうか。普通の人はリンゴが樹から落ちてもそれを見て即、万有引力《ばんゆういんりょく》ということにはいかない。ニュートンはリンゴを見たとき、ちょうど時期として——。
一照　啐啄《そったく》同時ですね——内側と外側の。
塩澤　そんな感じで同時に起こるんだと思います。それはその人が問題意識を持っているということが前提条件で、それがなかったらほとんど引っかかることもないわけで。

だから結局坐るっていうことも、坐ることに関して坐禅のかたちに興味があったら、じっと本質を見ていないと坐れないかも知れない。ひたすら坐るということが、ひたすら坐蒲の上に乗っていることではないかもしれないですよね。

一照　狭い意味での坐禅を破るというか、その範囲ではおさまらなくなってきますよね。

外界に学ぶ

塩澤　ただ坐るということは、坐蒲の上だけで解決できることではなくて、その坐蒲の上以外のことで取り込んでいったときに坐ることの意味というか、よさが活《い》きることがあるのだと思います。

一照　確かにそうかもしれませんね。坐禅のとき、自分が意識して使っている能力もあれば、全く知らずに使っている能力、たとえば重力を感じる能力など自分で使っていると思いませんが、使っていないとできません。坐禅のとき、自分が知らないで使っている能力は無限にあると思うんですよ。その能力というのは、たいていの場合、感じる能力というか、自分のなかだけではなくて外界も感じているわけです、音とか光とかありますから。そういう意味では、その能力自体は日常生活のなかで絶えず使っている、いつでもごく自然に使っている能力ですよね。

塩澤　それと坐ることの能力は同じだと思いますね。だから坐禅というのは普段と断絶した状態ではないはずなんです。
一照　基本的にいうと、平常の生き方のベースラインを上げていかないことには、坐禅だけで、狭い意味での坐禅をすることだけで坐禅のレベルアップを図ることは無理なわけですよね。
塩澤　非常に難しいと思います。
一照　――日常生活のなかでの工夫がない限りは。
塩澤　はい。それから、他の生物たちといいますかね。われわれは他の生物からヒントをもらう生き物です。それで動作だけをとっても、人間だけ頭が特別に大きいので動きがおかしいんですよね。頭でいろいろ考えていますから人間だけが一番ぎくしゃくしていて……。他の動物の方が非常にスムーズなんですね。
一照　先生もヨーガをそういうかたちで、人間だけではなく他の動物とか植物、つまり自然そのものからヒントを得ているわけですね。
塩澤　そうです。アーサナだけの研究というよりも、それを通して他で観たこと、感じたことの方がよほど参考になりますね。それなくして、つまり外界なくしてはヨーガの深まりなんてないでしょうね。

世界と繋がっている身体

一照　先生がされているようなヨーガの指導は非常に僕には新鮮だったのですが、たとえば、ヨーガをストレッチだというふうに思って、僕もずっとそう思ってましたが、とにかく、股関節《こかんせつ》とかある筋を伸ばすいろんなポーズをとって、特定の筋肉なり関節なりを柔らかくするものだと思っていましたけれど、先生のそれぞれのポーズの導き方で面白いのは、やはり、身体の外側にある床の踏み締め方とか、押さえ方とか、あるいはどこに意識をもっていくかとか、外側とどう繫がるかというような表現法をされていますよね。だから、単に自分の皮膚で閉じられた身体の内側をどうこうするという話ではなく、どうやって世界と繫がっていくかみたいな方向性があるんじゃないかと思ったんですが――。

塩澤　はい、あります。それは一番大事なことで、なぜかというと、僕の個人的感覚ですが、全てのアーサナは床とどうやって遊ぶかなんですね。

一照　床ですか？

塩澤　床です。着地感です。立っているときには足の裏、それから坐っているときは坐骨や脚、床との着地感がどれだけ親密であるかということ。アーサナでは床、これは突き詰めて言えば大地なんでしょうけれど、大地との折り合いを楽しんでいく――。

一照　それぞれのポーズで違う――。

塩澤　それぞれ接触感が違うわけです。たとえば逆立ちっていうのは頭のてっぺんと臂《ひじ》で大地に接触しているわけですよね。いろいろなアーサナ、言い方を換えれば、いろいろなかたちで大地に接触しているということですよね。それで、そのとき、どんな息になっているかと探究するわけですから、いろんなかたちで大地に接触しながら、同時に大気にも接触している。

一照　息は大気に繋がっている――。

塩澤　ゆえに身体というのは、世界と一つで働いている、周りの世界と全く同じものであって。

一照　――繋がっていればですよね。

塩澤　繋がっています。

内側も外側も本当はない!?

一照　ぼくらは世界とは別物の身体が、世界のなかに外からはめ込まれているというか、別な感じがしていますよね、基本的には。

塩澤　だから物事って、もしここに人体のかたちを書いたとしますよね。そうしたら、必ず周囲が生まれてくるわけじゃないですか。境界線が出た途端に外側が生まれますよね。

一照　そうですね。境界線って内側だけではなく外側からの境界線でもあるわけですからね。

塩澤　そう、境界線が生まれてしまうわけです。だから、蓮華坐のかたちを絵に描いて、これが中心だと言った途端にその周りに世界が生まれてくるわけですよね。

一照　蓮華坐も一つの大地との対話、空気との対話なんですね。
塩澤　そうです。対話です。だからそれを楽しんでいればこそ待てるはずです。だからそういうふうにして、外界と身体っていうのは、全く同一のものですよね。
たとえば、一番大事なのは、息が入ってくる。そして肺の底に息が入った。この息の空気と外界の空気とはなんら差はないので、これはなかに入った外界ですよね。別に変質したわけでもなんでもなく、これが外界で、それからまた出しても外界ですから、肺っていうのは完全に空気との、外界との繫がりにおいてできあがって、生きている――だからこれはなかに入った外界ですよね。
一照　内側と外側という、僕らが常識的に考えているような境界が――。
塩澤　――ない。あきらかに、そういう境なんてないんですよね。たとえば皮膚の三分の一火傷をすると死んでしまうそうですが、そこから水蒸気のようなものが出ていって、交流していて、火傷でそれが閉じられてしまうと死んでしまうというのですから、外界と内界というのは、その境界線は実は極めて曖昧《あいまい》だというのが事実だと思います。
もう一つ、身体っていうのは、外界と同じなんですから、身体は自分のことを「わたし」って言ってないですよね。わたしたちのこころの方が一応境界を作って「わたし」って言っていますよね。とりあえずそう言っておかないと生きていく上で都合が悪いことになりますから。マインドっていうか、自我が「わたし」って言ってますが、身体をよく見てみると「わたし」って言っていないんですよね。奥底の、仏教の仏性とかインド哲学のアートマンも「わたし」って言ってないんですよね。真ん中で「おれが、おれが」と言っているのがこころなので、身体を通して世のなかを見てみると、外界と内界も自分とは言っていない。

奥底の「真我」も「わたし」ではなくて、真ん中にいるこころが、これが境界なんだと、これは一応こうしなければならないと、これは生きてく上では大切なのですけれど実際よく見てみると、独りでそう騒いでいるだけで、真我と身体は「わたし」とは言っていない。外界と内界とは同じだと身体は言っている。自身は拡大された外界だと言っている。どこに差があるんだ、この外界と一緒に生きているだけの話で、と。

こころの用い方

一照　今まで身体とか息の話が出てきましたが、こころというのがありますね。坐禅というとたいていの人が、坐ってこころを精神統一しているんだろうとか、あるいは無念無想になろうとしているんだとかと言いますよね。そのように、あまりにもこころの状態を日常意識ではない特別な状態にするのが坐禅だという捉え方が多いのですけれど、そこでは身体とか息とかをすっ飛ばしてしまっていて……。その辺は先生どう思われますか。つまり、坐禅のときのこころのあり方、普通、坐禅というと姿勢を調え、息を調え、こころを調える、と、こころを最後に言うのですけれど。

塩澤　こころを調えるというときのこころなんですが、集中ということは、結局、ああでもない、こうでもないと考えていると、こころは分散してしまう。で、一応、こころを一つにまとめておく、と。そうするとこころが強くなってきて、強く安定したこころだけが内側に向いていくのです。それまでは外側を向いて拡散してしまっていますから。だから強く安定したこころで内側に向けているわけです。

こころの問題ですが、一つのところに、注目したところにいるということですね。それを集中力というのかな。そして大事なのは、外れてもいいからまた注意を向けているテーマに戻るんです。そのときに自分を責めたり、失敗したとか言うのではなく、また元の波に乗せていく、何回落ちても何回も乗せてみる。そういうかたちでやっていくことが必要です。

そして、その集中の要領は自分でつかまなければならない。動物に例えると、鎖で何か動物を杭《くい》に繋げることに似ていると思います。この場合は、こころをね。自分で習わなければいけないのは鎖の繋ぎ具合なんですよね。動物を繋ぐのも難しいです。丁度いい鎖の長さと繋ぎ方の問題です。これぐらいであればいられるなっていう工夫だと思います。

一照　あまりにも鎖が短いと窮屈で反発します。長すぎてもあまり意味がない。

塩澤　長すぎたら、それだったらほっといてもいいんじゃないのか、となりますね。それをうまく繋ぐのが「行」ということでしょうかね。釈尊が言ったのは、この鎖の締め具合がなかなか難しいんだということではないでしょうか。あまり強くやるところにはすぐ反発が起きるし、散漫にしておくと、どうでもいいのかということになりますから。うまいこと鎖の繋ぎ具合を工夫しなさいということではないでしょうか。

禅での立場での「集中」とは

一照　坐禅と言われているなかにもいろいろありまして、たとえば息を数えるとか息に注意を向けるとか、ヴィパッサナー瞑想にもありますけど。道元さんの言っている坐禅というのは、集中するための特定の対象というのをことさら設けないんですね。というのは、対象を選ぶというのは、森羅万象のなかからある考えに立って意識的にそれだけを取り出して、それに集中することになるわけですが、これは一つの偏りだという言い方をされています。息に一、二、三……と番号をつけるということは息を手段にしているし、自然な息にはそんな番号なんかないですしね。

いわゆる只管打坐と言われている行法のなかには、これに集中しなさいということは言わないんです。かといって、こころが意馬心猿の如くピョンピョン飛び回っているわけでもないんですね。そこのところは実はあまりはっきり解説されていないと思うのですが、結局、初心者には息を数えろと指導しているようなことが曹洞宗のなかでも多いんですけど、僕は本来は、こころが居眠りしているのでもないし、散乱してもいるのでもないし、かといって何かに堅く結びつけるというのでもなくて——。

塩澤　その結びつけておくというか、その丁度いいところにいるのを、「行」というのだと思います。そのためには若干の注意の集中性はやはり必要だと思いますね。

一照　この坐禅の姿勢というのは非常に微妙な調整を必要とするから、考えごとや居眠りをしたら蓮華坐は必ず崩れます。どこかに凝りが溜《た》まったり、バランスが崩れたりするから、自分で気づいて戻さなくてはならないから、その意味では、坐禅中、自分の息や姿勢を見ているということはあります。

塩澤　微調整しているというのも一つの行ですね。

一照　一点集中型の集中ではなくて、自分のしていること、あるいは起きていることに、包括的に、トータルに集中すると言いますか、しかし集中という言葉は、そうなると使えなくなってくるんですよ。集中というのはどうしても一点集中型のニュアンスがありますから。ただ注意深くあれ、ということでしょうか。

ヨーガの立場から坐禅を見ると

塩澤　ヨーガの瞑想はいろいろあるんですけれど、ヨーガの立場で坐禅を見れば、一つのことに集中しながら、同時に周りの気配がよくわかっているというのが坐禅と見ています。だから一つのことに集中しながら、周りのことも全部意識に入っている、そういう非常に微妙な中くらいのところに自分がいる。その調律のところを言っているのではないかと思います。そういうタイプの瞑想だと思います。

一照　一点集中というと、他が見えなくなるということがありますよね、集中するあまり。だからパチンコで周りが見えなくなっているのも、坐禅の状態と同じなんだろうというのですが、それは違うのです。あれは陶酔、興奮であって、坐禅の精神状態というのは、何かに没入するあまり自己を見失うことではないと思うんですよ。だからそれとの区別をつけるためにもう少し別の言い方が必要なんじゃないかと思います。

塩澤　ですから、一つのものに集中した場合、周辺が生まれてくるということがあるじゃないですか。だから中心と周辺、つまり、注意はこっちに入っているけど――。

一照　それは自分の坐りを見ているのでしょうかね。

塩澤　静かに観ているんだと思います。だけれど、そこに少し余裕があるので、周りの気配も全部わかる。なぜかというと、注意を向けたものがあるということは、周りが生まれてくることなんですよね。さほど焦点を合わせていないところが生まれてくる。だからカメラのフォーカスに似ているかもしれません。ここに焦点を合わせているけれど、周りがある、背景として必ずあるということではないかと思います。その注意を向けるものがある、もちろんそれが全部終わったら離してあげてもいいし。しかしはじめは注意というものがあるということではないでしょうか。

それが一番いいのが、きっと呼吸なんだと思うんです。それは、呼吸というのは一つは、人間のなかで非常に不思議なものなんで、自律神経に依存しながらも中枢神経から介入できるという珍しいシステムなんですね、呼吸だけが。他はちょっと介入できません。これだけが、寝ていても勝手に動いているんだけれども、意識でも統制できるという非常に珍しいシステムなので、これを鍵《かぎ》にするというのが基本的なヨーガと見ていいのだと思います。

一照　身体オンリーでもなければ、こころオンリーでもない。

塩澤　——ない。両方に繋がっているので、それを見ているというのは極めて大事なことです。

息——鏡に映る自分

一照　息をしているのは身体だけど、こころはそれを見ている。そういう出会い方、身体とこころの協力関係ができているわけですか。

塩澤　そうではなくて、身体が息をしているけれど必ずこころが介入しているという——。

一照　そのとき介入とはどういう意味ですか。注意深く見守っているだけではなく、それ以上何か介入してやっているわけですか。

塩澤　注意深く見守っているのですが、実は介入している自分があると思いますね。介入してますよ。

一照　息を遅くしようとか、深くしようとか、そういう――。

塩澤　そうです。それから、無自覚でも身体の調子と同時に、精神的な――。

一照　ああ、そういうかたちでね。

塩澤　そういうかたちでもう反応しているわけです。

一照　こころの状態が反映している、息の仕方にね。

塩澤　坐禅のことに注目していれば、その注目しているということが息に反映して現われてくるんです。コントロールしようとしないで、自動的に入ってきているわけです。ですからこれが全てなんで、これが調えば、いろんなことが調っているのかなと思いますけれど。確かに調っているんですよね。

一照　なるほど。

塩澤　自分が息に映っている。いろんな精神状態になっているのもそのまま息のありように出ていますから、鏡を見ているようなものです。

一照　それはそのときの真実なんですね。それをどうこうしようと思わなくてもいい。

塩澤　いいんです、それが自分なんだから。だから、かたちに現われた身体とこころの全ての情報だと思えばいいんですよ、息がね。

一照　なるほどね。

塩澤　この出たり入ったり、止まっているところに自分がいるわけですよね。

一照　そのくらい呼吸のありようっていうのは、繊細なセンサーになっているんですね。

塩澤　なっています。だから息を調えるということは、生命の一番大事な要素と言えますが、それももちろんですが、今のおれってどうかなっていうときに、呼吸を見るということは自分の顔を見ているようなものだと思った方がいいんじゃないですかね。

吐く息を長くは本当か？

一照　意識で理想の息をしようなんて思わなくてもいいのですね。

塩澤　いいのです。しかし、多少はしなければならないことがあるはずなんです。これはわたしの提言なんですが、釈尊はこう言ったのではないかなと思います。アーナーパーナサティのことを書いたもののなかでも、吐く息を少し長く、ということが言われてますが、ほとんどの日本の先生方が、丹田呼吸をして解毒をして、二酸化炭素をたくさん出して、代謝をよくして、頭脳明晰《めいせき》にして……、とおっしゃってますよね。

一照　丹田呼吸法という、やり方ですね。

塩澤　わたしはそれもあったかも知れないが、違うのではないかと思います。普通の自然の息でも、これはわたしの持論なんですけど、多少コントロールした方がいい部分があるんですよ。なぜかというと、わたしたちの祖先は海から上陸しましたよね。そのとき、魚のエラだった部分が降りてきて横隔膜になったんですね。魚のエラ呼吸と違って、これは明らかに、とりあえず吸うための器官なんです。横隔膜は降ろして吸う器官です。吐くときに、横隔膜が降りたのが元に反射的に返る力だけで吐いていると、吸った息に対して吐く息が完全にマイナスになるのです。ですから、バランスをとらなければならないときには、少し吐く息を応援してやらなければならないんですね。日常動作をしているときに使っている筋肉を使って応援しなきゃならんわけです。吐く息を少し応援しない限り、吸う息と吐く息が魚たちのレベルにいかないのです。それが一つです。つまり、吐く息を長めにする方が、人間にとって一番理想に近い息で、魚たちの安定状態に近いのです。

一照　どのくらい長くというのは、自分で学んでいかなければならないんですね。

塩澤　それは簡単に学べます。一番気持ちよいレベルでいいんですから。身心がこれでいいと教えてくれます。それをやればいいわけです。

一照　作為なしにね。

サマーディ――エネルギーの風を止める

塩澤　そしてもう一つは、釈尊はこれを言ったんではないかと思いますが、丹田呼吸というのは心臓を応援しているといいますよね。そのおかげで静脈の血が心臓に還っていくので、第二の心臓であるというような。もちろんそれもあるけれど、とんでもない、もっと大事なことがある。

これね、呼吸も一つの心臓です。全身にナーディというものがあって、吐くとエネルギーを放射している。脈を開かせている。そして吸うと脈が全部閉じてる。吐くと脈は開く。身体は吸うと膨張し、吐くと収縮していくが、なかのエネルギーは、ナーディは、吸うと求心的になり、吐くと遠心的になる。だから脈を開くには、吐く息を中心にした方がよい、これでしょ、おそらく。

一照　ナーディはエネルギーの通り道ですか。

塩澤　そうです。ナーディは生気（プラーナヴァーユ）の通り路です。ナーディに関しては、呼吸が心臓になっている。

一照　呼吸によってそのエネルギーを動かしているわけですね。

塩澤　動かしています。だからプラーナヴァーユという——ヴァーユというのは身体を流れるエネルギーの風です。風が吹いている、息で。

一照　それが止まったらナーディの動きも止まるわけですね。

塩澤　そうです。そしたらサマーディ（三昧《さんまい》）になる。だから道元禅師の「鼻息微《かす》かに通ず」というのはサマーディに関わっている表現だと思うのです。

一照　微かに通じているわけですから、それは、単なる鼻のところでわかる息だけではなく——。

塩澤　ナーディの息のことでしょう。するともう止まり始めているから、こころの乗り物が止まることが、サマーディなんです。

一照　乗り物が止まる——？

塩澤　こころはエネルギーの風に乗って動いているのです、われわれは。こうやってしゃべっているのはエネルギーで呼気に乗っているでしょ。呼気に乗っているのだけれど、喉《のど》自身の微調整をしているのは呼気のエネルギーです。風が吹いているからです。それが止まれば黙っているわけですよね。それと同じで、風が止まってしまえば動きは止まりますから、息を静める、こころを静める、どちらからでも同じです。

一照　この息が止まった状態に近くなるわけですね。

塩澤　そうです。それが「鼻息微かに通ず」でしょう。ナーディの風の動きを微かにし、そして止めなさい。出たり入ったりほとんどないくらいの風向きにして、するとこころと息と同じだとすると、こころは——。

一照　自ずと穏やかに凪《な》いでくる。

塩澤　凪いできます。動きがなくなってしまうわけです。乗り物がないんですよね。

道元禅師の「鼻息微かに通ず」

一照　微かな息でオッケーになるというのは、最初言われたように、新陳代謝というか、身体のエネルギー効率がすごくよくなっていないと。

塩澤　だから坐っているのが一番消耗しないんですよ。息を静かにしやすい、止めやすいということなんです。で、こらえて止めるのではなくて自然に止まるのがいいわけですから。
一照　「鼻息微かに通ず」も自分の意識で無理やりに微かにさせるわけではなく、正しい姿勢によって、少し吐く息を長くするという心遣いですね。
塩澤　はじめはそうやって、だんだん止まってきたらそれでいい。無理にやることはない。無理すると次の息が荒くなります。
一照　最初は意識して長めにするけど、自ずと身体が、息の調子というのがわかってくるから、そうすれば身体に任せておけばいいんですね。
塩澤　いろんなのがあるでしょうけど、わたしが一番いいと思っているのは、ナーディを開いたあと、なんにもしなくて止まっちゃったときなんですよね。つまり、吐いたあとの息の止まり。吐く息が終わって、もう入ってこない。なぜかというと、からだがエネルギーはもういらないって、十分循環しているから、エネルギーは充分だから息なんかしなくてもいいと、そしたら止めればいいんです。吸いたくなればからだが自然にやり始めますから。だから意識しているのかしていないのかわからない状態がいいのです。意識してると言えばしてる、していないと言えばしてない、としか言いようがない。でも、リアルなことは表現しようとしたらだいたいそうなっちゃうのです。
一照　曖昧なんじゃなくて、そうとしか言いようがなくなってしまう。
塩澤　曖昧なんじゃなくて、たしかに二つの要素がピタっと合ってしまうと、どっちとも言えなくなってしまう。

一照　ゆるんでいるとも言えるけど、緊張しているとも言える。意識しているとも言えるけど、してないとも言える。

塩澤　なるべく言語で接近しなければいけないけれど、言語ではどうにも表現し得ない部分がどうしても残ってしまう。しかしそれが一番大事なところなんで、それは不立文字の世界なんでしょう、と言いたいんですよ、しかし言えない。

一照　なかなか難しいところです。

言葉の限界と「行」

塩澤　話が脱線しますが、たとえば釈尊とは別のタイプの覚者《かくしゃ》がいるじゃないですか。何もない、全てない、というのと、全てだというのは同じことを言っているんですよね。絶対否定は絶対肯定なんですよね。全てあり、しかも全てないっていうと、説教にならない。古代の覚者たちも、どっちかをとって表現せざるを得なかったのです。

一照　一見矛盾しているというか、折り合いがつかないように見えるが、事実としては同じことを言っているわけですね。

塩澤　言語というものの限界までいくと、そうなってしまうのじゃないですかね。「行」を一生懸命する人は、いろんなものの共通項を見ていけばいいんですよ。「行」をしようとしたら、いろんなところを見て、共通項をちゃんと知って、付随するクエスチョンはのちのち解決すればいいと思ってまず始める。ぜんぜん違う表現で同じことを言っているんですからね、覚者たちは。
一照　一見矛盾しているように見えるところに面白いところがある。そこに真実があるというか……。
塩澤　ただ、この人はこういう言語を使って言っていたのだということと、どの時代、誰に対して説教していたんだなということはあるんだと思います。
一照　これを指すのに、右から指して「左だよ」というのと、左から指して「右だよ」というのと、同じものを指しているんですね。
塩澤　全体から、それぞれの角度を一度に言うことができないからおかしくなっちゃうわけですよね。だから、言葉っていうのは、ある角度からでしか表現し得ないわけですよね。
一照　僕としては、坐禅という行の、多面性というか面白さ、深さ、豊かさとかを伝えることができればと思っていますが、そのためにいろいろ言葉を使っているわけですけれど、最終的には、坐禅ってそういう奥深さのあるもので、「では、もう実際の行の方にいってみようか」っていう人が一人でも出てくれればと思っています。いろんな言葉を使って、こうも言えるしああも言えるというか、そうやって坐禅の輪郭を描こうかなと思っています。
塩澤　ですから、物事を言うには、ある角度から徹底的に言うのと、いろんな角度から言うのと同じだということなんだろうと思います。それはタイプによるところで、優劣もありません。ただ、違うところから、違う角度から話せると、それが新鮮な趣を持って立ち上がる、一照さんはそれをおやりになりたいんでしょうね。今この時代、それが求められています。

一照　禅宗のなかで閉じたところだけでなくて、いろいろな人とダイアローグ、対話することによって見えてくるもの、共通しているものがありますね。

水面に映る月が示すもの

塩澤　確かに禅にはヨーガとものすごく共通しているところがあります。ところで、わたしは雨上がりの水たまりが好きです。水面に雲が映って、太陽が映って、樹木が映って、なかなかきれいに映っている。見ていると天候によってどんどん変わっていく。しかし水というのは、ぜんぜん変わらない。水という性質はぜんぜん変わらないけれど、水に映るものは動いていく。非常に落ち着きを感じます。

禅寺に池がありますが、あれはわたしにとって最高の教材なんです。全部が映りながら刻々と変化する。しかし映っている本体は少しも変化していない。おそらくこの世のものでは、池は状況によってある大きさしかできないじゃないですか。しかし本当のこころが映っているところには岸がないはずなんです。縁がない、円周がないわけです。縁がないところに映っているというのはわたしにとってはとても大事な教えです。不変のところがない限り変化相は映らない。
一照　鏡の譬《たと》えは仏教にも禅にも多いですし、水面に映る月の例も多いですね。
塩澤　非常にヒントになります。日本は自然に恵まれました。それを上手《うま》く取り入れた禅寺の作庭など、とくに池とか、あれは本当に隠されたメッセージです。「これ以上言うところのなかの世界だけど、具体的に表すとこれだ」という、やはり水面というのがとてもわかりやすいです。こころでもいいし、呼吸でもいいですけれど、澄めば澄むほど、動きが少なくなればなるほど、明晰になってくるという感じです。ですから、仏性、仏の眼というものがあって、そこに変化するものが映り込んでいるのだと思います。
刻々と変化するが、一方は一切変化していない。これは仏性、インドで言うところのアートマンです。たとえば煩悩即菩提という言葉がありますが、煩悩がすなわち菩提であるという、これはわたしの解釈ですが、もし菩提だけがあって煩悩がなかったら、おそらくこちらが意識できないはずなんです。物事は比較だから煩悩があってそれが消えたとすれば、不変相があるんだということがわかるはずなんです。
一照　セットになっているんですね。
塩澤　そうです。雑念と言われるもの、想念と無想はセットになっている。
一照　雑念と一緒なんですね。雑念が必要というか。
塩澤　それで初めて、それがもしか静かになったら静かなものがあるんだと思う。はじめから静かなものでは、静かなものを認識できないと思います。

雑念は払うべきか

一照　そのメタファー、譬えそのものが坐禅そのものなんです。坐禅のときにやっていることはそれなわけですよね。だから全てを受け容れるというか、なんにもそこには拒絶するものがない。これはいいからといって引き寄せてくるわけでもないし、だめといって押し出すわけでもないですから。

塩澤　そのだめというものがとても大事で、だめがない限り、いいっていうのもわからないはずなんです。煩悩即菩提、想念がない限り無念無想なんてわからない。想念があってそれが消えるなり移動して去っていったその瞬間に、また元に戻ったとするわけです。だから煩悩は邪《よこしま》なものではなく、想念そのものが、想念がない世界を知らせてくれる最も大事な道具であって、それがない限り全く何もない、仏の眼なんか意識できようがないということです。

一照　雑念が助けてくれるわけですね。雑念この余計なもの、と思っているものが。

塩澤　この邪魔だなというものがあるゆえに、また去っていったゆえに、通りすぎていったゆえに、そのちょっとしたすき間に、何だこれは!?　というものがあるからだと思うんですよね。

一照　そういう理解があれば、雑念は邪魔で困りますというような、余計な心配はなくなります。

塩澤　雑念がたくさん起こって坐禅ができませんでしたということほど、見当違いなものはないのであって――。

一照　雑念を生かせないということですね。雑念が起きたら払えというけど、払わなくても、雑念は去っていくということを学べればいいわけですよね。

塩澤　払っている当人が一番雑念なんですね。実は「犯人はお前だ」というわけです。雑念を必死に払っているようでは、楽しめないのではないでしょうか。

瞑想時の禁忌事項

一照　同じロジックで坐っているときの不快感、痛みにも同じことが言えますよね。

塩澤　言えますね。蓮華坐は一種の脚締めです。

一照　坐禅のときいろいろ邪魔なものが出てくるんだけど、実はそういうものが邪魔だと思っている自分自身が実は問題だということですよね。そのいろいろっていうのはこころの面のこともあれば身体の面のこともありますけど。

塩澤　邪魔に思っていて、無理矢理取り除こうという態度が一番問題児なんですよね。

一照　それらにうまく助けてもらえれば、自然に澄んだこころとか身体がそこに現われてくるということですね。

塩澤　そうです。現われてきます。想念が静かになるためにいろいろ自己表現して、そして消えてゆくために来てくれている。いつか消えてゆくためにわんさとくるのだと思います。えーっと思うけど、出てくるというのは動いて消える可能性があるということです。

一照　ともすれば抑圧したり、出てくるといったり、出てこないように押さえつけようとしたり、出てきたらそれをやっつけようとして、余計なことをしてしまいます。

塩澤　それに対する対処法を一照さんがよくやってあげれば、坐禅中にいろいろ考えてしまったということを自己非難しないで帰ってゆけるんじゃないですかね。これは大きいですね。

坐って気づき、立っては気づく

一照　実は、坐禅をやっていて失敗だった、何も集中できなかったという人が多いです。痛みなどの身体的不快感で集中できませんでした、あるいは雑念ばっかりで何もできませんでしたという人がいます。それは最初の構えが違っているわけですよね。

塩澤　想念やいろんな雑念がいっぱい出てくるけど、それはきわめて大事なことであって、それが長いあいだやっているうちに、だんだんそれが去ってゆくんだなということがわかれば、それほどまあ大騒ぎしなくても。

一照　去っていったあと、少しずつ気づきができればね。

塩澤　一瞬でもいいからね。去っていったあと気づいていく。ある意味で坐禅というのだから、坐って気づく、立禅だったら立って気づく。作務だったら働いて気づく、ですから「気づく」ということをキーワードにしておけば、包括できますね。何に気づくかのレベルは別にしてそれなりに気づく。
一照　同じことだということですね、その点では。姿勢、外観は違うかも知れないけれど。
塩澤　外観は違うかも知れないけれど同じことであり、坐ることでは坐禅になる。
一照　坐が禅になっていなければならないわけですね。行住坐臥全てで、ですね。
塩澤　厳しい修行ではなく当たり前なんじゃないですかね。度を超すと坐れないけど、ほどよい痛みが、丁度いい塩梅《あんばい》だなくらいに坐れたらいいんじゃないですかね。
一照　本当にそうなったら緊張がとれるので、痛み自身もゼロじゃないけど軽減されるんですよね。
塩澤　この痛みが寝ることを避けてくれているんだな、と。何もなかったら、眠るかも知れない。睡眠と違うのはそこに刺激があるということなんですね。
一照　それは大事なことですね。ぜひ取り入れて、みなさんに知らせていきたいと思います。今日はどうもありがとうございました。
塩澤　こちらこそありがとうございました。

第五講

結果自然成の坐禅

ただわが身をも心をもはなちわすれて、仏のいへになげいれて、仏のかたよりおこなはれて、これにしたがひもてゆくとき、ちからをもいれず、こころをもつひやさずして、生死をはなれ、仏となる

道元『正法眼蔵　生死』

坐禅を unlearn, unteach する

今回が『現代坐禅講義』の最終の講義となります。ここでは、これまでずっとお話ししてきたようなあり方をした坐禅をいったいどのようにして実践するかということについてお話ししたいと思います。

これまでの四回の講義は、普通一般に理解されている、「坐禅とはこういうものだろう」という通俗的イメージを打ち破るような話し方で進めてきました。ここで、もう一回あらためて整理してみましょう。

第一回の講義では「坐禅というのはこころの平安とか精神統一、あるいは悟りといったその他もろもろのまだここに存在していない（と本人が思っている）何かを目的として設定し、それを達成するために行なうものだ」という通俗的イメージに対して、無所得無所悟（得るところなく悟るところなし）の態度で、ただ坐禅をするために坐禅するのが坐禅だということをお話ししました。

第二回の講義では「坐禅というのはからだを坐らせておいて、そのあいだにいろいろな方法に従って、こころをある望ましい状態に変えることだ」という通俗的イメージに対して、坐禅は身心一如で正身端坐を努力することだということをお話ししまし

た。

第三回の講義では「坐禅は他の一切から孤絶して自分の内面の問題に向かうことだ」という通俗的イメージに対して、坐禅は尽一切の全てと通い合って行なわれている開かれたものだということをお話ししました。

第四回の講義では「坐禅は不動でなければならないから、からだやこころに動きがあってはいけない」という通俗的イメージに対して、坐禅は活潑潑地の生き生きとしたものでなければならず、そこには生命活動の現われとして微細な運動やこころの活動が起きているということをお話ししました。

第一講から第四講にわたって話したことをまとめると、坐禅は次のような姿をしたものだということになります。「坐禅とは、無所得無所悟でひたすら正身端坐に努めることである。そのようにしてなされている坐禅は、当人の覚知を越えて尽一切と通い合っており、活潑潑地の生命活動が様々なかたちで生き生きと現われている」。

このような坐禅を実際に行なうためには、それにふさわしい坐禅の仕方が参究され工夫されなければなりません。そのためには何よりもまず、既得の通俗的な坐禅のイメージをアタマから徹底的に払拭《ふっしょく》することから始める必要があります。坐禅を通俗的イメージのように理解している限り、どうしてもそのような理解にもとづいた坐禅をしてしまいますから、新鮮な取り組み方をすることができないのです。これまでの生き方、考え方の枠のなかや延長線上で坐禅を理解し行なうのではなく、全く新しい方向へこれまでしたことがなかったような仕方で初めの一歩を踏み出すこと、これは坐禅に限らず仏教や禅の学び一般に関しても言えるとても大切なことです。

英語で unlearn という言葉があります。動詞の前についた un はこの場合は否定ではなくて、「逆の行為、状態にすること、除去、奪取、解放などの意を表す」接頭語です。手元の辞書では「unlearn 学んだことを意図的に念頭から去らせること」となっていますが、この言葉に対して鶴見俊輔《つるみしゅんすけ》氏が「学びほぐす」という見事な訳語をつけています。鶴見氏はハーヴァード大学の学生だったころヘレン・ケラーに会う機会がありました。そのとき鶴見氏が、「わたしはハーヴァード大学の三年生です」と言ったら、ヘレン・ケラーは「わたしはその隣のラドクリフという大学でとてもたくさんのことを学んだ。だが、そのたくさんのことを unlearn しなくてはならなかった」と語ったそうです。この言葉を聞いて鶴見氏は「アンラーンという言葉は初めて聞いたが、意味はわかった。型通りにセーターを編み、ほどいて元の毛糸に戻して自分の体に合わせて編みなおすという情景が想像された」と書いています。またこの「unlearn 学びほぐす」ということに関連して作家の大江《おおえ》健三郎《けんざぶろう》氏は「unteach 既得の知識（習慣）を忘れさせる、（正しいとされていることを）正しくないと教える」という言葉を紹介しています。「学びほぐす」という訳語にならって言うなら

「教えほぐす」という訳語になるでしょうか。

こういう意味での unlearn や unteach ということが坐禅に関して今行なわれなければならないと思います。すでに確立された疑いの余地のない完成された坐禅のやり方を学んでそれに習熟していくというのではない、坐禅の unlearn、学びほぐし。そして、この通りやるのが坐禅だというかたちで出来合いのやり方をマニュアルとして与えてそれを上手にできるように指導するのではない、坐禅の unteach、教えほぐし、です。坐禅を人間的な技術、方法として学び教えてきたわれわれには、「型通りに編んだセーターをほどいて元の毛糸に戻して、自分の体に合わせて編みなおす」という「ほぐす」作業が必要なのです。

道元禅師は「坐禅は三界の法にあらず、仏祖の法なり」（『正法眼蔵 道心』）と言われています。これは坐禅というものが、「三界（欲界・色界・無色界）」、つまりわれわれ人間の生活的地盤で行なわれるものではなく、人間的営みが一切棚上げされ乗り越えられたところ、「仏祖」つまり、大自然の地盤でなされなければならない、ということです。普段の自分の活動の延長線上で坐禅を考え、またその延長線上で坐禅をやったのでは、坐禅ではなく「習禅」になってしまいます。この転換、切り替え、をどのようにして確保し実現するかということが、坐禅を行ずる上で一番大事なことなのです。それは、「坐禅は人間界にあるべき事ならず。坐禅のときは、坐禅の我にてこそあれ、日来の我にてはなき也」と言われているように「日来の我（普段のわれわれの身心）」ではない、「坐禅の我（坐禅にふさわしい身心）」で坐ることができるような確かな道筋をつけることです。

普段のわれわれは「自分をなんとかましなものにしよう」といつも吾我から出発して自分が何を得られるかを見ていますが、坐禅は「自分一人くらいどうでもいいじゃないか」と吾我を投げ出すことによって働き出すものを見ようとしています。このように人間界にあるはずのない坐禅ができるということが人間にとって最高の恵みだという教えがそこにはあるのです。そういう坐禅を間違いのないように行じなければその恵みを受けとることができません。

坐禅というものがおおよそどういうものなのか、どういう方向性、ねらいを持って坐らなければならないか、をまず知的に理解し、ある程度納得しておかないと、それにきちんと沿った方向で坐禅を実践することはできません。そういうわけで講義を四回費やして、常識的な理解とはおよそ正反対に違っている坐禅の姿を描き出そうとしたのでした。その理解は理解してそこで終わりというのではなく、直接に実践へと促しまたその実践を正しく導くような理解でなければなりません。常日頃吾我を中心に感じ、考え、行動しているわれわれ凡夫がそのまま吾我のパラダイムで坐禅を実践すれば、それは吾我が坐禅をしているのですから、仏の行としての坐禅にはなりません。

吾我の坐禅をしていればそのうち仏行としての坐禅になっていくだろうという将来をあて込んだ考えは坐禅の立場ではありません。仏の行であるという性質は坐禅の結果としていつか将来獲得されるというものではなく、今する坐禅の前提として既にそこになければならないものなのです。それが抜き差しならない今ここの自己を問題にする禅の立場ですし、諸行無常、一寸先は闇という現実をごまかさずに生きようとする仏教の態度だからです。

強為から云為へのパラダイム・シフト

道元禅師の『正法眼蔵 生死』のなかに「ただわが身をも心をもはなちわすれて、仏のいへになげいれて、仏のかたよりおこなはれて、これにしたがひもてゆくとき、ちからをもいれず、こころをもつひやさずして」という言葉があります。これは云為でなされる坐禅のあり方、仏祖のパラダイムを見事に表現しています。普段のわれわれは吾我が中心になって「ちからをもいれ、こころをもつひやして」、自己満足追及の生活活動を展開しています。そこでは吾我が身心をぎゅっと握り締めるようにして緊張させ、思い通りに操り統制しようとしています。これが強為であり、吾我のパラダイムです。坐禅では強為、吾我のパラダイムから云為、仏祖のパラダイムへのラディカルなシフト（移行）が起こっていなければなりません。

　吾我というのは普段、われわれが「自分、自分」と言っているものですが、仏教ではそれを「業識《ごっしき》」とも呼んでいます。それは過去の業によって今、それがあたかも「自分」であるかのように思わされている意識です。その正体は偶然の寄せ集め（親から受け継いだ素質、生まれた時代、育った文化、家庭、環境、受けた教育、友人からの影響など）でできあがった作りものです。われわれはそれを自己と取り違えてそれに最大の重みをおいて感じ、考え、行動しているのですが、仏教が教えているのはそういう思いでつかんだ自己ではなく、思いを手放しにしたときに出会う本当の自己、間違いのない自己をはっきりと知ること、そして、そういう自己にどこまでも静まり、そこから生きていくことなのです。それを最もストレートに行じるのが坐禅です。ですから、自分の願いにこたえてくれるような、吾我や業識が喜び勇んで活躍するような坐禅のやり方ではなく、むしろ吾我や業識には重心、焦点が置かれず、その出番もなく、自分には手柄がなんにもないような坐禅のやり方でなければ坐禅としてはおかしいということになります。

　このパラダイムのシフトですが、それは坐禅して、「さあシフトをこれから起こすんだ」と頑張った結果としてシフトが起こるのでもなく、坐って待っていたらぼちぼちとこのシフトが起こってきたというようなシフトでもありません。坐禅することがそのままこのシフトの実現になっているようなシフトなのです。坐禅即シフトということです。そこには時間差がありません。同時進行でありコインの裏表のように切り離せないものなのです。そのような坐禅のことを「一超直入如来地（段階を経ないで直ちに仏の位を証すること）」と言いますが、そういうことが起こり得るような坐禅はどのようにしたら可能なのでしょうか。われわれはあるプロセスがあって、ある一定の時間が経過した後にその結果としてある成果が出てくるという考え方に慣れていますので、プロセスと成果が分けられないようなあり方というのはどうもイメージしにくいのです。坐禅の世界でも、一定の修行期間があってその結果として初めて悟りなりなんなりの証果があるというのならわかりやすいのですが、そういう考え方は道元禅師から「凡流のおもひのごとく、修証を両断にあらせば、おのおのあひ覚知すべきなり。もし覚知にまじはるは証則にあらず。証則には迷情およばざるがゆゑに」とか「修証はひとつにあらずとおもへる、すなわち外道の見なり」（いずれも『弁道話』）と手厳しい批判を受けることになります。坐禅においては、プロセスと結果、修行と証果は別々のものではなく、「仏法には修証これ一等なり」、「修行の用心をさづくるにも、修のほかに証をまつおもひなかれとおしふ」（いずれも『弁道話』）と言われるように両者は全く同じ一つのことなのです。

わたしはアメリカにいるとき、こういう修と証の一如のあり方をわかってもらうのに、ボストンからニューヨーク市に歩いて行く話を譬《たと》えにしたことがありました。普通の考えではニューヨーク市とされる場所まではるばる歩いてそこにたどり着かなければニューヨーク市に行ったことにはならない、それ以前は旅の途中ということになるのですが、わたしは、まだボストンにいてもそこからニューヨーク市に向かって正しい方向に一歩踏み出したらもうそこはニューヨーク市なんだという考えもあるのではないかと言い張ったのです。正しい方向に向いた途端にニューヨーク市はまだボストンにいるわたしのその足元まで延びてくる、だから一歩を踏み出したそこはボストンでもありニューヨーク市でもある、というロジックです。ボストンとニューヨーク市を分ける考え方ですと、目的地に着かなければその旅は未完で終わってしまい失敗ということになってしまいますから、その人は一刻も早く着こうとして先を急ぐことになります。その結果、途中の景色を楽しんだり、いろいろなものや人との出会いを大切にする余裕はありません。むしろそういうものは旅のペースを乱し遅らせ邪魔をするやっかいなもの、迷惑なものとすら感じられるでしょう。

一方、今踏み出す一歩一歩でもうすでにニューヨーク市の上を歩いているんだと思える人には、そういうあせりはありません。もう到着しているのですから、あとは安心して景色やいろいろなものとの出会いを楽しめます。それがもうすでにニューヨーク市の中身なのですから。こういう人の歩みは穏やかです。この人が前へ進むのはニューヨーク市に近づいているのではなく、ニューヨーク市のなかを奥へ奥へと深まっていくことなのです。実際の坐禅の修行には到達点というものがありませんから、この譬えの場合で言えばニューヨーク市が無限の彼方《かなた》にあることになります。無限の彼方にあるものがすでに足元に来ているという不思議な話です。ただしそういうことが起こるためには、正しい方向に向いているということと、そちらに向かってどこまでも歩み続ける、という二つの条件が満たされていることが必要です。

無所得無所悟(第一講のキーワード)で正身端坐する(第二講のキーワード)というのがこのパラダイム・シフトをもたらす具体的実践であり、尽一切との通い合い(第三講のキーワード)、様々なかたちをとって顕《あらわ》れる活潑潑地さ(第四講のキーワード)はこのパラダイム・シフトが起きたことの具体的証《あか》しであると言えるでしょう。この四つは同時に起きていて、実はたった一つの事実なのです。

有所得有所悟から無所得無所悟への態度の転換は、今ここにないものを求めてやまない吾我のもがきの一形態として坐禅するのではなく、今もうすでにここにある本来の自己の姿をそのまま純粋に真っ正直に現前させればよいということです。無いものを無理に作り出すのではなく、すでにあるものをそのまま在らしめる、そのように極めて単純で簡素なものであるべきなのが坐禅です。身心一如で正身端坐するということは、意識がからだとこころを操ろうとして喧嘩《けんか》しているような状態を超えて、からだとこころが調和し本来の一如性を取り戻し、身心まるごとを挙げて「本分に安住（あらゆるものを生み出す生命的生命に成ってくつろいでいる）」することです。吾我はいつも自と他を区別し、自分を無常の流れから切り離して不変の実体に仕立て上げ、周りに砦《とりで》を築き自分を防衛しようと懸命になっています。しかし、そのことの代償として砦はいつしか牢獄《ろうごく》となり、周りにあふれるほど豊かに存在している美しいものや驚異に満ちたものから自分が遮断されたような状態に陥っています。そのせいで自分の人生もまた窒息し、生命力の枯渇した貧しいものになっています。坐禅はそのような砦、牢獄づくりをやめ、諸行無常の流れと切れ目なくぶっ続いている本来の自己の姿に出会うことです。そして、そこで生き生きと息づいている自己の生命を充実させて発現することなのです。

マニュアルにならない坐禅のやり方をどう説くか

坐禅の実際のやり方を話すはずの講義が、どうも第一講から語ってきたことをまた繰り返すような話になってきました。それは、坐禅がどのようなものであるか、あるいはどのようなものでないかをある程度はっきりわかっていただくことが何より大事だと思っているからです。ここで、ある程度とわざわざ言ったのは、幽邃《ゆうすい》な坐禅を完全にわかり切るということはないからです。思いでは思えず、言葉では言えないことを生身のからだでやっている坐禅を理屈でわかることはできないのです。坐禅とは何かという問いには、自己の全体を挙げて坐禅を実際に行じることで応《こた》えるしかありません。しかしそれと同時に、八正道《はっしょうどう》（八つの正しい生き方）もまずは正見《しょうけん》（正しい理解）から始まっているように、坐禅を正しく理解することを抜きにしては正しい坐禅の実践が始まらないこともまた確かです。

というわけで、もう少し話を続けます。坐禅のやり方について話すということが一筋縄ではいかない問題を孕《はら》んでいるというのが坐禅の坐禅たるゆえんでもあります。その大きな理由は、坐禅がそもそもメソッドやテクニックとは性格を異にしているからです。メソッドやテクニックならば、最初にこうしなさい、次はこう、それから……、という具合にやるべきことを一連の手続きとして細かく具体的に規定し、それらを上手に配列してマニュアルを作ることができます。しかし、意識としての自分が坐禅のマニュアルに従ってからだやこころを操作してその通りに「やって」しまっては坐禅が坐禅にならないということはこれまでの講義で繰り返し言ってきたことです。早い話、そういう坐禅の仕方では作為、造作で坐禅をすることになってしまうからです。

突き詰めていうならば、どうやって坐禅が坐禅になるように坐るかということを誰も明確な言葉で厳密に示すことはできないと言った方がいいのです。そういうことをしようとしたら坐禅にとって大事なものが損なわれてしまいます。自分の行じる坐禅は自分で、何をすべきか（そのほとんどは実は何をやめるべきかなのですが）、どう取り組むべきか、を自得するしかないのです。坐禅は、からだや息やこころをうまく操ってインストラクション通りにそつなく坐るテクニックやメソッドを身につけることとは全く性格を異にしています。そういう方向とは逆に、テクニックやメソッドを手放して素手、空手になって、身心の自然の働きに一切を任せていくという方向で坐ることなのです。ですから坐禅では「どうやるか」を説明することは危ない橋を渡ることになります。もっとも、わたしは敢《あ》えてその橋を渡ろうとしているわけですが……。

このことに関連して思い出すことがあります。アメリカであるとき、初心者ばかりの集まり（ほとんどが四十代の男女二十名くらい）で坐禅の指導をする機会がありました。そのときのわたしは、まだ強為と云為という問題を自覚していませんでしたから、普通に行なわれているような仕方で坐禅のやり方を説明しました。つまり、「坐《ざ》蒲《ふ》の上に坐り、脚を結跏趺坐か半跏趺坐のかたちに組んで、背筋を伸ばし、手をいわゆる法界定印（右の掌《たなごころ》の上に左の掌を重ねて置き、親指の先端同士がそっと触れあうようにして、親指と人差し指が美しい対称の楕円《だえん》形になるようにする。このように組んだ両手を小指側が下腹につくようにして、最も置き心地の良いところにおさめる）のかたちにし、顎《あご》を引いて、眼を半眼にして、鼻から自然な息をし、浮かんでくる思いを手放し続け、居眠りや考えごとで姿勢が崩れたのに気がついたら、すぐに姿勢を正す。崩れたら正しい姿勢に戻るということを辛抱強く繰り返す」ということを、実際に自分のからだを動かしてデモンストレーションしながら、英語で解説したのです。実際はもう少し細かいことを言いましたが、大略このぐらいのことを言えば坐禅らしいかたちにはもっていけるのです。これぐらいのことならせいぜい十分もあれば説明できてしまいます。坐禅会で初心者に坐禅を指導するときに説明することや坐禅の解説本に書いてあることも煎《せん》じ詰めれば、結局これくらいの内容におさまるでしょう。わたしの言葉や身振りだけでは十分理解できない人には直接手で触れてわかってもらうようにして、参加者のみなさんがだいたい要領を飲み込めたのを見計らって、実際に三十分坐ってもらいました。

止静鐘《しじょうしょう》（坐禅の始まりを告げる鐘　通常は三声鳴らす）が鳴っている十数秒間はみんなその音をシーンと聞いていたのですが（わたしが持参したその鐘の音は確かに素敵でしたし、たぶん仏教の鐘の音を聞くのは初めてだったのでみんな思わず聞きほれたのでしょう）、鳴り終わるやいなやみんながいっせいに坐禅を「しよう」と身構える気配が感じられ、そのあとはずっと、わたしの言った指示通りに課題を遂行しようと努力する自分とそれに従おうとしないこころやからだとのあいだの熾烈《しれつ》な（？）闘いが繰り広げられている様子が見てとれました。初めに決めていた三十分が経過し開静鐘（坐禅の終わりを告げる鐘　通常は二声鳴らす）を鳴らすと、あちこちから「ハァー」、「フー」という安堵《あんど》のため息が漏れました。

そのあと、感想を述べてもらう時間を持ったのですが、案の定「組んでいる脚が痛くて頭がおかしくなりそうだったが、みんながじっと坐っているので何とか我慢した」、「いろんな考えが次から次に湧いてきて、知らないうちにずーっとあることを考え続けてしまった」、「どういうわけか、眠くて眠くてしかたがなかった。倒れてしまわないようにするので手一杯だった」、「最初から最後まで不快感との闘いだった」というようなことをみんなが口にしました。そして異口同音に「坐禅は難しい」と言うのです。それを聞いていてわたしは自分の指導の仕方が悪かったせいだと内心落ち込みました。もっとも、「みんな初めてだから仕方がないさ。だんだん慣れてくればそういうこともなくなるよ」とわたしを慰めてくれるようなコメントを言う人も結構いたのですが……。その集まりの締めくくりのときにわたしはこういう感想をふと漏らしたのです。「みなさんは坐禅というのはきつくて難しいものだという印象を持たれたようですが、こういう坐禅を日本に伝えた道元禅師という方は『坐禅は安楽の法門である』と言ってるんですよ（ここでみんな笑う）。いやこれはジョークではなくて本当にそう言ってるんです。もしこれを文字通りに受けとると、みなさんが坐っていたきつい、苦しい、痛い坐禅は坐禅じゃないことになりますね（またみんな笑う）。でもわたしは今日みなさんが安楽だった瞬間は確かにあったように思うんです。始まりの鐘がなって『ああー、きれいな音だなあ』と思わず聞きほれていた最初の十数秒間と終わりの鐘が鳴った直後の「フゥー、やっと終わったー」とホッとしたときです（みんな大笑い）。それは『言われた通りの坐禅をしなきゃ』ということをうっかり忘れたり、『もう坐禅しなくていい』と坐禅から解放されたときですよね。つまり『坐禅をしなければ』ということが全く念頭にないとき、安楽の法門としての坐禅がそこに一瞬ですが確かに現われたわけです。わたしとしては始めと終わりの鐘が鳴った直後だけでなくそのあいだもそういう瞬間が三十分ずーっと続いてほしかったのですけどね。でも初心者のみなさんでも、安楽の坐禅がちゃんとできていた瞬間があったということは覚えておいて欲しいんです。思うに、みなさんが初心者だったからそれが余計にはっきりとしたかたちで示されたんです。ですから、これは慣れないからできないとか慣れたらできるとかというような慣れの問題ではないと思うんです。今のわたしにはうまく言えないのですが、もっと別な、もっと大事な、坐禅にとって本質的なことがそこにはあるような気がします。そのことに気づかせてくれたみなさんとの出会いに感謝します……」と。

「坐蒲の上に坐り、脚を結跏趺坐か半跏趺坐に組み……」と始まる坐禅のやり方に関する一連のインストラクション（説明）の内容それ自体には間違いはないのです。確かに坐禅を外から観察してそれを言葉でレポートしてもらったり、あるいは坐禅をしている本人に「どうやって坐禅をしていますか」と聞いたら、おそらくそのような答えが返ってくるでしょう。わたしもそのような坐禅のインストラクションを受け、それがうまくできるように熱心に練習し、上達してある程度まではできるようになり、また機会があればそのようなインストラクションを人にも伝えていました。しかし、上記のようなエピソードがあったころから、こういうやり方はたとえうまくできたとしても坐禅としてはまずいのではないかと感じ始めたのです。これではスポーツの訓練や技術の習得と同じではないのか、坐禅として果たしてそれでよいのだろうか、という疑問です。

仏教に「嬰児行《ようにぎょう》」という言葉があります。菩薩《ぼさつ》の行ないが分別の見解を離れていることを生まれたばかりの赤ん坊の所作に譬えたものです。分別臭い人間的なクセのついていない無為無作でなされる行のあり方をそう呼んでいるのです。坐禅もまたそのような嬰児行としてもっと単純素朴におおらかに行じられるべきはずなのに、インストラクションに従って坐っている限り、「こう坐るべきだ」という外側の基準に自分の坐禅があっているかどうかを気にしながら坐るようなひどくちまちましたものにならざるを得ません。坐禅の指導をすると、「先生、わたしの姿勢はどうでしょうか、背中が曲がっていませんか？　見て悪いところを直してください」とか「視線は四十五度下に落とすそうですが、わたしの視線は何度くらいになっているか見てくれませんか」といった要請がしばしば真面目な修行者から寄せられてきます。最初のころ、わたしはそういう要請にまともに応えて、手で触って背中がまっすぐになるようにしてあげたり、横から見て「この辺を見るとだいたい四十五度になりますよ」と指差したりしていましたが、やはりこういう教え方も坐禅にはそぐわないと思うようになりました。

そういう修正はわたしの持っている「いい姿勢」のイメージを基準にしてその人の外形をそのイメージに近づけようとしているだけで、その人自身の身心の納得や合意によったものではありません。ですから遅かれ早かれ、その修正も空しく背中も視線も元の木阿弥《もくあみ》に戻ってしまいます。それにわたしが背中はこういうかたちであるべきだ、視線はここに落とすべきだという「正解」を示してしまうと、その人にとってはそれ以降、背中や視線をその「正解」に合わせて固定する努力をすることが「正しい」坐禅をすることになってしまいます。言い換えればそれ以外はみんな「誤答」になってしまうということです。こういう決められた枠のなかに身心を押し込め、強制し拘束するような結果になる坐禅の仕方や指導法は、いかにきめ細かくかつ忠実にそれがなされたとしても、そのアプローチ自体が坐禅から遠ざかることになるのではないかと思うようになったのです。意識としての自分がからだやこころをインストラクションに従って拘束し外から押しつけて作った秩序と、からだやこころを自由にさせて、その自由から自《おの》ずと生まれてくる秩序とでは、同じ秩序と言っても全く違うのです。坐禅は後者のようなアプローチでなされなければならないのではないか？ さもなければ坐禅ではなく「習禅」になってしまう……。

そこで、こういう問題意識を持って、もう一度あらためて道元禅師や瑩山禅師の著作を読み直すとともに、ヨーガや気功、武術の稽古《けいこ》法、それに野口体操や野口整体といった東洋的行法、アレクサンダー・テクニークやフェルデンクライス・メソッド、ロルフィング、ボディマインド・センタリング、イデオキネシス、フランクリン・メソッドなどの西洋生まれのボディーワーク、ソマティクスなどの門をたたき、坐禅への別なアプローチの道を探り始めました。そうした探究の途上で幸いにも出会えた多くの善知識たちのなかから五人の方々に対談をお願いして今回、コラム的なかたちでその対談を収録しました。それを読んでいただければわたしの問題意識の所在がもう少しはっきりわかっていただけると思います。

すでにできあがった理想のあり方を外側から他律的に身心に押しつけるようにして坐禅を作り上げるのではなく、自分にとってはまだ未知の正身端坐のあり方を内側から自律的に身心に問いかけ聴き取りながら探究していくプロセスになるような坐禅のやり方はないのか。身心を鋳型にはめ込むような坐禅のやり方ではなく、身心が本来の力を発揮できる自由を保障し、その発露として内側から花開いてくるようにして生まれる坐禅はどのようにすれば可能になるのだろうか。「ちからをもいれず、こころをもつひやさず」にしていたら「ほとけのかたよりおこなわれて」自然に成立するような坐禅、つまり結果自然成の坐禅はどういうやり方で行なうのだろう……。わたしは現在も依然その探究の途上にいますので、これから述べる坐禅のやり方の説明が本当に結果自然成の坐禅にふさわしいものになっているかどうかということについては、今後いろいろ検討、改善の余地があります。自分でもこの先、これがどう進展していくか、それを楽しみにしているところです。ですから、現時点においてはわたしはこのように坐禅を行じ、また指導していますということを紹介させていただくだけですので、くれぐれもこれが最終バージョン、完成版、決定版というふうには受けとらないで下さい。あくまでも一つの試案という程度のものですので、みなさんが坐禅に取り組まれるときの参考にしていただければと思います。

坐禅の実際――からだほぐし

さあ、前口上はこのくらいにして、いよいよ坐禅の実際についてお話ししていくことにしましょう。

わたしの坐禅会では坐禅の前に一時間くらい時間をかけてじっくりとからだをほぐしていく体操をしています。これを坐禅の準備運動だと受けとる人がいますがそれは誤解です。わたしはこの体操は準備なのではなく、れっきとした坐禅がもうそこで始まっていると思っています。もっと言えば、「明日《あした》坐禅に行こう」と思ったときからもう坐禅は始まっていると言えるのです。いつもなら飲むお酒を今日は控えておこうとか、いつもなら夜遅くまでテレビを見ているけど今夜はやめておこうとか、翌日の坐禅がちゃんとしたものになるためにそういう行動上の変化が起きているわけです。それもれっきとした坐禅の一部と呼んでもいいのではないでしょうか。そういうことが翌日に坐る坐禅に間違いなく反映されるのですから。バス停から坐禅会の会場まで歩いていることも、単に歩いているのではなく、坐禅をするために歩いているのですから坐禅に直接繋《つな》がっている歩きだと言えるはずです。その歩きがなければ坐禅は実現しません。実は「明日坐禅に行こう」という思いがどこから起こってきたのかということを問題にすれば、さらにそれ以前に遡《さかのぼ》ることになり、坐禅がいつ始まったかを特定することが困難になります。坐禅のすそ野はどこまでも広がっていきます。

さてそれはともかく、このからだほぐしの体操は、もちろんからだをほぐすことでこころもほぐれることをねらっています。またからだをほぐすことがこころをほぐすことになるようなからだのほぐし方をそこで実地に学んでもらうこともねらっています。そういう体操を通して自分のからだやこころのより自然なあり方や使い方を知り、自分の気づいていなかった身心の素晴らしい可能性を見つけて欲しいのです。自分のからだの精妙な繋がりに気づくことや身体感覚をきめ細やかに感受すること、そういったことが云為の坐禅で発揮される身心の力になるのです。

坐禅会に来ているのは朝早く起きてバスや電車や車に乗ってはるばる来ている人たちばかりですから、到着していきなり坐禅するには身心の状態が調《ととの》っていない場合が多いのです。日常のいろいろな雑事や気がかりやら身心の疲れをそのまま抱えて来ている人もいるでしょう。ですからこの「からだほぐし体操」はそうした普段の身心から坐禅の身心への切り替え、『普勧坐禅儀』で言われている「諸縁を放ち捨て万事を休め息《いこ》う」モードへの移行を促進することもねらって行なっています。とまあ、わたしとしてはいろいろのねらいを持ってやってはいますが、みなさんにはそういうことをいちいち意識しないで要はほぐしを楽しんで味わっていただければそれでいいのです。

具体的にどういう体操をするかということはそのときそのときの参加者の顔ぶれだとか季節や気候条件、体操に使える時間の長短、わたしの気分だとかいろいろな条件で一定していません。ほとんど即興的に思いついたことをやっていると言った方がいいかもしれません。わたしとしてはラジオ体操のような決められた一連の動きのセットにしたくないのです。それを覚えてしまえばあとはその繰り返しというようなことになると、パターン化というか慣れというか新鮮味がなくなり機械的なものになってくるので毎回少しずつ違うことをやるようにしています。毎回初めてそれをやるというような初々しさがあってほしいのです。この講義ではその体操のいちいちの細かい動きを説明することはしませんが、基本的な流れと原則についてお話しします。それをヒントにみなさんが各自で自分なりのほぐし体操を発明していっていただけたら幸いです。

わたしの坐禅会はまずはじめに、一人一人が約八十八センチ四方のかなり大きな自家製の坐布団に正座で坐り、「おはようございます。よろしくお願いします」と声に出してから、全員がそろって日本式の座礼をするところから始まります。手の平全体を床につけて頭を深く下げる、お茶の所作でいうところの「真」のお辞儀ですね。始まりの挨拶《あいさつ》のあと通常は、このお辞儀を発展させた動きを正座の姿勢のまま行ないます。まず、軽く息を吐いてから口を開けて息をたっぷり吸い込み、口を開けたまま息をゆっくりと吐きながら上体を前に倒していきます。そのとき両手は手の平を上に向けて手の甲を坐布団の上で後ろにすべらせていきます。おでこを坐布団につけお腹がしっかり圧縮されるようにします。息が吸いたくなるまでそうやって待っていてから、口を開けたまま吸い込み、息が入ってくるにつれて骨盤、腰、背中、首、頭と順々に風船が膨らんで内側から起き上がってくるような感じで上体が起きてきます。腕は両側にだらんと垂らしたままにしておきます。口を閉じて静かに鼻から息を抜いていきます。また口を開けて息をたっぷり吸い込み、さっきと同じような要領で上体を倒し、また起こします。これを三回くらい繰り返します。やっているうちにあくびや涙が出てくることもありますが、それはこの動きがうまくいってからだところがゆるんできた証拠です。からだのなかの詰まり、特にみぞおちのあたりの硬さがほどけ、息の通り道がすーっと通ったような感じがしてきます。これは対談者の一人の松田恵美子さんから手ほどきしてもらった動きです。最初にこれをやるだけでもかなりの気分転換ができているという手ごたえがあります。簡単な動きですが奥深いものがあります。息をすっかり吐き出して床に自分を完全にゆだねていくという動きはいわば普段の自分に死んで行くプロセス、作りものの「自分」を維持しようとする難行苦行(?)から解放されていくことだと言えます。息を吸いながら、そして床からの力をもらいながらからだが起きていく動きは、新しい自分が再生していくプロセス、「自分」というヨロイを下ろした素の自己がフレッシュに立ち上がってくることだと言えます。洋の東西を問わず、床にひれ伏しそこからまた起き上がるという動きが礼拝の基本になっていることの意味はそのあたりにあるのかもしれません。

次にここで正座から胡坐《あぐら》に坐り方を変えてもらい、手で上から下に向かって全身をやさしくなでさすっていきます。頭、顔、首、肩、腕、手、胴体前部、体側部、背中、腰、尻《しり》、大腿部《だいたいぶ》、膝《ひざ》、すね、足という具合です。それぞれの部分の骨のかたちをなでながら確かめていくような触り方で、というふうに説明しています。哺乳類《ほにゅうるい》としての人間はからだをやさしくなでられることで安心し落ち着くようにできていますので、それを自分でやっているわけです（さすり方のさらに詳細な説明はここでは省略）。

今度は下から上に向かって一つ一つの関節をぐるりぐるりと回し、そのことで骨の周りについている腱《けん》や筋肉をほぐしていきます。左右の足の指を一本ずつ丁寧に二方向に回すことから始め、足首、膝、股関節《こかんせつ》、骨盤、背骨の臍《へそ》の高さと乳首の高さ、肩甲骨、肘《ひじ》、手首、手の指一本一本、首という具合です。背骨は特にほぐしたいところなので時によっては、様々なやり方で背骨揺らしや背骨ひねりを入れたりします。ストレッチというと硬い筋肉を無理矢理引き伸ばすようなことをして逆に緊張させてしまいがちですから、筋肉のことはすっかり忘れて骨を関節の部分で可動範囲を少しずつ広げるようにしてやさしくゆっくり回していくのです。この関節回しは、説明の便宜上、足の指とか、足首とかからだの部分名を言いながら行ないますが、実はどの関節を回しているときでも、余計な力みや緊張を作り出さないようにして回すことで、からだ全体が細かく揺すられているような、あくまでも全身運動として行なってもらいたいのです。それを全身で感じながら行なうようにいろいろガイドしながら進めます。最後にこれは関節ではありませんが、眼の緊張をほぐし視野を広げる（＝意識を広げる）ことをねらって、眼球を上下、左右、対角、時計方向、反時計方向にできるだけ大きく動かします。いわば、簡単な眼のヨーガです（動き方のこれ以上詳細な説明は省略）。

最後に、からだの各関節をぐるぐる回すことで活性化したエネルギーを鎮めそのまま坐禅にシフトしていくために「自己手当て」をします。両手をこすり合わせて手の平を暖かくし、まず先ほど大きく動かした両目にまぶたの上からその手を当てます。手の平の中央（東洋医学で「労宮《ろうきゅう》」と言われている場所）が眼球のあたりにくるようにして両眼を覆うのです。その際「手の平の中央に穴が開いていてそこから息を吸い、息を吐く」というイメージを持ちながら自然な息を続けます。そのうち本当にそういう感覚が手の平に感じられるようになります。大体九呼吸間ぐらいそうやって手を当てておきます。それから指でまぶたを数回さすっておきます。次に両耳の上あたりの側頭部に手の平がくるようにして手を当てます。同じ要領で手の平で息をし、終わったら触っていたところをさすります。以下、親指側を下にして喉《のど》の甲状腺を両手の平で包む、左右の手を重ねて胸の中央に当てる、後ろに手を回して左右の腎臓にそれぞれ左右の手を当てる、最後は前に戻って両手を重ねて臍に当てます。手の平で息をするイメージを持つこと、九呼吸間くらい手を当てておくこと、終わったらそこをさすっておくことはいずれの場合も共通しています。この自己手当てのやり方は気功指導者の津村喬《つむらたかし》さんから教わったものです。こころが静まるような音楽をBGMとして流しながら行ないます（これ以上詳細な説明は省略）。指導しながらみなさんを観察していると、何も言わないのに自然と姿勢もよくなり、こころも静まっているようで、皮肉なことに（？）坐禅のときよりはるかに坐禅の心地《ここち》になっているように見受けられます。考えごとや眠気、不快感と闘っているようには見えないのに、そういうことがほとんど起きていないようなのです。なまじ「これから坐禅をするぞ」とことさら構えない方がちゃんと坐禅になるんだなと考えさせられる機会になっています。坐禅という言葉を一切使わず、坐禅とは全く思えないようなやり方で坐禅を説明し、それをやり終わったあとで初めて「はい、ありがとうございました。実は今のが坐禅でした」「えー、そうだったんですか」となるような指導法が理想的だなと思っているのです。

場合によっては、このあとヨーガの呼吸法（スクハ・プルバグ、ウッジャイ、カパラバティなど）や神道《しんとう》由来の発声法（す・う・あ・お・え・い）などを行なうことがあります。そういう特別な呼吸や発声を通して、身心がまるごとの全体として細かく揺すぶられ、泡立ち、そして鎮まり、一つに統合されることをねらっているのですが、文字による説明では細かいことをお伝えしにくいので省略します。ここでは一応こういうメニューと流れでからだほぐし、こころほぐしを目指した体操をしているということがわかっていただければいいと思います。その全貌《ぜんぼう》の詳細にわたる説明は別の機会に譲ります。この体操がからだやこころを緊張させるのではなく、本来のねらい通りに身心がほぐれていくようなものになるためには、ある動きの原則に気をつけながら動いてもらわなくてはなりません（これらの原則は坐禅のときにもそのまま適用されるべきものです）。そうならないようにいろいろ気を配って説明してはいるのですが、どうしても普段やっているような不適切な筋肉の緊張と不注意さでそれをやってしまう人が多いので難しいところです。個々の動き自体はごく簡単なものですが、動き方の質は説明すれば即できるようになるというような簡単な話にはなりません。坐禅と同じ難しさがそこにあります。ですからここでその原則を述べても、それを自分のからだの実際の動きとしてどう翻訳するかということになると、「誤訳」される可能性の方が多いのです。やはり面と向かって一緒に探究していかなければなかなか伝わらない性格のものなのです。ですから今述べたからだほぐしの体操の時間は、言われたことに習熟してその方法をマスターしていく、できる―できないを問題にする「習禅的」なものではなく、わたしが行なうガイドを手がかりにして自分のからだやこころに問いかけながら未知なる世界をそのつど新鮮に探究し発見していく、実験的精神にあふれた「坐禅的」なものでなければなりません。大切なのは、正しいとされる姿勢を覚え込むことではなく、そのつど正しい姿勢を探していける「賢い」身心を培うことです。

そういう限界を承知の上でいくつかの原則を挙げてみますから、ヒントにしていただければと思います。からだの声に耳を傾けながら、余計な力を使わず最小の労力で動く工夫をする。そのためにゆっくりと呼吸に合わせて無理なく動く。自分の限界を尊重すること、しかし最初から限界を設定しないこと。動かしている部分にだけ注意を偏らせず、からだ全体も同時に感じているようにする。筋力ではなく自分のからだの重みを主動力にして動くようにする。それぞれの動きが生み出す独特の感覚を全身で深く感じ、味わう。関節を通した全身の繋がりを感じながらからだ全体として動くこと。間を大切にし、動きの後の余韻、効果を静かに味わうこと――こういう質を持った動き方については、アレクサンダー・テクニーク、フェルデンクライス・メソッド、ヘラー・ワーク、気功、野口体操、古武術などに学ぶべき多くのものがありますから、関心のある方はこれらの分野の指導者に直接学ばれ、坐禅に活《い》かしていったらいいと思います。

坐蒲に坐って

最初の挨拶から動きの説明も含めてここまでの約一時間のあいだは、坐蒲を使わないようにし坐布団の上にあぐらで坐って行ないます。全身さすり→関節回し→自己手当て（時間が許せば呼吸法・発声法も）という流れでからだほぐし体操を終え、そこで初めて坐蒲を坐骨の下に入れてもらいます。最初から坐蒲を使うとその有り難味がわからないからです。坐蒲の助けを借りることで坐骨の位置が無理なく膝よりも少し高くなります。そのことで、腰（五個の腰椎の部分）の感覚がいっそうはっきりしてくる、膝が姿勢の安定によりいっそう貢献できるようになる、床が下から胴体を支えている感覚がより明瞭《めいりよう》になる、骨盤に決まりがつくという感覚が鮮明になる――といった様々の功徳が生まれます。わたしの坐禅会で使っている坐蒲はそば殻入りで普通に市販されている坐蒲よりもだいぶ大きな直径に作っていますので、高さの調節が容易にできますし、お尻のかたちにぴたっとフィットします。パンヤ入りの坐蒲に比べて重いので持ち運びには難がありますが、坐り心地ははるかに快適です。

坐蒲は坐禅をする者にとって欠かせないパートナーですので、是非自分にあった「マイ・坐蒲」をお持ちになることをお勧めします。坐蒲が厚すぎると骨盤が前に傾きすぎて腰が反りすぎ、膝に体重がかかりすぎてしまいます。逆に、坐蒲が薄すぎると骨盤が後ろに傾きすぎて、腰が丸まり、股関節に負担がかかりすぎることになります。坐蒲の大小、高低、硬軟が不適当な坐蒲に坐り続けていると坐相も健康も損ねてしまいかねませんから、十分な配慮が必要です。坐蒲なら何でもいいというような態度は感心しません。坐り心地、坐りやすさ、下から確かに支えられているという支持感覚、呼吸の楽さ、などを自分の感覚を頼りに確かめ、一番適切な坐蒲を手元に置くようにするべきです。わたしはそれも大事な坐禅修行の一環だと思っています。もちろん坐禅の深まりに応じて最適な坐蒲の条件は変わってきますから、坐ったときの微妙な感じを指標にして随時坐蒲を更新していく必要があるでしょう。

さて、こうして一時間あまりいろいろ動いたあとで初めて坐蒲に坐り、坐蒲の意味、有り難さを実感してもらったあと、問題なく脚を組める人には結跏趺坐か半跏趺坐のやり方で脚を組んでもらいます。そのとき大略こういう説明をします。「坐禅というとまずこういうふうに脚を組むところから指導が始まることが多いのですが、それだといきなり最初から難関にぶつかることになります。床に坐り慣れていない欧米の人たちはなおさらですが、最近では日本でも椅子に坐ることの方が主流になってきていますから日本人でもたいていの人は、こういう伝統的な脚の組み方をすることはまず無理です。『これが伝統のかたちなんだから何がなんでもこう坐らなければ駄目だ。

少々痛いくらいは我慢するべきだ。そのうち慣れればできるようになるんだから。それができない人は坐禅をやらなくていい』という結跏趺坐原理主義者のような人もいますが、わたしはそういうふうには思いません。坐禅で一番大切なのは安定し充実した下半身の土台の上に上半身が深くリラックスした状態（いわゆる上虚下実）でまっすぐに立ち上がっていることだと理解していますから、無理をして脚を組むことで上半身が傾いたり緊張したりするようならそれこそ本末転倒です。脚を組む痛みの方にばかり気をとられてしまい、のびのびとした坐禅ができないようでは困ります。何よりもまずわれわれのいのちの本である内臓が収納されている体幹が楽にまっすぐ立ち上がることを最優先にするべきで、木で言えば幹を枝である脚の犠牲にするのはおかしいと言わなければなりません。もちろん結跏趺坐や半跏趺坐にしたときの確かな接地感、安定感は譬えようもないくらい素晴らしいものです。結跏趺坐・半跏趺坐の姿勢が楽にできるようになるために古来から練り上げられてきた練習方法であるハタ・ヨーガなどを習ってその姿勢を身につけることを強くお勧めします。しかし、楽に結跏趺坐が組めるようになるまでには相当長い時間がかかりますから、今の時点でそれができないのであれば仕方がありません。自分で最適な脚のおさめ方を見つけてください。脚が組めない方にわたしが勧めているのはヨーガで安楽坐と呼ばれている、脚を組まないで両足をからだの前に前後に置く坐り方です。適正な坐蒲を使えばこの坐

安楽坐（正面）

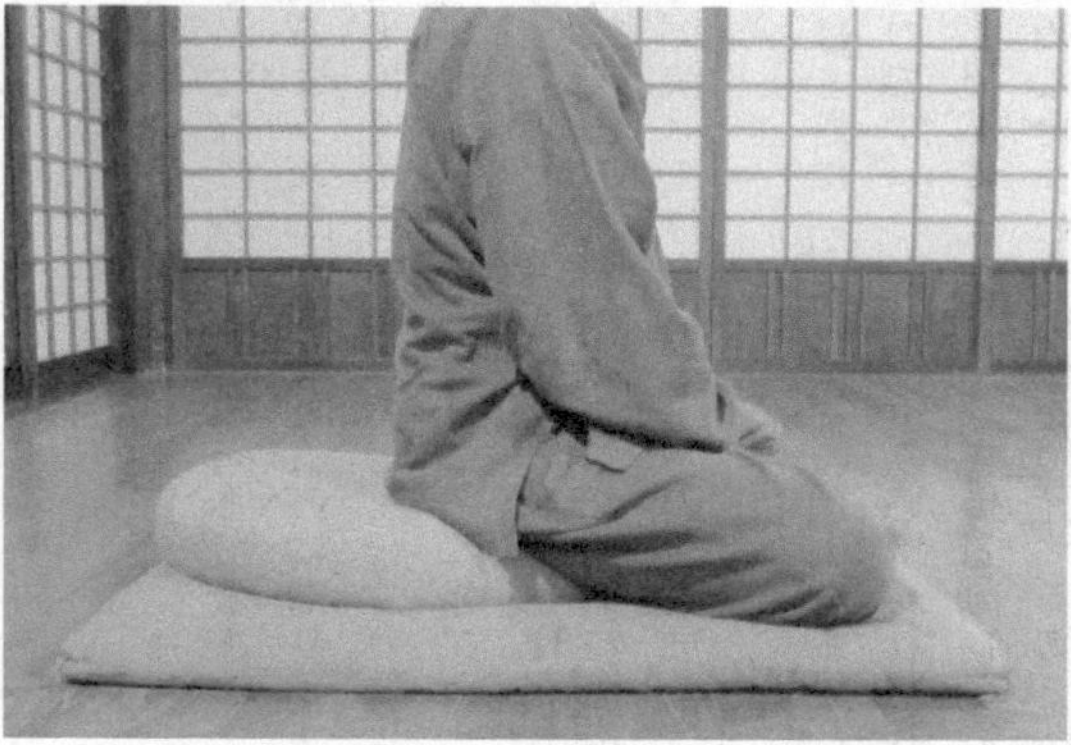

同（側面）

法でもかなりの安定感が得られるからです。

云為の坐禅へ

これで坐蒲の上に坐り、脚をしかるべきかたちにおさめた段階まで来ました。ここからが結果自然成の坐禅、云為の坐禅になるような工夫のしどころになります。からだほぐしの体操でからだとこころを少しでもほぐそうとしたのは、ほぐれればほぐれるほど身心が本来持っている自動調整作用が働き、その力に任せることによって自然に、云為としての坐禅が成立するからです。そういう身心の持つ素晴らしく精妙な働きに対する確かな信頼がなければ、結果自然成とか云為といっても机上の空論に終わります。吾我は自分しか信じていないので、決してコントロールの手を放そうとしないからです。

ですから、吾我にとってはそういう坐禅はまさに「百尺の竿《さお》の頂上にまで登ってさらにそこから一歩踏み出す」ようなことなのです。しかし、そういうわれわれでも、吾我の支配がまだそれほど専制的ではない、自然に任せて生きている動物に近かった嬰児時代《ように》がありました。大人としてあらためてそういう状態を復元することができれば云為として坐禅ができる道が開けるでしょう。本当の嬰児はそういう自覚なしに、

赤ちゃんのお坐り（尚己くん　撮影時：生後 11 か月）

無自覚のまま云為していますが、われわれは自覚しつつあらためて云為のあり方を学びなおし深めていく道をたどるのです。ですから、坐禅の修行というのは、特別な能力を新しく身につけることではなく、使わずに眠らせてしまっている自然から与えられた能力を今すでに働かせている能力とともにフルに発現させることなのです。

　われわれにとって坐禅のモデル、見本、手本となるのは、もちろん見事な姿勢で端然と坐禅している禅僧の姿、たとえば澤木興道老師の坐禅の写真です。これは一生を只管打坐に捧《ささ》げた老師の面目躍如たる見事な坐相だと思います。わたしはこの写真を坐禅堂の床の間に置いて、自分の坐禅の励みにしています。しかし、わたしにとっては、みなさんは意外に思われるかもしれませんが、坐禅のことなど全く知らない赤ちゃんが坐っている写真もまた澤木老師の写真と同じように多くのことを教えてくれますし、こういうふうに坐りたいなあという大きな励みを与えてくれるのです。

実際、赤ちゃんが楽にお坐りしている写真のなかには云為の坐禅についてのヒントがたくさん詰まっています。赤ちゃんの「作為」のなさに注目してください。そこには「背中をまっすぐにしなくちゃ」、「じっとしていなくちゃ」、「いい姿勢で坐っているところをママに見せてほめてもらおう」、そういった人間的な「力み」やわざとらしい「作りごと」が全くありません。とてものびのびとしていて楽《らく》そうです。道元禅師の言い方を借りれば、「ちからをもいれず、こころをもつひやさずして」何の努力感もなく坐っています。それでいながらしっかりと床にグラウンディング（接地）して上体がすっと立ち上がっています。これは外側から他律的にからだを固めて無理やりに作った形《かたち》ではなく、内側から自律的に柔らかく生成してきた象《かたど》りだからです。云為そのもので坐っている赤ちゃんの写真は、坐禅の実修者が強為的な坐禅に向かって足を踏み出さないために、坐禅の手本として澤木老師の写真と並べていつも座右に置いておくべきものではないかと思うのです。

ではこれから、赤ちゃんの坐り姿から学んだ、云為的な坐禅を坐る工夫についてお話ししていきます。

坐骨で坐る

楽にお坐りしている赤ちゃんは、骨盤でしっかりと床を捉《とら》えていて、その骨盤に支えられて腰椎《ようつい》（五個）―胸椎（十二個）―頸椎《けいつい》（七個）―頭部が一つらなりに繫がって伸びやかに上に向かって立ち上がっています。骨盤と床の接点になっているのは左右の坐骨です（次ページのイラスト「骨盤・坐骨」）。坐位においてはこの坐骨の上にどのように体重が落ちているかが最も重要なポイントになります。それが骨盤全体の傾き具合を決め、その上に乗っかっている上体の形状やからだ全体のバランスに大きな影響を及ぼすからです。坐骨でうまく体重を支えることができると骨格全体のバランスで坐ることができます。第三講ではわたしが坐禅の説明のときいつも使う全身の骨格模型が支えなしでバランスだけで坐っている写真をお見せしましたね（二六四ページ）。この骨格模型を坐らせるときには後ろから肩の辺りを両手で持って体幹を前後左右にゆっくり動かしながらバランスのとれる場所を手で感じながら探していきます。第二講でお話しした生卵を立てるときと同じ要領です。それと同じことを自分の身体感覚を手がかりに行なうのです。わたしは「左右の坐骨のところに生卵をイメージしてその二個の生卵を立てるように」あるいは「自分が大きな一つの生卵だと思っ

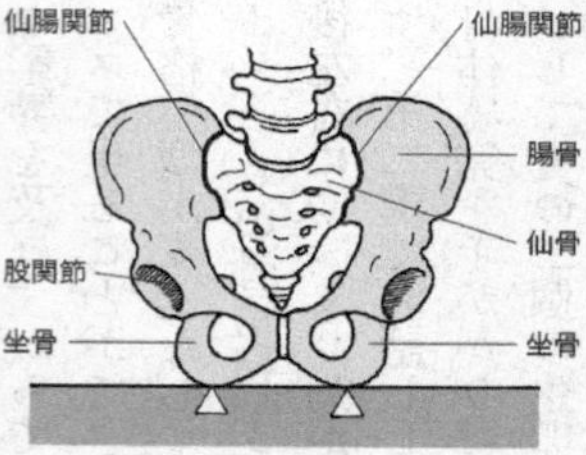

骨盤・坐骨

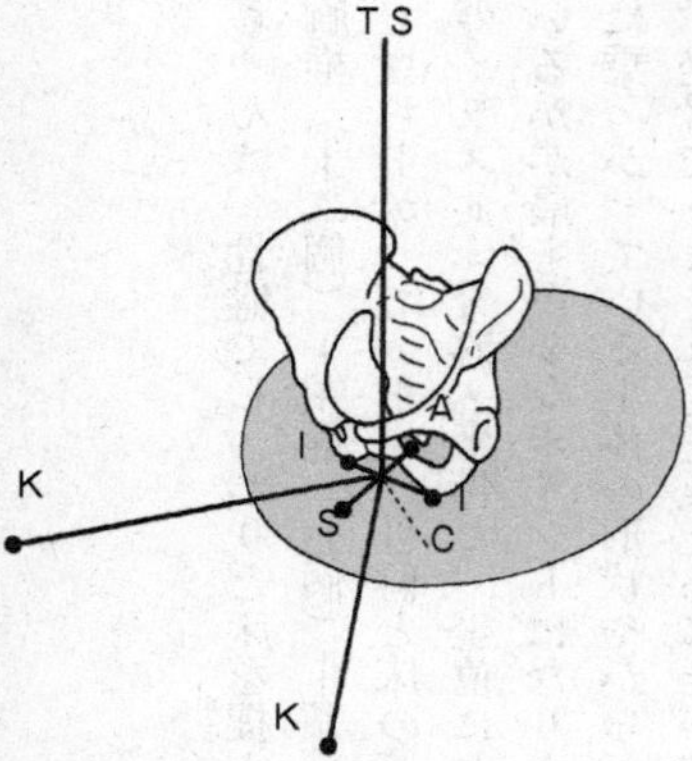

I…坐骨
A…肛門
S…生殖器
C…交点
TS…頭頂
K…膝

骨盤と体軸

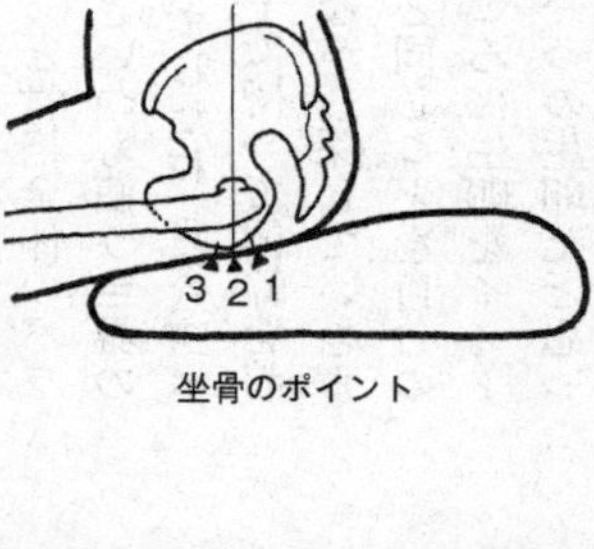

坐骨のポイント

てそれをバランスで立てるように」などと説明することがあります。

坐禅では坐骨の下に坐蒲という丸いクッションを敷きます。先ほども言ったように、厚すぎず、薄すぎず、ちょうどよい厚さの坐蒲の上に坐骨を正しく乗せ、結跏趺坐、半跏趺坐あるいは安楽坐のような坐法で坐れば（股関節、膝、足首が十分にほぐれ柔軟である必要がありますが）、両膝の外側が無理なく坐布団にしっかりとつきます。（イラストの骨盤にアルファベットで指示した）左右の坐骨上の点（体重を支えているポイント　二つのI）を結ぶ線と肛門（A）と生殖器（S）を結ぶ線の交点（C）と頭頂（TS）を結ぶ上下の線がからだの中心軸（体軸）で、これが鉛直線に沿って上にも下にものびのびと伸展していくように無理なく坐ることが正身端坐の最大の要点です。二等辺三角形KCK（Kは膝）はこの体軸を支える土台になります。

そのためには丸いかたちになっている坐骨のちょうどいい位置に体重がまっすぐ鉛直に落ちるようにしなければなりません。するとからだに内蔵されている自動調整メカニズムが働いて上体が自然に上に向かって伸び上がっていきます。もちろんその自然な働きの発現を邪魔しないように、股関節、骨盤、脊椎、首、肩周辺の筋肉は極力ほぐれ、リラックスしていなければなりません。坐禅で深いリラクセーション、からだのほぐれが大切であるゆえんです。

坐骨の丸みをうまく使って骨盤を前や後ろにゆっくり転がし、イラスト「坐骨のポイント」で示した2のポイントに向かってまっすぐ体重が落ちるような骨盤の傾きをていねいに探します。生卵をバランスで立てようとするときの感じに似ていますから、その感じを覚えるためにも是非みなさんも「生卵立て」を試してみてください。この骨盤の前後の転がしを行なうとき坐布団についている両ひざの支えがずいぶん助けになります。その支えのおかげで胴体に余計な力を入れずに動くことができます。結（半）跏趺坐、あるいは安楽坐で股関節を十分に開き、両膝をしっかり坐布団に着けるのは、骨盤が楽に転がれるようにするためもあるのではないかと思います。

からだが十分にゆるんでいれば、2の後方の1の位置に体重が落ちるときは骨盤が後ろに傾きすぎて、自然に腰や背中が丸まり、肋骨《ろっこつ》が下がり、下腹が圧迫され顎《あご》が胸の方に近づいてきます（「へたれ腰」の状態）。また、腰と繋がりのあるまぶたが落ちてきて目が閉じられます。逆に2の前方の3の位置に体重が落ちるときは骨盤が前に傾きすぎて、自然に腰や背中が反り、肋骨が引き上げられ、下腹が前に突き出て顎があがります（「反り腰」の状態）。まぶたは上に上がってきて眼が見開かれます。このような骨盤の傾きに伴って連動して出てくる腰や背中、肋骨、顎、まぶたなどの部位の自然な形状の変化を拘束、束縛しないようにからだを極力ほぐれた状態にしておくことが大切です。そういう各部位の変化は自分で意図して「起こす」のではなく、からだの繋がりで自然に「起こる」のです。

骨盤を前にゆっくり倒していってそういう変化が自然に起こるかどうかからだで繊細に感じてみてください。次に骨盤をゆっくり後ろに倒し、さっきとは逆の動きが自ずと起こってくるかどうかを感じてください。今度はそうやって丸まった腰が伸びていき、今まさに反り始めたなと感じるところまでまた骨盤をゆっくり前に起こしていきます。そこから骨盤をゆっくり後ろに倒し、今まさに腰が丸み始めたなと感じるところまでもっていきます。そこからまた骨盤をゆっくりわずかに前に起こし……このようにだんだん前後の動きを小さくしていき、背中や腰が丸まってしまうポイント1と反ってしまうポイント3のあいだのどこかにある、腰や背中が無理なく伸び上がるポイント2を身体の内部感覚を繊細にかつトータルに感じとることで絞り込んでいって見つけるのです。ポイント2では筋肉の緊張によってではなく、主に丈夫な骨格でからだの重さがバランスよく支えられますから筋肉の余計な緊張は必要なくなります。その結果、当人には努力して背中をまっすぐにしているという感じが起こらず、一番〝ニュートラル（どちらにも片寄っていない）〟な感じがして、重さがなくなったような気さえしてきます。そこでは頑張って「腰をもっと入れる」とかの余計なことをする必要はありません。骨盤がその位置で立っているときには自ずと腰が入った状態になるからです。強為で作る「入れた腰」ではなく云為でそうなった「入った腰」です。

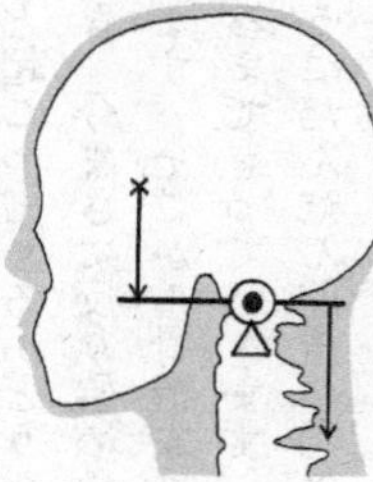
頭と首のバランス

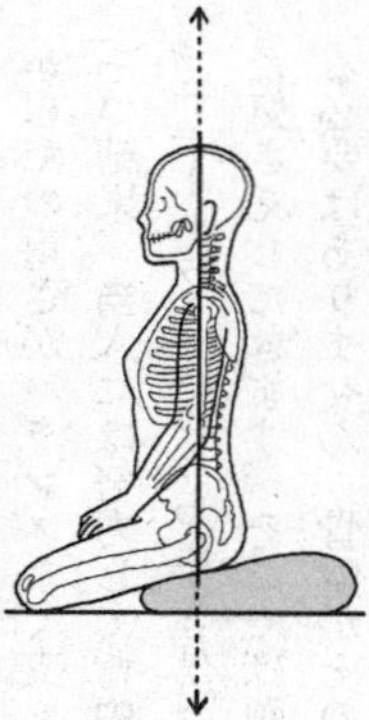
坐蒲に坐る骸骨

自ずからなる調身

この2の位置に体重がまっすぐ鉛直に落ちるように坐る（イラスト「坐蒲に坐る骸《がい》骨《こつ》」の下向きの矢印）と、体軸に沿って床から上に向かってからだを支えてくれる力（体重の反作用力）の流れが感じられます（同イラストの上向きの矢印）。この流れに首と頭がそろって乗るように、内部感覚を手がかりに微調整します。こうすると自然に首筋や後頭部が上に伸び上がり、顎が適度に締まります（無理に引くのではなく）。首と頭の繋がり方、使い方はアレクサンダー・テクニークで「プライマリー・コントロール」と呼ばれて一番重視されていることです。イラスト「頭と首のバランス」

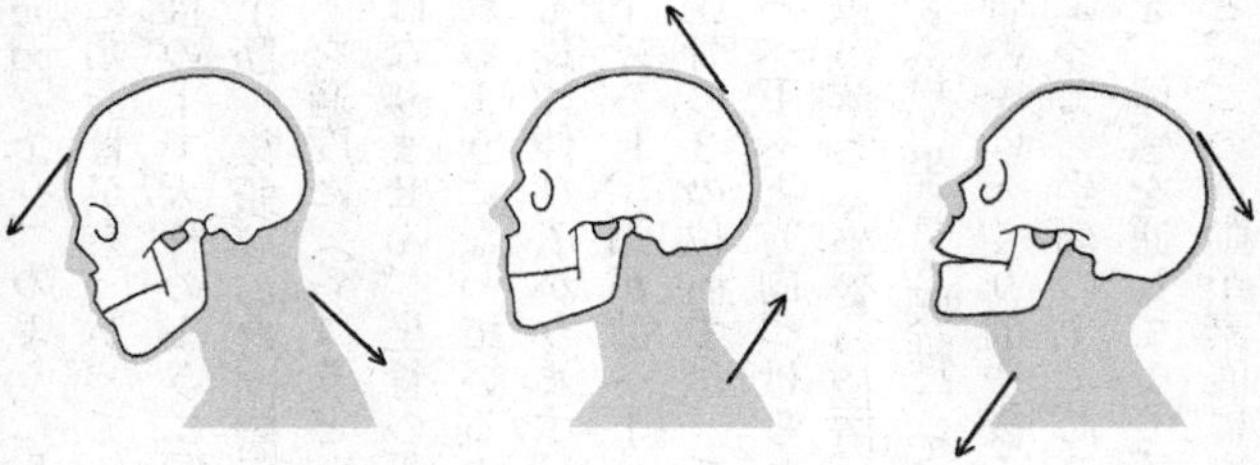

坐骨のポイント1　　坐骨のポイント2　　坐骨のポイント3

《へたれ腰》　　《坐禅腰》　　《反り腰》

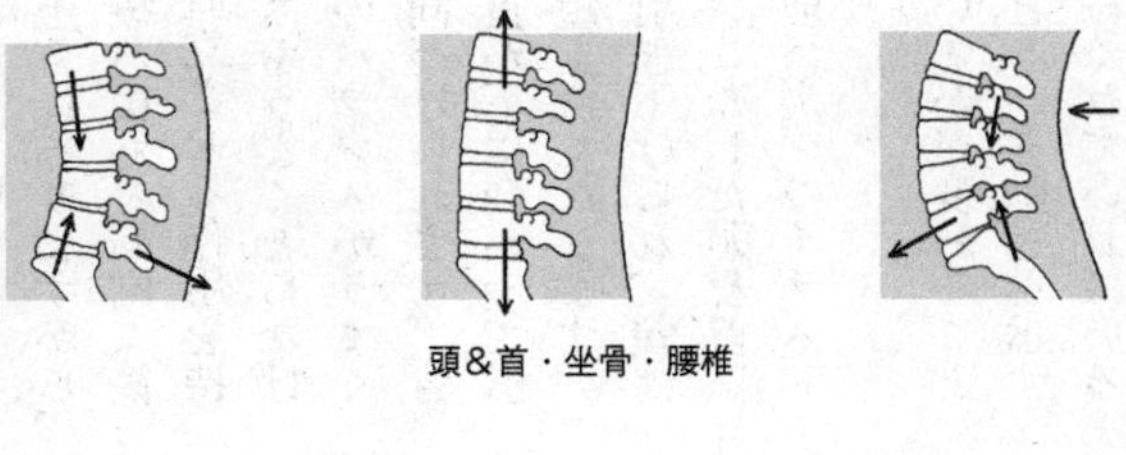

頭&首・坐骨・腰椎

（四四四ページ）のようにわれわれが思っているよりはだいぶ高いところで頸椎の一番上に頭蓋骨が乗っかっています。頭部の重心はその接点よりも前上方にありますから、頸椎の上で天秤《てんびん》のように頭をうまく釣り合わせるためには、首の後ろにある筋肉（後頭下筋　後頭部の最深層に位置する筋肉で頭を後ろに引いて、直立させる作用を持つ）を適度に（ちょうどいい塩梅に）緊張させて頭と首のバランスをうまくとらなければなりません。坐骨のポイント2の位置で坐っている場合はこのバランスがうまくとれるようになっているので首は自由になり、頭は前へ上へと方向づけられます。背中も長く伸び広がります。坐骨の1の位置で坐っている場合は、首が下に向かって引き下げられ、頭が前へ下へと方向づけられます。背中は丸まって短く狭くなります。

坐骨の3の位置で坐っている場合は、首はやはり下へ向かって引き下げられ、頭は後ろへ下へと方向づけられます。背中は反って短く狭くなります。こうした頭&首、体重が落ちる坐骨の位置、腰椎の状態の関係を図示したものが前ページのイラスト「頭&首・坐骨・腰椎」です。

骨盤をゆっくり前や後ろに転がして、坐骨のどの位置で坐っているかが変わることによって、坐蒲の上にあるからだの全ての部位が相互に連動してどういう動きを示すかを、体感を通してよく感じとるようにしてください。からだがほぐれていればいるほど、この連動が素直にまたはっきり現われます。この体感に導かれるようにしてからだが最ものびやかになる坐骨の位置2へとていねいにたどりつくのです。からだとこころをほぐし、ゆるめ、意識を使って骨盤をていねいに動かし、その結果を感覚で細やかに感じ、その感覚に従って最適な骨盤の傾き、つまり体重を支える坐骨のベストな位置に自然にたどり着くのです。これはいわば人力と天力、人間の力と自然の力がいい関係で助け合っているようなものです。云為の坐禅、結果自然成の坐禅といってもわれわれが何もしないで、のほほんとしていればいいというわけではありません。まずは、意識的、無意識的にやっている余計なこと、不必要なこと、やるべきではないことをやめるということをしなければなりません。それがからだやこころの余計な緊張や力みをゆるめる、ほぐすということです。そういうことをしなければ自然の働きが自由に発現するスペースが生まれないからです。われわれがやるべきことのもう一つは、自然の働きが発動するきっかけ、方向づけを意識で行なう必要があります。自然への問いかけとでも言えばいいでしょうか。今の場合だと、「こんな骨盤の傾きでいいでしょうか？」と実際に骨盤をそういう傾きにして、からだ（からだという自然）にお伺いを立てるのです。そして耳を澄ませて応答を待つのです。するとなんらかの応答がやってきてそれを受信することで「より楽で気持ちの良い方向」へと意識とからだが協力しながら自然に動いていくのです。細かいところをどうするかということはからだの自然がやってくれるのでそれに任せておきます。こうして体幹、胴体のあり方が自ずとおさまるところへおさまっていきます。このとき、それぞれの内臓もおさまるところへおさまり、お互いに押し合わずくっつき合わず、ゆったりとした張りを持って坐相の前側を（後ろ側を支えるのは主に脊椎）支えてくれるようになります。このようにして、ゆったりとした空間的ゆとりを持って体幹のなかにおさめられた内臓たちは十分な血液の補給を受けることができ、生き生きと本来のペースで活動できるようになるのです。

「必ず耳と肩と対し、鼻と臍と対すべし」という『普勧坐禅儀』の頭と胴体の関係についての記述も、こういう坐り方をすれば自ずとそうならざるを得ないということを言っているのであって、鏡で自分の姿勢を眺めて耳と肩、鼻と臍が見た目で一直線になるように、その部分だけを動かしてそろわせるというようなことを意味しているのではないのです。正しく坐っていれば姿勢全体との関係のなかで結果的にそうなっているというふうに理解しなければなりません。それに細かいことを言えば、耳と肩、鼻と臍が単に位置的に一直線上にあるというだけでは十分ではなく、ゆったりとやわらかく坐っているなら、たとえば呼吸に伴ってそのあいだの距離が広がったり元に戻ったりして位置関係は微妙に動いているのです。やはりこれも坐禅のなかの動きの一例です。

眼球の周囲の筋肉をゆるめて眼を柔らかく開いていれば（「ソフト・アイ」）、腰椎の状態との関連でまぶたは完全に閉じてもいないが完全に開いてもいない、やはり〝ニュートラル〟な位置に落ち着きます。こういう目つきはしばしば「半眼」と言われるのですが、それは半分だけ開いておこうと思って意図的にそういう眼に「している」のではありません。リラックスした眼で正しく坐っていると自然にそういう眼に「なる」ということです。またこころが落ち着いてくると視線は自然に下方に落ちてきます。「落とす」のではありません。「落ちる」のです。よく「視線を四十五度落とすように」という指導がされますが、道元禅師はそんなことは一言も言っていません。ただ「目は常に開いておくこと、見張らず細めず」という教示だけです。そのような人為的に勝手に決めた数値に視線を合わせて固定するなどというのは強為の極みなのですから当然です。

人間のからだのなかで最も微細な制御がなされている筋肉群が三つあると言われています。その最たるものが眼の動きを制御する筋肉群です。ちなみに二番目は舌を動かす筋肉群、三番目はさっき触れた頭と首の微妙なバランスをとる首の後ろにある深層筋（後頭下筋群）です。眼は発生的にも脳が延長してできたものですし、「眼はこころの窓」というように、こころの状態を如実に反映しますから、眼を自然に静かに落ち着かせて「坐禅の眼」になるということは実に難しいことなのです。眼のあり方と姿勢はお互いに微妙な影響を与え合っています。「目は常に開いておくこと、見張らず細めず」ということも坐相全体の問題として探究していかなければなりません。普段のように対象に焦点を合わせるような「凝らした」眼ではなく、視野のなかにあるものにまんべんなく、視野の中央だけでなく縁の方にも眼を配ります。パノラマ的な眼とでも言えばいいでしょうか。高い山のてっぺんから眼に映る全てのものを平等に見渡しているような感じです。また肉眼そのもので見ようとするとどうしても眼に力みが生まれますから、前にも言ったように脳の視覚野あたり、つまり後頭部の少し上の方の脳の部分あたりで見ているような感じにします。ちなみに耳も同じで耳自体で聞こうとするとそこに力みが生まれますから脳の聴覚野、つまり耳の少し上あたりの脳の部分でなんとなく聞いているような感じにするといいと思います（藤本靖『身体のホームポジション』ＢＡＢジャパン　参照）。最近わたしは時々実験的に、今言ったような脳のある部分で見たり聞いたりするところからさらに奥に行って、下腹の丹田あたりで見たり聞いたりしているようにならないかと工夫しています。今のところはまだ眼のあたりに力みが感じられるので、そういう工夫が必要なのですが、最終的には、もはやどこで見ているか聞いているかなどということが言えないような、ただ単純に見え、聞こえているだけという方向にいくのだろうなと思っています。

頭と首のバランスがとれると自然に口は閉じられ（かみ締めるのではなく）、舌はしゃべる必要がないので口のなかでゆったりと休ませます。すると上顎の歯のつけ根に軽くつきます（ことさらに押しつけるのではなく）。顔の表情筋も日常生活でのように対人的な場面で仮面のように顔を使う必要がないのでゆるめます。特に眉間《みけん》を緊張させてしわを寄せないように気をつけます。眉間の緊張はみぞおちの緊張と関係しているからです。自然に軽く微笑んでいるような穏やかな顔つきになります。まさに素《そ》の顔、素顔ですね。

顔には眼、耳、鼻、舌という四つの感覚器官があります。坐禅のときの感覚器官の使い方はとても重要な問題です。眼を凝らして何かを見つめるとそれだけで、視覚の対象物に引っ張られるように身体全体が前のめりになって姿勢が崩れてしまいます。眼の緊張が体全体に及ぶのです。音をもっと聞こうとして耳を緊張させると、その緊張も全身に及んで姿勢を崩してしまいます。眼と耳以外の鼻、舌、身、意もやはりそこにあまりにも力を注いで「凝らして」しまうと、全体とのバランスを失って姿勢を崩すように働いてしまいます。ですから正身端坐においてはどの感覚器官も「凝らさない」ようにリラックスさせ、「澄ませて」おくことが大切です。もっと見ようとかもっと聞こう、もっと考えようと、与えられた以上のものを貪欲《どんよく》に求め握り込んでいこうとするような使い方をせず、ただ感覚器官に向こうから届いてくるものだけを繊細に受けとり、それを握り込まないで手放していくような受信に徹したモードにしておくのです。「来るものは拒まず、去るものは追わず」です。こういう使い方をしていると感覚器官は姿勢を崩すようにではなく、坐禅と世界とをほどよく繋いで正身端坐を支えてくれる頼もしい助けとなります。

脚と手のおさめ方

あとは四肢ですが、今まで述べてきたように最も大事な体幹のバランス状態を乱さないように適当なところにおさめていきます。脚に関してはもうすでにかなり述べてあります。脚は上半身を支える安定した土台、基盤の一部を形成します。体重を主に支えるのは坐蒲の上に乗っている坐骨ですが、股関節から伸びている大腿部は膝の外側を坐布団にしっかりつけることで安定性の向上に貢献します。膝から下は結（半）跏趺坐の場合は足で反対側の膝を下に押しつけることで下半身の坐布団への密着度を増し、安楽坐の場合は坐布団について着地面の一部になり安定性を増します。ある程度の時間坐ってもしびれなどが起こらないような柔らかい坐り方を工夫すべきです。たとえば脚はどこから始まっているかということですが、骨格上から言えば股関節からということになるのかもしれませんが、からだの動きという点からすればもっと遡ってみぞおち（肋骨のやや下で、腰椎の前）のあたりなのです。脚の根っこがそのあたりにあることを感じながら脚を動かしてみるのです（前に言った綱渡りをしばらくやっていると本当に脚がその辺から始まっている感覚がはっきりしてきます）。それから、腸骨と仙骨をつないでいる仙腸関節（イラスト「骨盤・坐骨」参照）があります。解剖学を勉強したときここがれっきとした関節だということを知って驚いたのですが、この関節を活かして脚を使うことで、体感としては脚がかなり長くなり自由度も増してきます。この二つの工夫は対談者の一人である塩澤賢一先生から教えていただいたものです。そのように脚についての認識というかボディーマップ（からだの地図）が改まり、使い方も違ってくると、坐ったときの脚の感じが確かに以前とはだいぶ違ってきました。

腕に関しても脚と同じような工夫ができます。これも塩澤先生からヨーガのアーサナ（体位）を作るときに教わったことですが、腕の始まりは肩のつけ根からではなく鎖骨と胸骨のつけ根の胸鎖関節からであることを意識して動かすと動きがずいぶん自由になり楽に動かせるのです。そこから両腕を鎖のように自然に垂らし、手をリラックスさせ（特に手のひらの中央部）、作法通り手のひらを上にして右手の上に左の手をのせて（右手の指の上に左の指が重なるように）両方の親指の先端同士を自然に触れ合わせます。力みのない手を組み合わせれば親指と人差し指できれいな楕円形が自然に「できます」。自分で特定のかたちを作ろうと手を緊張させる必要はありません。坐禅の解説書のなかにはいかにも「これこそが法界定印です」と言わんばかりに力みかえって、わざとらしいかたちを手で「作った」写真が載っていますが、それはどうかと思います。小指側が丹田あたりに触れるようにそっと下腹につけます。自分の感覚に伺いを立てながら一番落ち着きのいい場所を探してそこに手を落ち着けます。手や手首は硬く固めないで、からだ全体の微細な動きと連動して自由に動けるように柔らかくゆったりと保ちます。たとえば、呼吸が起こす微細な動きに連動して両手は自由にスライドして(もちろん眼に見えないほどわずかなものですが)近づいたり離れたりできるような自由度を持ったものでなければなりません。胸鎖関節から始まった腕は両手のところで繋がり、からだの前で大きな円環を作っています(肘のところは鋭角的でなく関節がないかのように丸く感じられます)。この円環もやはりどこにも力みがなく柔らかく自由に動ける状態でなければなりませんが、同時に環が内側から外側に向かって広がる「張り」のようなものを感じさせる力強いクオリティも自ずと備えているのです。「力みがない」というのはだらしなくフニャフニャになることではなく、「力を抜くことで本当の力が出る」という逆説的なことが起きて、ある透明な力強さが生まれてきます。

正式な坐禅の始まり

こうして参加者のみなさんの身相が定まり、落ち着き静まってきたのを見計らって、その坐った姿勢のまま「欠気一息《かんきいっそく》」と「左右揺振《さゆうようしん》」をしてもらいます。欠気というのは「口を開いて気を放つ」ことです。息を徐々に吸い込んで背骨を下から順に上へと伸ばしていきます。十分吸い込んで上体を十分に伸ばし切ったら、口を開けて徐々に息を腹の底から吐き出しながら背骨をゆるめていくのです。呼吸の運動によって背骨全体の屈伸運動を行なうわけです。腿《もも》のつけ根や首のつけ根にも心地よい刺激が届くように工夫します。深い呼吸によって気分を一新するあくびのような働きもあります。息の通り道を開け、確認するという意味もあるでしょう。これを数回行なった後、鼻からの自然呼吸に戻ります。次に「左右揺振」を行ないます。これは筋肉や関節を解きほぐすことをねらって上体を左右に（必要に応じて前後、回転も可）ゆっくりと動かす動きです。坐禅の始まりのときの左右揺振（坐禅の終わりにも行ないます）はまず、背骨の一番下あたりにこの揺振の刺激がいくように大きくゆっくりと動かし、それから腹部、胸部、首のつけ根という具合に刺激を与える箇所を徐々に上に移すにつれてだんだん動きは小さくなっていきます。最終的には体重が坐骨のポイント2にまっすぐ落ちるようなところに上体を落ち着けます。

欠気一息も左右揺振もいずれも簡単な動きですがくれぐれも、機械的に言われたことを遂行するという態度ではなく、一連の動きを行なうときにそのつど生まれてくるからだの感覚、感じを聴き取りながら、動きそのものの探究を楽しむように、こころを込めて動きます。そのこころが自ずと欠気や揺振の大きさ、強度、速度を決めてくれます。

こうして身心が調った時点で止静鐘を三回鳴らします。これはもちろん、正式な坐禅の始まりを告げる合図ですが、同時に美しい鐘の音に耳を澄ませる（耳を凝らすのではなく）ことを通して「何もしなくていい。ただそこに在る」という坐禅のモードを確認してもらうこともねらっています。音を聞くのになんの努力もいりません。音を聞くために何もする必要がありません。音を起こそうとか、変えようとか、いじろうとか、そういったことも何もする必要はありません。ただ聞こえてくる音をそのままに聞くだけです。三回目の鐘の音が鳴り終わり、あとはそのまま正身端坐を深めていきます。

伝統的に曹洞宗は壁に向かって坐り（面壁坐禅）、臨済宗は壁を背にして坐ります。どちらが良い悪いという問題ではありませんが、坐った感じは相当に違います。両方の坐り方を試してみてその違いを自分で感じてみてください。釈尊は木を背後にして坐っている絵が多いし、菩提達磨は洞窟《どうくつ》の壁に向かって坐っている絵が多いですね。

自ずからなる調息

このようにして自ずからなる調身が深まるのと同時相関的に、からだのなかにゆったりとした空間のようなものが生まれ、楽でしかも深い呼吸が自然にできるようになります。呼吸法の名の下に意識が押しつける人為的な呼吸ではなく、からだ本来の自然なリズムで空気が鼻のところから微かに静かに出入りするようになります。息が自ずから入り、また出ていくのに任せ、息と息のあいだは完全にくつろいで、次の息がそれ自身の仕方でやってくるまで待っています。入息によってからだ全体がゆっくりと膨らみ坐骨が坐蒲を押し下げつつ骨盤がわずかに前に傾きそれに伴って背骨が下から上へとわずかに立ち上がっていきます。出息ではからだ全体が弾力によってゆっくり収縮し骨盤や背骨が元の位置に戻ります。こうしてからだの隅々にまで息の満《み》ち干《ひ》の波が届いていきます。それを邪魔しているような緊張やコワバリがどこかにあればそこを息の波がスムーズに通過できるように辛抱強く解きほぐしていきます。そのやり方は各自の工夫を要しますが、わたしの場合を言えば、そういう箇所があれば、さっき手の平の中央で息をしたように、しばらくそこで息を吸いまた吐くようにしていると、そのうちにそこを息の波が通るようになることがあります。

こうして息によって一息ごとにからだがますますほぐされていき姿勢が自ずと調っていきます。息が自然に生み出すこのような微《かす》かな動きをそれとなく（注意を凝らして力んで「集中」するのではなく）くつろぎながら感じていると入息と出息、出息と入息のあいだで息が止まっている時間が「見える」ようになってきます。見ようとして「見る」のではなく「見えてくる」のです。この息の「間《ま》」はシーンと静まりかえった感じがひときわ冴えわたる貴重な時間です。そのようなときには思いも自然と浮かんできません。

自ずからなる調心

こうなってくると、こころも自然に鎮まってきて冴えた覚醒状態がおとずれます（「覚触」）。普段のようにこころがからだを遠く離れてさまよっているような状態ではなく、こころがからだに寄り添っているというか、こころがからだのことを見守っているとでも言えるでしょうか。それでも、様々な機縁でいろいろな思いが雲のように勝手に浮かんできますが、もうそれに捉われることもあまりなく、それほど気にもなりません。狭い部屋のなかに猿がたくさんいるとうるさくて困りますが、広々とした空間のなかだと猿を自由に遊ばせておくことができます。大空がただ浮かんでは消えていく雲を悠々と見守っているような感じになります。これは何かの方法によって意図的に作り出した精神状態ではなく、自ずからなる調身、自ずからなる調息の自然なりゆきとしてそうなるのです。坐禅は決して外界を遮断し自分を閉ざした「内面への沈潜」ではなく、四三七ページでお見せした写真の赤ちゃんがはっきりと示しているように、自分をオープンにしてしっかりと外界を受け止め、それと深い繋がりを持つことなのです。このあたりのことは第三講で尽一切と通い合う坐禅ということでお話ししましたね。いつも自分の身を守るためにつけているヨロイのようなものが落ちて、外のものたちとオープンな交流ができている、という感じです。もちろんこれは一時的なものかもしれませんが、坐禅においてそういうあり方に触れることで少しずつ普段のヨロイとのつき合い方が変わってくるということが起こるのです。

ダイナミックな正身端坐の調整

正身端坐では意識と感覚によるダイナミックな調整が行なわれています。坐骨の正しい位置にまっすぐ体重を落とそうという意識で骨盤をゆっくり動かす↓それに伴ってからだや息やこころが自然に変わっていく様子を感覚を通してありのままに感じる↓感覚のフィードバックを受けながらさらに骨盤の微調整をする↓それに伴う感覚の変化を感じる↓……、という意識と感覚の相互的フィードバックのプロセスです。こうして、からだは見えないくらいの微細なゆらぎ的運動を続けています。坐相の最基底部である坐骨のポイント2に体重がまっすぐ落ちるように骨盤の傾きを微調整し続け、あとは極力からだをゆるめて体軸を感じながらそのバランスを取り続けます。このバランスは非常に微妙ではかないものです。昏沈《こんちん》（居眠り）や散乱（考えごと）が始まるとバランスはすぐに崩れてしまいます。それに気づいたらあわてずに、身体感覚を手がかりにしながらまたゆっくりとバランスを取り戻すように動きます。そしてより精妙なバランスのあり方を探究していくのです。感覚器を通して世界に向かって自分を開き、尽一切と通い合いながら坐相のバランスを深めていく、これを淡々と続けていくのが正身端坐の実践ということになります。そのあいだにいろいろなことが起きるでしょうが、それらはみんな坐禅のプロセスの上で自ずと立ち現われてくる風景、生きているいのちの鼓動、表現としておおらかに肯定し、全て自動的に（とやかく言わずに）受け入れていくのです。坐禅のなかで起きてくることには、思考や解釈を加えたり、それを変えようとせず、とりあえず起きてくるそのままにしていくのです。これは経験を抑圧したり、それから逃避しようとすることとは違います。いわば「創造的保留状態」です。それがたとえ困難なことであっても、バランスを取り続ける力を磨く糧としてありがたく受け取り生かしていきます。坐禅には失敗ということがありません。あらゆることが滋養になっていきます。

綱渡りがうまくなる上で大事なことは、怪我をしないように上手に落ちること、そしてまたフレッシュに綱の上に乗ること、落ちたらまた乗る、これを楽しむことです。そうやっているうちにだんだん、以前なら落ちていた状態でも不思議と自然にバランスを取り戻して落ちなくなってきます。むしろ揺れる綱の上にいることを楽しめるようになってきます。揺れるからこそ面白い！　坐禅でもこれと同じようなことが起きてきます。

こういう坐禅を普通は三十分から四十分くらい続けます。あまり短い時間だと坐禅の醍醐味《だいごみ》を味わう前に終わってしまいます。せっかく坐禅のフルコースが用意されているのに前菜を食べるだけで終わるというのはもったいないことです。でも、かと言って自分の限界をはるかに超えるほど長く坐ろうとすると坐禅ではなく我慢大会になってしまいます。まあ、やはり三十分から四十分くらいはゴソゴソ動かないで坐っていられるような身心を時間をかけて丹念に練り上げていくことを目標にされたらいいと思います。坐る時間の長さを決めたら極力その時間を守るように、途中で中断しないように努力します。釈尊が菩提樹の下で坐っていたときに悪魔が様々な手段を弄《ろう》して坐から立たせようとしたように、坐禅中には様々な誘惑がやってきて中断させようとするからです。

もう一つは坐禅を毎日の日課に組み込んでいくことをお勧めします。時間を決めて何があっても必ず坐るようにするのです。坐禅を中止にする口実や理由はすぐに十や二十見つけられますが、する理由はたった一つ、「そう決めたから」、しかありません。坐禅する三十分という時間を捻出《ねんしゅつ》するためには限られた二十四時間のなかから、無駄、無為に過ごしている時間をここから五分、あそこから十分というように少しずつかき集めてこなければなりません。それは本当に貴重な時間になります。こうして坐禅へのコミットメントが自ずと日常生活に規律や秩序をもたらしてくれます。

経行のこと

所定の時間が経過したら経行鐘《きんひんしょう》を二回鳴らします。経行というのは「経糸《たていと》のごとくに行く」という意味で、坐禅と坐禅のあいだに、あるいは眠くて堪えられなくなったようなときなどに、坐から立ち上がってゆっくりと歩き、行くところまで行って回るときには必ず右回りして、またまっすぐ歩くという行法のことです。下半身の血液循環を回復しまた気分を一新させるために行なうと言われていますが、わたしはそれ以外にもいろいろな意味のある奥の深いものだと思っています。ただ坐る、立つ、歩く、横になるといった日常誰でも行なう動作の奥深さを自分の身心を媒介として探究していくことが仏教の行の面白さです。たとえば、体軸を立った姿勢で再確認し、次の坐禅につなげていくという意味もあるのではないかと思っています。立位の方が軸の感覚がつかみやすいからです。坐蒲の上に坐る数分前にもこの経行をしてから、坐り、坐禅が終わったら立ち上がって、また数分間経行をするというように坐禅の前後に短い（可能ならもっと長くしてもいいです）経行の時間を設けることをお勧めします。

坐からの立ち上がり方ですが、まず経行鐘を聞き終わったら、下腹の前で組んでいる両手を離さないようにして入息とともにゆっくり上に挙げて合掌のかたちにもっていき、出息で頭をゆっくり下げてお辞儀をします（合掌低頭《ていず》）。こうして今行なった坐禅を可能にしてくれた尽一切のものへの感謝をかたちとして表します。それから合掌した手を離して手の平を上に向けて膝の上に置いて左右揺振します。今度は坐禅の始まりのときとは逆に首のつけ根を小さく動かすところから始め、胸部、腹部と下へ行くにつれて動きを大きくしていき、背骨の下端あたりまでこの動きを伝えていきます。揺らす方向は左右に限らず、自分のからだの声を聴きながら今動かしたいと感じる方向にやはりこころを込めて適切な大きさ、速さ、強さで動かしてください。

左右揺振がすんだら、口を開いて欠気一息（深呼吸）をします。それからゆっくりと脚をほどき、坐蒲の上に坐ったまま両方の股関節を閉じ、体育坐りのような恰好《かっこう》になります。両腕で脚を抱えるようにして、首を垂らし、頭の重さを使って背骨全体を丸くします。胎児のようなかたちと言えばいいでしょうか。お臍の真裏（腰椎三番）あたりに風船があるようなイメージをもってそこに息を入れて膨らませます。このあたりは姿勢の要《かなめ》になっているところです。これはわたしのところで現時点でやっている方法です。坐禅から急に立ち上がらないでワンクッション入れて、ゆっくりと経行に移行するために独自に行なっているものです。それから手の助けを借りてゆっくりと立ち上がります。坐っていた坐蒲のかたちを整え、坐っていた場所、坐布団、坐蒲に向かって合掌低頭し、歩く方向に向かって立ちます。ここで述べているような礼儀作法はわたしのところでやっているあくまでも一例であってそれぞれの坐禅会、お寺、指導者の考えによって違っていますから、そこは柔軟に対応してください。

経行のやり方はまず、坐禅の姿勢と同じように、余計な力みや緊張をほどいてリラックスして骨組みのバランスで足をそろえて立ちます。しっかりと足裏で体重を支え、からだを重力の方向にそろえてまっすぐにします。上半身のあり方は坐禅のときと全く同じでなければなりません。つまり腰は丸まらず反らず、肋骨は上がりすぎず下がりすぎず、顎は上がらず閉めすぎず、眼は開きすぎずまた閉じず、頭と首をバランスさせて……という具合です。息も坐禅のときと同じように鼻から行ない、からだのなかにひろびろとした息の通り道を開け自然に無理なくかかとまで届くような深い息ができるように調身します。坐禅のときとそっくり同じ上半身が下半身に乗せられてそのままゆっくり前に運ばれている、という感じです。ただ手と腕のかたちが違います。わたしが安泰寺《あんたいじ》で習ったやり方では、「揖手《いっしゅ》」と言って左手の親指を手の平のなかに軽く握り込んで拳《こぶし》を作り、胸の前に伏せておき、右の手でこれを上から覆います。左右の肘はからだから離して、左右の前腕が横に一直線になるようにします。両手と胸のあいだには少し空間ができます。両脚をそろえてまっすぐに立った姿勢のまま数呼吸してからゆっくりと静かに右足から踏み出します。歩き方は「一息半歩」と言われていますが、実はその解釈にはいろいろあります。わたしが習った歩き方では、まず、入息の間にゆっくりと重心を左足に移し、自由になった右足を足の長さの半分くらい踏み出します。厳密にはすり足ではありませんが足を床に平行にほんの少しだけ持ち上げバランスを崩さないようにそのままゆっくり前に動かします。出息のあいだに、今踏み出した右足を床の上に柔らかく置き、そこにゆっくりと体重をかけていき、左右の足に均等に体重が乗るようにします。次の入息で右足にゆっくりと体重を移し、自由になった左足を床からほんの少し浮かしてそのまま前にスライドさせていきます。こういう歩法で、「立つがごとく歩むがごとく」の風情で、ゆっくりと前に進んでいきます（「緩歩《かんぽ》」）。歩いているのがわからないくらいにゆっくりと、と言う人もいるくらい静かな歩みです。息が歩みを進ませているのか、歩むから息が起きているのか、どちらにも感じられるくらい息と動きが調和するような歩き方を工夫します。くれぐれも上や下を向いたり、きょろきょろしながら頭を動かしたりしないように、また腰や胸を反らしたり肩を怒らせたりしないように、背中や腰を丸めて萎縮《いしゅく》したような姿勢にならないよう細心の気を全身に配ります。それは坐禅のときと全く同じです。坐禅が仏の坐りであるように経行は仏の歩みなのですからそれにふさわしく、安らかでいながらそこに厳粛さがかもし出されるようなあり方を探究してください。パーリ語

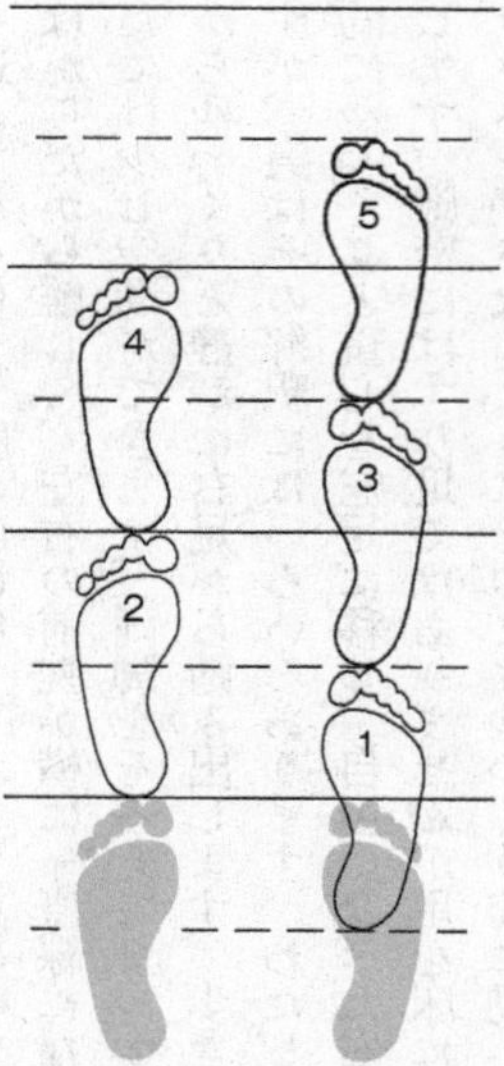

経行の足の運び方

の仏典には「仏は坐より立たれて、木のあいだをゆっくりと静かに歩まれた」という記述がよく見られます。自分の前をそういう仏が歩いていてその後からついて歩いているとと思って歩いてみてはどうでしょうか。そういう心持ちが自ずとどう歩むかを教えてくれるかもしれません。五分から十分くらいこうして歩いてからまた坐禅に戻るか、あるいは日常の流れに戻ります。

「自ら」の意識と「自ずから」の感覚の交流

坐禅のやり方についてはこのくらいにしておきます。後いくつか話し残したことがあるのでそれをお話しして講義を終わります。「坐禅に一切任せる」という表現を何度もしました。それは、われわれはあまりにも意識だけで坐禅の全てをこなそうとする傾向が強すぎるので、それへの解毒剤として、からだの自然に任せることを強調してきたのです。しかし、意識にはそれより大きな生命的働きのなかで意識として果たすべき役割があり、それはきちんと果たさなければなりません。意識の仕事を減らしていくということは、同時に意識の本当の仕事を見出《みいだ》していくことでもあるのです。思うにわれわれの意識はどうも非常事態用に仕様されているようで、本当は平常な状況にいるにもかかわらずあたかも非常事態であるかのように働いてしまうことが多いのです。坐禅のときは平常時そのものですから、そういう観点からすれば、平常の事態でどう振舞えばよいのかを意識が謙虚に学んでいる場だとも言えます。過去のことを後悔するのでもなく未来のことをわずらうのでもなく、自分のなかや外で今すでに起きつつある豊かな世界のありのままの姿に気づいていくこと、安心して平常のなかでくつろぐこと、意識とは別な仕方でいつも働いて自分を支えてくれているより大きないのちの存在を感じつつ意識としての自分の分限と責任をわきまえていく……。そういうことを実地に学んでいるのです。

　意識することと感じること、それは「自《みずか》ら」が「自《おの》ずから」に問いかけること、そしてその問いかけへの「自ずから」の応答を「自ら」が聴きとることです。坐禅のなかでこの二つの営みはお互いに入れ替わり、交流しながら螺《ら》旋《せん》的に深まっていきます。どういうことかと言うと、たとえば左右の坐骨に体重がしっかりかかっていることを「自ら」意識していると丹田あたりからその二つの坐骨の真ん中に向かって下向きに重さが流れていくような感覚が「自ずから」立ち上がってきます。今度はその感覚を「自ら」意識していると、その反作用として床から丹田を通って上に向かう力の流れを「自ずから」感じるようになります。この上に向かう力の流れは最初からそれを感じようとして生まれたものではなく、「自ら」と「自ずから」の交流の結果としてたどり着いたものです。この上へ伸び上がるような感じを生み出しているのはなんなのでしょうか？「自ら」だけでも、また「自ずから」だけでもここに到ることはできません。両者の交流、つまり自ら意識する↓新たな感覚が自ずから生まれる↓それを自ら意識する↓またあらたな感覚が自ずから生まれる↓それを自ら意識する↓……という自らの意識と自ずからの感覚のダイナミックな交流が生み出しているのです。こういう捉え方は対談者の松田恵美子さんに実際の稽古を通して教えてもらったものですが、云為で坐る坐禅の実態を掘り下げていく上でたいへん貴重な視点だと思います。またそれは、道元禅師の言う「仏のいへになげいれて、仏のかたよりおこなはれて」ということが「なげいれて、おこなはれて」それでおしまい、一回きりの往復で終わるようなことではなく、「自分がなげいれること」と「仏からおこなはれる」こととがキャッチボールを続けるようにしてどこまでも螺旋的に深まっていくプロセスであることに気づかせてくれました。坐禅は本当に奥が深いものですね。どこまでも分け入っていける気がします。

結果自然成の坐禅とは実はこういう「プロセス＝結果」的なものですから、その「成」は坐禅の途中のある時点でぽっと成就、完成するというようなことではなく、最初から「成」であると同時にいつまでも「成」ということが窮《きわ》まらない、そういう「成」なのです。曹洞禅の伝統には「十成《じゅうじょう》（完全であること）を忌む」とか「八九成《はっくじょう》（未完成）」という言葉がありますが、坐禅には非常に親しい言葉なんですね。「成」

がどこまでも深まっていくが、そこには終わりがないということです。

さて坐禅の実際についての話はもうこれくらいにしておきましょう。これくらいのことを呑《の》み込んだら、もうそれから先は実地に坐禅を坐りながら探究していくしかありません。こうした言葉による理解をからだに受肉化（embody）していくのです。それはまた新しい言葉を生み出し、それをまたからだへと翻訳していく――こういうはるかな探究の道です。坐禅はすでに出来合いのかたちで存在している答を学習してそれをマスターしてお終《しま》いというような営みではなく、いつでも、いつまでも未知なるものに向かって開かれていく探究、問いかけ、実験、冒険でなければならないと思います。機会がありましたらご一緒にそういう坐禅をしながら深めていきましょう。この講義がその一助になればこれほど嬉《うれ》しいことはありません。

坐禅したらどうなる？

こんな坐禅をやって何になるのか？　時間の無駄じゃないのか？　当然こういう質問が出てくると思います。アメリカでもそういう質問をしばしば受けました。はじめに「坐禅は人間のためにはなんにもなりませんよ」とはっきり言っているのに、です。そんなとき、わたしは半分冗談で「無駄ではないよ。坐蒲が暖まっているじゃないか！」と言ったことがあります。内山老師が師匠の澤木老師に「三十年坐禅をしたらどうなりますか？」とたずねたら「三十歳、年をとるだけじゃ！」と一蹴《いっしゅう》されたという話をわたしの師匠から聞いたことがあります。わたしはその師匠から、安泰寺に上山したとき「ここに来たのは坐禅で一生を棒に振るために来たんだぞ。その覚悟はあるんだな」と言われました。

坐禅したらどうなるか？　突き放すようですが、そんなことはやってみなくてはわかりません。一生生きたらどうなるかなんてことを、生きてみる前に言えるはずがないのと同じことなのですから。それを人に聞いたからといって、どうなるものでもありません。その人がどんな坐禅をやるかで全く違う世界が展開するのですから、あらかじめ決まったことなど何も言えるはずがありません。もし「坐禅したらこうなる」なんてことを言う人がいたらそれは無責任この上ないことだと思います。だからわたしもこの質問には答えません。答えられません。ただ言えることは、ちゃんとやる気でやったら、本当に坐禅をする気で坐ったら、素晴らしく、面白い世界が自ずと開けてきますよ、ということだけです。道元禅師も「(自家の)宝蔵おのずから開けて、受け用いること意にしたがわん(尽一切という宝をおさめた蔵の扉が自然に開いて、そこに秘められていた宝を受け取り、自利利他のために意のままに用いることができる)」と保証されています。

この五回にわたる講義と五回の対談からなる『現代坐禅講義』は、そんな素晴らしさ、面白さを少しだけ垣間見《かいま》見たわたしが、拙《つたな》い言葉を弄してみなさんにそういうことを伝えようとして、冷や汗をかきながらひねり出したものです。ここまで辛抱強く聞いていただき感謝にたえません。本当にありがとうございました。

第五対談　身体感覚に導かれて坐る坐禅

対談者

松田恵美子（まつだ・えみこ）

一九五八年、東京生まれ。瞑想《めいそう》ヨーガや整体などの見地から、現代人における生命力の発露を探究。日々の動作や日本文化における型を身体内に生じる感覚からひも解き、智慧《ちえ》や技として日常に役立てる方法や、自分の身体を自分で育《はぐく》む姿勢を指導。学校教育における教材化や企業の研修にも携わる。著書に『身体感覚を磨く12ケ月』（ちくま文庫）、共著に『おとなの自然塾』（岩波書店）、『自分という自然に出会う』（講談社）など。身体感覚教育研究会主宰。大学院大学 至善館 客員教授。講座の開催は、築地本願寺 KOKORO ACADEMY / umi のいえ / 銀の鈴 / Be nature school / などにて。
https://shintaikankaku.jimdo.com/

松田　まずは一照さんの方から、この対談に到るいきさつやご事情をお聞かせ願えますか。

一照　わたしたちが坐禅《ざぜん》を始めるときには何が正しい坐禅か、どういうのが正しい坐《すわ》り方かっていうのをあらかじめ知っていてそれをただ忠実に毎回繰り返すという傲慢《ごうまん》な態度ではなくて、そのつど「正しい坐禅」ってどんなんだろうというところから今あらためて、全く新鮮に、全くの初心者として今初めて探究するつもりで毎回神聖この上ない坐禅におそれかしこみながら取り組むというのが坐禅の本来のやり方じゃないかなと思ってるわけです。だから坐る前にはまだ正答はないわけですね。そのときそのときフレッシュに、正しい答を目指して坐禅に取り組んでいくわけです。

ところが一般に坐禅というと、足はこう組むとか、手のかたちはこう作るとか、視線は四十五度下に落とすとか、息を一、二、三……と数えるとかっていうふうに、あらかじめ決められた坐禅の枠に外からからだやこころをはめ込むようなかたちで行なったり、またそういうものだという前提で指導されている場合が多いんです。それは言い換えれば、自分という意識主体が坐禅を外から、肉体や精神を対象として向こうに置いてそれをあれこれ指示された通りに操作して、目的としている理想の外形や精神状態になるようにコントロールし、統制し、命令しているというやり方なんですね。でもこういうあらかじめ追求すべき目的や理想を設定しておいて、それを実現するべく努力する、それにだんだん習熟し上達していくという路線は、わたしは道元さんが「習禅」と呼んでいるものだと思うんですね。かれは「坐禅は習禅ではない」とはっきり言ってます。

要するにそういうやり方だとわたしという個人が所定のテクニックとかマニュアルをいかにうまくマスターするかという次元の話になってしまい、そういう個人の思惑《おもわく》を中心にして生きている凡夫根性そのものを乗り越えようとする仏道にはならないということです。じゃあ、習禅ではない坐禅はどういうふうにやればいいのか？　今言った普通に考えられているようなやり方ではない坐禅の行じ方とはどのようなものかということを真面目に考えていきたいし、そういう方向での坐禅の指導法を自分なりに構想したいと思っているんです。

そうかといって、じゃあ勝手気ままに、無手勝流でともかくなんでもいいからじっと坐っていればいいんだというような怠惰な、甘えた態度ではそもそも坐禅になりませんし、そこにはなんの深まりもありません。時間の浪費になるだけです。ですから、一定のテクニックをだんだん上達させ、凡夫を少しはましな凡夫にせり上げていく坐禅でもないし、「ただ坐るだけでいいんだ」とか言ってそこに何の参究も工夫もない、「猫が日向《ひなた》ぼっこしている」ような気の抜けたお粗末な坐禅でもない、かといってその中間型のような中途半端な坐禅でもない、そういう地平をはるかに越え出ているような仏祖正伝の坐禅、坐ったら即成仏という厳格、厳粛な坐禅の世界をどう拓《ひら》いていくかが問題なんです。

そのときに一つの突破口になるのが、松田さんがずっと探究してこられた、繊細な身体感覚を養いそれを手がかりにしながら、型の世界を深く味わっていくというやり方じゃないかと思ったんです。正身端坐、つまり右や左に傾いたり、前にくぐまったり、後ろに仰いだりすることのない、まっすぐな姿勢で坐るという一つのはっきりした坐禅の深まりの方向性があって、そちらの方にほんの一歩でもいいからどうやって正しく進んでいくかというときに、身体感覚に導かれながら、身体感覚をひも解きながら、その方向を探っていくそういうアプローチで坐禅ができないだろうかっていうことなのです。

アタマ主導で外から人為的に坐禅をかたち作っていくのではなくて、からだの自然な働きに任せて内側から花が開くようにナチュラルにあの坐禅の姿勢が象《かたど》られていくような筋道がそこから開けてくるかもしれないと思っているんです。

坐禅の完成形がはじめからあるわけじゃなくて、三十分なら三十分の坐禅のなかで三十分間の坐禅の探究がずーっと続いてるんですが、その探究を進めるときの一番大事な基礎というか、手がかりになるのが松田さんの言っている身体感覚じゃないかなと思うんです。

この場合の感覚というのは単に身体のあちこちにちらばってる筋肉のなかのセンサーからやってくる筋肉の緊張具合についてのばらばらな情報とか、その他の感覚器官からくる部分的な感覚ではなくて、たとえば視覚や聴覚や嗅覚《きゅうかく》などの全ての、つまり六感ですよね。六つの感覚をフルに豊かに取り入れて、視覚だけでやるとか筋肉の感覚だけを利用するというんじゃなくて、六つの感覚全部をうまくこうブレンドっていうのかな、調和的に使っていかないとこの坐禅というのはできていかないんではないかなっていうふうな感じが今していて、その辺について松田さんの探究してきたような身体感覚の世界から、何か学んでいけたらなと思っているんです。

というわけで、今日はよろしくお願いしますね。

仏道と凡夫道

松田　坐るという姿勢については、とても奥深いものがあるのではと、前から思っていたところがありました。以前、子育てで毎日の生活がグチャグチャになっていたころ、「一日、たった三十秒でもよい、ただちゃんと坐りたい……」と思ったことがあったんですね。何で突然そんなことが、あのときフッと思い浮かんだのか……いまだにわかりません。三人を年子で産んだものですから、そのころは、ご飯も立って食べるし、寝ているときはオッパイも出るし、トイレに入っても、ドアを開けたまま子供に気を配っているという状況で、基本的な自分のからだの「食べる」「寝る」「出す」もままならなかった。もうヘトヘト、子供らと組んずほぐれつ、格闘のような日々のなかで、でもそうすれば「束の間だけでも素の自分に戻るかも……それだけでも何かが変わるだろう」という直観みたいなものはリアルにあったんですね。

一照　深いところにある何かが理屈抜きにそういう坐へと松田さんを誘ったんでしょう。人間のなかにはそういう不思議な願いみたいなものがあるんでしょうね。「ただじっと坐りたい」と強い衝動に駆られたとき、坐禅のような洗練された、練り上げられたかたちがあれば、その坐ることの質が非常に濃く深くなるわけですよ。椅子にだらーと坐るとかそういうんじゃなくてね。多分その、全てをお手上げにして、ギブアップして、投げ出してとにかくただ坐るってことをとことん極める方向でやって出てきたのが坐禅じゃないかと。そこにね、またぞろエネルギーを上げるとか下げるとか、増やすとかなんとかっていうふうになってくると、また「わたし」のお仕事の話になって忙しいことになるわけですよ。
松田　それは、自分でどうやったら悟りが得られるか、欲しいものを手に入れようかっていう話であって、そういうものと「行」とは違うということですか？
一照　そう。修行の方は「わたし」っていうのを入れちゃいけない。むしろ、わたしを生かしてくれている大自然にわたしを身心まるごと供養している、捧《ささ》げている、お返ししてるんですね。わたしが自分の向上のためにやってるんではない。修行はわたしが主体になってしてるんじゃなくて、宇宙が、大自然がわたしの身とこころを使って「わたし」をしてるんです。わたしがそれをしてるんじゃなくて、それがわたしをしてるって言うか……。そうそう、「坐禅は人の坐禅するにあらず。兀坐（坐禅）に人人坐禅させらるるなり」という言葉がありますよ。
わたしにとって役に立つからとか、気持ちいいからとか、そういうのはこっち側の凡夫の話になってしまうんですよ。わたしはしたくないけど神様の御心がそうだからやらせていただきますっていう感じですかね。だからここにはわたしのつもりとか、わたしの快感とか、わたしの都合とかが入ってきたら、同じように坐ってても仏道の修行じゃなくなってしまうっていうことですよ。道元さんは「習禅」という言葉をめぐってそういうことを口を酸っぱくして言ってると思うんです。そうなっちゃいくら熱心でも仏道にならないよ、ただの凡夫道だよ、凡夫が偉くなったのが仏じゃないよって。

坐禅時の呼吸

松田　そうすると、たとえばヨーガの行法にあるような、「ヴァンダ」、息を止めてエネルギーを凝縮させ、背骨に寄せて引き上げるというような呼吸時のテクニックというのは？

一照　それだと坐禅ではなくて呼吸法の実践になりますね。それはそれで稽古《けいこ》すればいいんですが、坐禅とそういう諸々《もろもろ》の行法をミックスしてはいけないということです。わたし自身は塩澤先生からヨーガに伝わるそういう呼吸法の基本を手ほどきしていただきました。おかげで呼吸というものの重要性についての理解が格段に深まったし、普段の呼吸の質を少しですが向上させることができたと思っています。そういう呼吸法の稽古で培ったものが、坐禅中のわたしの自然な呼吸のレベルを自《おの》ずと高めてくれています。そういう実感が確かにあります。しかし、いくら効果的な呼吸法だからといっても、坐禅中にその呼吸法を実行することはしません。坐禅は坐禅、呼吸法は呼吸法とはっきり分けて実践していきます。坐禅の呼吸はあくまでも自然のままにというのが原則です。でも、その坐禅中の「自然のまま」の呼吸をレベルアップするために、特別にデザインされた呼吸法を坐禅とは別の機会に稽古し続けることは、本当は不自然な呼吸を自然な呼吸と思い込んで日常お粗末な息をしているわれわれにはむしろおおいに必要なことだと思うんです。われわれは、坐禅の質をアップするためのいわば課外実習というか補習的な稽古を坐禅とは別個に積極的にやるべきじゃないでしょうか。

松田　ヨーガや気功などの伝統には、たいへん洗練されたテクニックや行法がいろいろありますしね。一照さんも、坐禅をする人はそういうものから学ぶべきことをどんどん学ぶべきだと思っていらっしゃるんですね。

一照　はい。でも坐禅のなかにはそういうテクニックをあえて持ち込まないんです。できる限り素朴に作為なしにただ正身端坐するだけ。坐禅には人為が入っちゃいけないことになってますからね。坐禅のなかでテクニックを駆使しなくても、そういう様々の行法の稽古で養われ身についた技が使おうと思わなくても自ずと坐禅のなかに活かされていくことは間違いないです。また、そういうことが起こるような技の稽古をしなければならないと思います。

ただ坐ることの難しさ

松田　で、坐禅の型として伝わってきたのは、この「人為の入らないところでただ坐れ」ということになってるわけですね。でも実際には、坐禅する多くの人が「股関節《こかんせつ》、すごく痛いわ」とか「もう耐えられない、三分でも苦行だわ」とか言ってるけど……。つまり、なかなかそういうスローガン通りになっていない現実があるんじゃないですか？

一照　ええ、あるいは人為を一切入れないこと自体に耐えられないで、意識的、無意識的に人為をこっそり忍び込ませるみたいなこともやっちゃいますね。それが今言ったような、坐禅のなかにいろいろな行法を内職のように持ち込んでハイブリッドな坐禅にしてしまうようなことです。

松田　現実には人為を排して無所得無所悟でただ坐ることに徹底できていない状況があるわけですね。そういう状況のなかで一照さんはどういうふうに具体的にそれを変えていきたいと思っているんでしょう？

一照　坐禅の姿勢は本来、人為が入るとできないような姿勢で、人為が入ると途端に崩れてしまうような繊細微妙というか、ほんとにはかない不安定な姿勢なんです。普通はいきなりそんな坐禅できないじゃないですか。われわれは人為の連続で日々生きてきてるんですから、長年にわたってね。わたしの師匠の師匠は坐禅についてこういうふうに言っていました。「坐禅というのは、正しい坐相を、骨組みと筋肉でねらうこと、そして全てをそれに任せていくこと」だって。

松田　骨組みと筋肉でねらう——かなり身体的な表現ですね。

一照　この坐禅の定義、わたしはすごいなあと思ってます。ここには瞑想的な要素がありません。まず坐って、それから何々について瞑想しろとか全然言ってない。こういう境地になれとかしかじかの精神状態を実現しろということも全く言いません。ただ、骨組みと筋肉を使って正しい坐相という方向性をねらうことが坐禅だと言ってますね。坐禅はここではもろに身体運動なんですよ。
松田　ねらうの？　それって人為じゃないんですか？
一照　はい、そこが微妙でもあり難しいところなんです。同じ為でも強為《ごうい》の為と云為《うんい》の為があるんです。強為と云為という言葉は道元さんが書いているものを読んで初めて知ったのですが、強為というのは強引に、無理矢理に我を通して何かを実行すること、云為というのは思慮分別を離れた自ずからなる働き、という意味です。道元さんの言い方ですと「ただ、わが身をも心をもはなちわすれて、仏のいへになげいれて、仏のかたよりおこなはれて、これにしたがひもてゆくとき、ちからをもいれず、こころをもつひやさずして」為される行為です。ここで内山老師が「ねらう」というのは強為じゃなくて云為でねらっていかなくてはならないとわたしは思っています。
松田　自ずからなる働きを〝ねらう〟というのも少し難しい表現ですね。最終的にいかに思慮分別、意識的な自分から離れるかという問題になるのでしょうから。
一照　はい。ねらうという場合、これはたいてい、わたしという意識がすでに決まっている正しい坐禅の恰好《かっこう》をねらうというふうに理解しちゃうわけですよ。つまり、これを聞いた人の多くは、坐相の外見に注目して何かの規準に照らしてこれはいい姿勢だ、あれは悪い姿勢だって判断して、そういうやり方で身体を動かし始めてしまうわけなんです。自分の外側にある正しい坐相のイメージをそのまま自分に当てはめようとしたり、それに合わせようと自分のからだを無理にコントロールしたりしようとするんです。そのとき大事なものがすっぽり抜けちゃってる。そのためにからだが緊張したり不自然に身構えたりする結果になっているんです。

松田　日常では、全て目標やお手本があったり、あるべき姿を追っていきますからね。本来の坐禅にはそれがない……。

坐相と内的な感覚

一照　坐相といったらだいたいみんな坐禅の外形ばかりを問題にしてるんだけど、何か大事なことが忘れられている。それは自分の内側の感覚です。自分で感じている身体の状態。それもからだの一部分の感覚ではなくて、からだ全体のあり方に関わる感覚。昔わたしはそれを「全身的筋合い」なんて変な言い方で呼んでましたけど、松田さんたちが「内観される身体」と呼んでいるものですね。

しょせん表層的なものでしかないわれわれの通常の意識が、それよりはるかに広くて深い、そして賢いからだやこころをコントロールしてあるべき坐禅の要件に合うように仕向けようとするのはまさに強為の極みですよね。こころの深層やからだの側の合意や、納得、協力を得ることなく一方的に「坐禅とはこういうもんなんだから言う通りにしろ！」って命令して従わせようとするんですから。当然、こころやからだからの抵抗や反抗がいろいろなかたちで起きてきて、それをまた意識が強制力をさらにアップして従わせようとするわけですから坐禅が戦場と化してしまうのが関の山です。多くの場合、こういう坐禅になっているんじゃないかと思うんです。

でも、内山老師の言う「ねらう」をそのような強為として理解するところにそもそも大きな間違いがあるんじゃないか。じゃあ、そうではなくて云為の方向での「ねらう」というのはどうしたらできるのか、それが問題になります。

松田　なるほど、人為ではなくて云為でねらうというやり方がきっとあるのではないかというわけですね。

一照　強為の積み重ねで坐禅したら、まるでモデルさんがカメラマンの言う通りに他律的にポーズをとってるみたいな坐禅になっちゃうでしょう。じゃあ他にどういうねらい方があるのかなっていうのでいろいろ試行錯誤をやってきたら、それはやっぱり「身体感覚」に聞きながら、うかがいを立てながら、ということになるんじゃないかなと。で、今わたしが言ってる大事な身体感覚は「左右の坐骨への体重がどのようにかかっているか」という感覚なんです。「正しい坐相を骨組みと筋肉でねらう」、そこまではわたしも全面的に賛成しているんですけど、そっから先へ行こうとすると、それをじゃあもっと具体的にどうするかっていうところは誰もまだはっきり言っていないんです。だから下手をするとさっき言ったみたいな強為のねらい方をやってしまうわけです。

正しい坐相を骨組みと筋肉でねらうのが坐禅だと言ったのは内山興正という曹洞宗のお

坊さんで、実はわたしの法の上のお祖父《じい》さんに当たる方なんですが、法の上の孫のわたしとしては、もう一歩進めてその先に行かないといけないんじゃないかと。そういう課題を託されているって言うか。

自ずから調う坐相を求めて

松田　では、具体的にどうやって云為でねらうかっていうことになりますよね、いざ実際に坐禅するとなると。

一照　その答として、「坐禅しているときに、左右の坐骨に体重がどのようにかかっているかにそれとなく気を留めてみる。そうしているとからだの方で自然にバランスをとってくれるからそれに任せてじゃましないようにする」と言ってみたらどうか。これなら強為とは違った云為のねらい方になるんじゃないか。そういうふうなもう一歩踏み込んだ言い方が必要なんですよ。まだまだこれでは不十分だと思っているので、さあそこで松田さんに登場してもらいたいわけなんです。強為的なテクニックやマニュアルじゃなくてそれを超えた云為的な坐禅の仕方のヒントがもらえそうな気がしてるので……。自ずから坐相が調《ととの》うような筋道を教えてもらえたらなあと思ってるんですが。

松田　坐禅という外側から見えるかたちに押し込めようとするのではなく、敢《あ》えて「自ずから」というからだの自然の働きに任せてみよう、そして任せてみる、見守ってみることで、坐禅として坐れるかということなんですね。

一照　正しい坐相っていうのも、視線が四十五度下に落ちているとか、とかく目で外から見たかたちを言ってるんだけど、それよりも坐っている当人が内側で感じとっていること、つまり身体感覚的にいうとどうなっているのか、それが大切なんだと思うんです。

松田　その通りだと思います。目だって閉じていても、本当にこころが停まると、自然に開いてきますしね。ちょうど四十五度くらいに。確かに外からかたちを与えられてかたちのなかに入ろうとするのと同様に、自分のなかに今何が起こっているのか捉《とら》えてゆくころの眼がないと、本来の「型」の持つ豊かさには、なかなかたどりつけない。自分一人で自立して坐ってゆくことができないと思います。

一照　だからみんなもっと自分の感覚を手掛かりにして正しいか正しくないか、どういうあり方が正しいのかを探っていけるようにしたいんです。「これでいいでしょうか」なんて、外から見ている他人に聞かなくてもいいようにしていきたいんです。

そもそも「坐」とは

松田　ところで、坐禅をやるときにあの姿勢の条件は何が一番大事なんでしょうか？　脚をあんなふうに組めない人だって大勢いるでしょう？

一照　わたしとしてはね、楽に背骨が真っ直ぐに立ち上がっている、痛みや不快感から逃げるためにゴソゴソと落ち着きなく動き回る必要がなく、背骨を拘束しないで楽に背骨が立っている、これがぎりぎり最低限の条件だと思うんですね。だからそれができるような、まあ理想形は結跏趺坐のあのかたちなんですが、それが無理なら椅子の上でもそれから馬の鞍《くら》に坐るような坐り方でもいいと思いますよ。ただ、やっぱり理想的には股関節がゆったりと開いて骨盤を坐骨のところで前後に自由に転がせるような状態で、ゆらゆらと背骨が自由にゆらぐことができるにもかかわらず、絶妙のバランスで真っ直ぐに静かに立ってるというのがベストだと思います。不安定な条件下でバランスがとれて安定できているというのかな。だからそれになるべく近い状態に近づくべくその人の今の身体の条件が許す範囲で工夫すればいいと、わたしは今はそう指導しています。

松田　ということは、脚の組み方よりも大事なものがあるということですよね。守るべきものというか。

一照　何がなんでもそうでなくっちゃいけないってことではないと思います。もちろん結跏趺坐や半跏趺坐で坐れるようになるための努力は勧めていますけど、無理しすぎてからだを傷めることがないようにと注意してます。坐禅をする人はやっぱりたしなみとして、股関節や膝《ひざ》、足首、腰などを時間をかけて丁寧なやり方で柔軟にしていかないとね。そういうことも大事ですが、じゃあ今そういうふうに脚を組めない人がどう坐るのがベストなのかってことが当面の問題になります。

体幹部の使い方

松田　というと、一番大事なものは背骨のある体幹部でとろうっていうことですね。
一照　そうです、背骨のあり方でとればいい。脚の組み方じゃなくて。
松田　しかもその体幹部、骨盤から胴体、上半身が固まらずにノビノビとした状態であるということかしら？
一照　そうそう、からだを凝り固めないで、動かそうと思ったら楽に動けるようなあり方でまっすぐ坐っている。
松田　固めないで楽に。どこもギューッと緊張しない、強張《こわば》っていないってことですよね。
一照　はい、腰椎《ようつい》のところが前に反りもしないし後ろにへたって丸まってもいない。ですから、腰椎が繋《つな》がっている骨盤の傾きっていうのは非常に大事で、その感覚も大事なんですが、骨盤の傾きっていうとじゃあそれは何度ですか？　という話になるから、骨盤がちゃんと適切に傾いているときはどうなってるかというふうに自分で調べてみると、坐骨でしっかり体重が支えられている、坐骨に体重がまっすぐ落ちているっていう感覚がありますから、今はそれを手掛かりにやってます。背骨のあり方を背骨のところで直接調べるんじゃなくて、一番下の坐蒲《ざふ》と接している坐骨のところで調整するというか……。
松田　はい、わかりました。では、わたしとしては、みなさんが自分の身体で、上半身がスッと立っている感覚をどうつかんでゆくかということを、これからお話しすればよろしいわけですよね。

一照　はい、そうです。こちらからの指示で相手が、かえって余計な緊張した身構えをもよおさないような背骨の立て方の指導っていうのかな。後ろから警策《きょうさく》のような棒を当てて無理にまっすぐさせるような、出来合いのかたちを強制的に押しつけるようなやり方じゃなくて、からだの自然な働きで背骨が結果的にまっすぐ立つような道筋ですね、そういうことをお聞きしたいんです。

背骨は自ずと伸びるもの

松田　一照さんのおっしゃることをずっと聞いていると、坐禅を志した方が、わかりやすく実際にやってみれること、そして、それがからだの自然の理にかなっていること、できるだけ、個々のからだに負担をかける無理や無駄の少ないこと、をまず大事にしてみたらよいのかなと思います。

具体的にはまずこの三つを重ねてみたらどうでしょう。

一つ目はからだを「上虚下実」という体勢にできるだけ戻す、坐るときにすでにそういう状態になっていた方がよいのでしょうが、坐る体勢になる坐禅のなかで、さらにそれがどんどん深まっていくようになったらもっとよいですよね。現代のわたしたちって日常生活ではほとんどの場合、上半身ばかりを強張らせて使ってます。頭や眼を酷使し、首はガチガチ、肩も凝ってる、おまけに腕も重いし、指の関節も固いというような状況です。

一日中パソコンを使っている人はことに、神経系統の緊張には厳しいものがあると思います。そういう状態からまず、できるだけ上の緊張を下におろす、上にあがっている気を下へ向かわせる。つまり、おなかや足腰、骨盤、すなわち下半身を充実させる。気のエネルギーバランスでは、上に集まって強張れば強張るほど、下が抜けちゃうんですよ。上半身の気張りが抜けていて、下半身が充実している体勢を「上虚下実」と言いますが、その体勢に戻していくことが、まず最初の大事なことだろうなって思うんです。坐禅の前にも坐禅中もね。人が、本来持つ自然の体勢に戻ったとき、わたしたちは自分の内側にある自ずからの働きをもっと活性化できます。

で、二つ目というのは、上に上がった気が降りてくると、自分のなかに軸が立ちやすくなってきます。それはいわゆる「背骨を立てる」っていう言い方が通常ありますが、その感覚はまたあとで。

三つ目は、坐禅というのは虚空《こくう》と一体になる、というかそういう側面があるようですから、周りと自分も隔絶させないっていうことが大事だと思います。周りの空間を感じるような、空間の利用を入れていくことが有効ではないかしら。空間を感じとってみる。あるいは空間の感覚を自覚しようとする。

この三つを重ねていくうちに、もしかしたら一照さんがおっしゃってるようなことが実現する可能性が出てくるかもしれません。自らが強為的に背骨を伸ばすんじゃなくて、自ずと云為的に背骨が伸びてくる感覚が味わえるだろうと。
一照　はい、そのくらいにまとめてもらえるとわかりやすくていいですね。

「上虚下実」――重心を下げる効能

松田　ここからは実技的なことをお伝えしてゆきましょう。たとえば一つ目の「上虚下実」っていうときには、まずいわゆる上に上がってる重心は、下に下がっていないと始まりません。重心を下におろすところが落ち着くだとか安定感があるとかいろいろな副次的効果がありますが、肉体的にいうと着地面積をできるだけ広くとって下半身を安定させれば重心は下に下がります。
そこで、この着地面積というのは、ではどこでとるのかな、っていうと一番わかりやすいのは膝から下、股関節から下ができるだけ平らに床に着いているのが一番着地面積が広い。でも、これが結構難しい人もいる。結跏趺坐となるとほとんどの人はまずきちんとはできないでしょうね。たとえ脚が組めても、どうしても左右どちらかに傾きますよね。ですから脚を組む結跏趺坐ではなくて、片方のかかとの前に、もう片方のかかとが前に出てくるように、脚を入れ込まずに普通に胡坐《あぐら》で坐るというのでもいいでしょう。いわゆる安坐、安楽坐、ヨーガのスッカアーサナですね。それでもきつい人もたくさんいらっしゃると思います。

膝や股関節が硬かったり、太腿《ふともも》が張っていたり、からだって人それぞれ様々ですから、いろいろな事情がありますよね。特に膝とか股関節は、人によって日頃から左右差がありますから、坐禅時にも当然出ると思います。一照さんがいつか総持寺《そうじじ》で外国からの参禅者にやったように、浮いている方の膝の下に折った坐布団を差し込んで支えにしちゃうとか、そんな応急処置もきっとあるんだろうな。

ただそのときに、じゃあもう少し着地面積を自分でわかるように絞っていこうという手があります。絞るんです。まず一つは一照さんが先ほどもおっしゃっていたように、坐骨を使ってみたらどうでしょう。坐骨で着地感を絞り込んでゆく。膝や股関節が浮き上がろうが、お尻《しり》は床に着いています。坐ったとき自分の足の代表は坐骨だと思えばよいんじゃないかしら。着地感を絞ることができるのは坐骨ですね。面積を絞るということは自分の着地感に対する集中力が増すということでもありますから、まずは坐骨を意識化してみましょうか。

一照　わたしも坐骨の大切さには大いに注目しています。

坐骨から伸び上がる上体

松田　さて、坐骨ってどこだろう。なかなか具体的実感としてはつかみづらいですよね。

「お尻の下にある骨のグリグリですよ、触ってみて下さい」って伝えてもよくわからない人もいらっしゃいます。筋肉ならなんとか興味はあるけど、自分の骨なんか考えたこともないという人、多いと思うんですよ。
骸骨《がいこつ》の骨格模型を見せて、骨盤の一番下のここが坐骨だよと説明しておいてから、実際自分の身体に触れて「ああ、ここか、同じところにあるなあ」とわかってもらう。そのプロセスは、初めての人にわかりやすいと思います。ともかくそうやって、頭のなかで「坐骨はこの辺」とわかったつもりになるのではなくて、まずは具体的に触れてもらう、動かしてもらう。イメージではなくて、からだで具体的に実感してみようというスイッチに切り換える。
一照　体感を伴う意識化ということですね。
松田　まずは、その部位を自分の手と目玉と頭で確認。「自分の身体のどこにあるのかな？」って、実際に自分のからだのその場所に触れ「坐ってるときにはここが足の代表だよ」と気持ちを向けていく。股関節がついてなくても、膝がついてなくても坐骨が足だと思って床にしっかりつけておけばいいんだなって思えば、「きちんと結跏趺坐を組むことが坐禅」という強い思い込みから少しは自由になれるかもしれませんね。つらいのを我慢して、肩に力を入れ息を詰めているよりは、ずっと本来の目的に身体的に近づけると思うんです。それに加えて、坐る前にもし練習の時間があるんだったらば、実際に「坐骨歩き」をやってみる。坐骨で歩いてみたらどうでしょう。

一照　はい、わたしもときどき坐禅会でやってますよ。
松田　前に十歩とか後ろに十歩とか。
一照　わたしはついでに右や左にも歩いてもらってます(笑)。
松田　ともかく、坐骨が足の代わりになるってことをちゃんと自分の実感でわかってもらってから、坐ってもらうのはよいですよね。
さて、坐骨に体重をかけて坐ったときに、左右差がありますね。左右の坐骨のどちらかにどうしても余計に体重がかかりやすい。人それぞれで癖があります。体重のかかり方を感じながらそれをできるだけ左右が均等になるように調整してもらいます。
左右の坐骨への体重のかけ方の均等化ができたら、今度はその坐骨の丸いグリッとしたところの前側に体重がかかっているのか、後ろ側にかかっているのか、左右それぞれ観察。譬《たと》えていうと、坐骨のところに丸い玉みたいなものがあって、この玉が前か後ろどっちに向かってどのくらい傾いてるのかということを自分でできるだけ意識をそこに向けて確認してみようとしてもらうんですね。
ここまで丁寧にプロセスを踏めば、ご自身の坐骨の意識化はしやすいのではないかしら。そのうち、体重を坐骨が支えてくれているな、という感覚が出てきていたらしめたものです。一生懸命、坐骨って何だ？　それはどこにあるのだ？　どうなっているのだ？　なんて自分の意識を向けているうちに重心が下に降りてきて、なんてことになっていたらいいですね。坐骨を意識することで重心が下におりるという感覚が自然に出てくる。この場合、意識は自《みずか》ら向けるけれども、感覚は自《おの》ずから生まれる。自らの意志や意識をきっかけにして、自ずからの感覚が生じてくる。自分の意識と感覚を使い分けてみる。身体感覚を深める上でわたしにとっては大事な要素です。

でもそれ一回で終わりじゃなくて、今度は自ずから浮かんできた感覚を認めてゆくと、また別な感覚が自ずと浮かび上がってくるということも起こります。次から次へと、自分の身体の内側で感覚が転換してゆくなんてことも起こるかもしれません。

一照　意識を向けたら感覚が生まれる。その感覚をさらに深めてゆく――たとえば、具体的にはどんなことが起こるのですか？

松田　坐骨で言うならたとえば、左右の坐骨のある一点に体重が均等に置いてあるなという様子を自覚できると、だんだんその二点の真ん中あたりから下へ降りていってるなという感覚が生じてくる。今度はその自ずから出てきた感覚をさらに認めると増長してきます。するとそれとは真逆の方向に、つまりその真上に向かって伸び上がっていく流れが自ずと感覚されるようになってきます。

実は、下に落ちていけば行くほど、上に行く力も増します。二方向は同時に存在していますから、自分がどちらを認めるかで、もう片方が感覚として出現します。その流れをそっと見守っていく。とても精妙な感覚ですが、からだをその流れに沿わせてあげれば、それに任せてあげれば、自ずと上体がひそやかに、スウーッと立ち上がってくる可能性があるかもしれませんね。体幹部が伸びるためには、伸ばすところを観る。そして生じた伸びる感覚を味わう、眺めるというスタンスです。

ですから、こういうことをお伝えするときはケースバイケースで、敢えて断定的な物言いは避けなきゃとも考えています。答えを知っちゃうと、敢えてその答えに自分を合わせようとしちゃうのが、人の常だと思うんです。「こうなる」と結論づけると、わたしたちの頭はお利口ですから、からだをそっちの方向へもってゆこうとするんですね。自分の意志が働いちゃう。そしたら、かたちにはめ込むのと何も変わらないでしょう。からだの自然な働きをねらうなら、ここではむしろ、そうなるかもしれないし、ならないかもしれないくらいのやわらかな見守りでいた方がよい。どうなってもいいよ、からだに任せてみようよ、という態度。そのとき初めてからだは自ずからの意志を働かせてくれるのです。

一照　まさにそれが「身をも心をもはなちわすれて、仏のいへになげいれて、仏のかたよりおこなはれて、これにしたがひもてゆく」と道元さんが言ってることなんですね。でも、それがわれわれにはすごく難しいんですね。

松田　云為なるもの、日頃は無意識なるものにアクセスしたいのですから、その引き出し方には、いろいろな知恵が必要だと思っていますし、その表現の仕方にはとても気を配ります。そして日本の文化には、その技がたくさんあったと思うんですね。坐禅の世界はその最たるものではないかと思うのですが。

一照　はい、そういう角度から坐禅の奥深さを明らかにできたらと思っているんです。

動く仙骨

松田　骨盤基底部でいえば、坐骨よりももっとわかりやすく、実践的なのは仙骨だと思っています。背骨を中心にした体幹部のスゥーッと伸びてくる感覚は、この仙骨でとるのがベストではないかしら。背骨の根っこの方にありますが、尾骨より意識しやすいですし。仙骨の傾き具合でとった方がわかりやすいと思うんですね。

まず、仙骨がどこにあるのかご存じない場合も多いので、仙骨は骨盤の中央にあり、お尻の割れ目のすぐ上にありますよと、その位置を確認するために、骸骨模型を見ていただいたり、仙骨の名前の由来について触れるとか、蝶番《ちょうつがい》になって骨盤をつないでいるとか、ちゃんと骨が意識化できるように興味を持っていただけるといいですよね。

次に実際後ろに手を回して触れていただき、この仙骨の部位を、自分で動かしてもらいましょうか。仙骨は前や後ろに傾けることができます。たいていの人は、動くなんてとんでもないという感じかもしれません。でも、ここは老化がとても現われやすいところです。疲れてくると、腰が落ちる前に仙骨が固まって丸まってきますよ。ご自分の仙骨はどうでしょう、とかなんとか言って（笑）。

まず坐位で、自分の手の平を仙骨に当ててみましょうか。その位置がわかったら、仙骨を後ろへ丸めてみます。すると、背骨が下から順に仙骨が丸まった、続けて腰椎、胸椎、首、頭と背中が順に丸まっていくでしょう？
一照　なるほど、確かにそういう繋がりで順々に動いていきますね。でも、これはからだがほぐれていないと、そういう動きは出てこないですね。
松田　大事なことは、まず自分の背骨に意識を向けてみる。どこが動きづらいか自分で気がつくことではないのかしら。自覚しながら試みているうちに、少しずつでも変わってくるとよいですね。

仙骨の立て方を探る

松田　今度は、仙骨をまっすぐに戻してみてください。すると、今度もまた、背骨が下から腰椎、胸椎、首と続けて戻ってきます。
一照　はい、自然に背中が伸びますね。
松田　そしてその次は、仙骨を前に傾けてみます。そしてもっといっぱい前傾しようと頑張った途端、それにつられて骨盤が前に出すぎ、今度はグッと腰に力が入り、腰の反りを生みますね。
一照　仙骨の上の方が反ってしまうわけですね。
松田　そう、腰の、腰椎のところがグッと入ります。ここまでいっちゃうと頑張りすぎてる。頑張りすぎることがいつもの癖になっていると、腰は硬直化してきます。これでは、腰が気のエネルギーの通路にならなくなってしまうのです。つまり、気の流れがそこでつかえてしまうのです。しかも、腰椎に力が入ると同時に、首の方、頸椎部に一瞬にギュッと力が集まり硬直が起こります。感じとれますか？　このように無意識に頑張ろうとして、腰を反って首をギュッと固めると息が詰まっちゃう。そんな腰―首の繋がりルートがからだにはあるんですね。

わたしたちは、頑張ろうとするときに、無意識にでもつい腰椎部にグッと反りを入れて腰に力を入れがちです。その上で背骨をたてようとすると上半身がとても緊張した状態のまま、その姿勢を保つことになりますね。そこには充分注意する必要があると思います。

一照　行きすぎないようにですね。坐禅でもここを無理に反らして坐ってる人をよく見かけますし、そういう指導をしている人もいます。でも松田さんは立てるのは仙骨だけで、その上の腰椎の方まで行きすぎないようにっていうことですね。

松田　腰に力を入れることと、腰がスウッと伸びる感覚は違います。もし、坐る姿勢で体幹部がスウッと伸びる状態が重要なら、仙骨で十分それは追求できます。結果的に伸びるような感覚が起こります。腰に力を入れて背骨を立てるという概念で頑張らなくても、腰は立つんですね。その感覚探しを仙骨で目指されるとよいかもしれません。背骨がスウッと自然に伸びてゆくことが起こる角度があります。

一照　ニュートラルなところね。

松田　それを自分で見つけていけたらいいですよね。自分で探していく。そういうことを

「コツ（骨）をつかむ」って言うんでしょうね（笑）。前でもない、後ろでもないところを自分で見つけてみるっていうのが大事なんじゃないのかな。女の人の場合、自分のおなかのなかの感覚を目安にするとわかりやすいのでは。骨盤が後傾すれば、腹部の内臓、子宮がみな後屈するし、前傾しすぎれば、今度はおなかのなかの内臓が圧迫されます。そして坐るたびに仙骨の傾き加減、腰椎部のスゥッと自然に伸びる感覚を目安に探してみる。からだって、毎日同じじってこと絶対にありませんから。そのときそのときの身心のあり方で変わってくるものですし。

一照　他の条件との関係もあるからね。これが唯一の正しい仙骨の位置だなんてカッチリ決まったものがあるわけじゃない。

松田　あと、毎日、自分のからだに聞きながらやっていくと、自分のからだの癖にも気づきますよね。自分でやると、仙骨より上の腰部をまず動かしてしまいがちです。大体ね、腰を丸め、背中、胸椎を丸めて、骨盤動かしたつもりになっちゃうんですよ。だから最初のうちはちゃんと仙骨に手を当てて、腰、つまり腰椎の部分じゃなくてその下の仙骨から動いていることを確認しながら下から動かしてゆく。

一照　ああ、仙骨自身は動いてないのにね。腰と仙骨の区別がついてないわけですね。

松田「腰」というと、腰椎部だけではなく、骨盤まで含めた部位と日本では捉えられがちです。腰と骨盤を分けて使えるセンスが必要ですよね。そうやっているうちに、少しずつでも、自分のからだを観る眼が育まれてきて、感覚が研ぎ澄まされてゆくのだと思います。

一照　感じ分け、動き分けることができるようになるってことが「わかる」ということなんですね。

松田　それから、上体を強張らせないで坐るには、坐蒲の力は大いに借りていいと思うんですよ。普通の人がちょっと坐りたいと思ったときに、一照さんのところの道場にあるような自分で高さを自由に調整できるような坐蒲だったらいいですよね。自分の仙骨の位置を決めたあと、その姿勢を保ち続けてゆくときには、自分で高さを調節できる坐蒲があると助かる人多いと思いますよ。坐蒲のお力もお借りして坐るっていうんでしょうか。定型の坐蒲ではなく、高さ調節できるだけでも、ずいぶん坐禅が好きになる人が増えるんじゃないかしら。

日常の生活のなかでも、畳の上、床に直接坐るとき、坐布団を折ってお尻の下に当てるだけで背筋が伸びた感じは心地よいですし。日本の「坐る」文化の良さの捉え直しに繋がるとよいのですけれどね。

下から上に軸を立てる

松田　さて、仙骨の位置が決まってから、ここから軸を立てるという話になるのですが、仙骨の傾きが前すぎでも後ろすぎでもないニュートラルなところを自分で決めますよね。

すると同時に、腰椎部に力みのない伸びやかな柔らかさが出てくるのが感じられます。先ほどの仙骨の傾き度合いが本当に良いところにありますと、腰椎部がスゥーッと立ってきます。

そのあとに胸郭部を軽く引き上げる、ほんの軽くですよ。軽く引き上げようかなーという程度、肋骨の周りのところをフッとうまく引き上げると、さらに胸郭部にスッと軽みが出てきて……今度は自分の背中の皮一枚薄く横に大きく開いてゆくようにします。さらに顎を軽く喉《のど》に引き寄せると後頭骨が勝手に下からスッとわずかに持ち上がるような感覚が出ます。自分の身体を微細に動かしながら、精妙な感覚を追っていくのですね。

一照　外からかたちを押しつけていくんじゃなくて、内側からそういう意識化と感覚の重ね合わせを追っていくと自然に背骨が立ち上がってくるということですね。

松田　体幹部が無理なくスゥーッと伸びた感覚を求めるには、基本的に下から上に重ねていく、立ち上げていくようなやり方が、一番有効だとわたしは思っています。上から下にという方もいますけれども、やっぱり下から上の方が柔らかにいけるように思います。

一照　なるほど、下から上にね。

松田　「頭のてっぺんを上から吊り上げてもらってるように」とか、「脳天を上に突き上げる」という表現もよく聞きますが、でも、そうするとどうしても上から吊り上げてもらおうと意識するときに、後頭骨をグッと持ち上げるようにしてしまうので、意外と、首に負担がかかります。首だけが緊張して頭を上に持ち上げるようなことになりがちで。

一照　どこの部位を取り上げ、どういう言葉で表現するか、ということは指導する側としてよくよく注意しておかないと、思っているのとは逆の効果をもたらしてしまう場合があるということですね。

松田　かなり大事です。からだの内側の繋がりや、起こる出来事がつかめてないと、外側からからだを鋳型にはめ込むだけになってしまいます。先ほどの仙骨、背骨は背中側でしたが、おなか側で下から上へ重ねてゆくこともできます。坐った姿勢で、ご自分の恥骨とお臍《へそ》のあいだ、いわゆる下腹部のところを縦にスッと開くように伸ばします。次にみぞおち。そこも縦にほんのかすかに開きます。そして顎をほんの少し喉に寄せると後頭骨がスッと上がる。ここは背中側と同じですね。

一照　なるほど、後ろ側に自然な動きを出してもらいたかったら、後ろ側のことは言わないでおいて、前側を取り上げて、そっちから攻めていくというわけですね。うまいなあ〜(笑)。

松田　ま、どちらか片方でも、両方でも(笑)――わたしは季節によって使い分けてますが。それと下から上へと立ち上がってくる感覚を覚えるとしたら、息を使う方法も有効です。坐ってハーッと口から息を吐きながらからだを前に倒してゆくと、みぞおちの力が抜けてきます。背中を丸めてダンゴムシのようになって床に額がつくまで吐き切ります。息が吸いたくなったところで、口を大きく開いたままで息を吸い込み、おなか、胸、喉と下から順番に入ってくる息でからだを起こしてくる。

そのとき「ああ、お腹の底に入ったな」「おへそのあたりに入ったな」「胸に入ったな」「喉に入ったな」と息の流れを確認していけば、頭までスッと立ってくるのです。息が入ってくると同時に紙風船が膨らむような感じでそこが立ち上がってくる、息でからだを下からつなげて、だんだん立ち上がっていくというやり方、坐った姿勢でそれを何度も繰り返すと、自分なりの立ち上がり方がつかめるんじゃないかなって思います。

まず何より、気張りが抜けてくる。みぞおちがゆるんでくるので、あくびや涙が出たりして、無意識に頑張っていた上半身の力みがとれるんですね。上体は柔らかに立ち上がっていながら、重心はストンと落ちている。からだのなかの滞りがとれていると言うか……。

気のエネルギーとしての身体

一照　これまでの話はどっちかっていうと身体の内側の感覚の話ですよね。で、三番目の空間を感じるというのは身体の外のことですよね。

松田　坐禅は坐って、バリアー張って、自分だけの世界に入るのではないですよね？

一照　その逆で、閉じよう閉じようとしている普段の自分を坐禅を通して開いていこうとしているんです。坐禅のあの姿勢は逃げも隠れもしません、わたしを全部解放して、外へと開放しますというジェスチャーだと思うんです。

松田　なるほど。それなら「空間を感じよう」としたとき、日常的に誰にでもできてお勧めなのは、たとえば首の運動です。今までの応用で姿勢を正して坐り、息をお腹から吐いておいて、下から息を吸って上体を立ち上げておきます。右の肩を止めておいて吐く息で左の肩の上に左の耳を近づけます。普通の体操なら、これは「左に頭を倒します」という伝え方でおしまいですが、この場合、意識するのは倒す側ではありません。頭を左に倒しながらも逆の右の肩と右の耳の間に扇のように空間が広がっていく方です。息を吐きながらこの右側の扇がフワーッと大きく開いていくようにしてみてください。実際の首の倒れる側ではなく空間の広がっていく方を意識してみるのです。

普通は左の肩に頭の左側をつけようとすると、やっぱりどうしてもたくさん倒した方がよいという意識が働いて、ギューッと力んじゃいますよね。そうじゃなくて、動作は同じでも逆にある空間を意識するように切り換える。すると感覚の起こる場所が違ってきます。

一照　からだの外側の空間を開いていくわけですね。

松田　からだを動かしながら、でも意識するのは広がってゆく空間です。そうすることで力みすぎなくてすみます。わたしたちは、からだのドコドコをなんとかしようと思うだけで、余計に意識をかけすぎてしまう傾向があります。するとからだの動きは頑《かたく》なになります。できれば、体操だって自然の動きにしたいでしょ。そんなときの方法の一つです。そのあと首を真ん中に戻し、左右の肩の上の空間を比べてみると、もうこれだけでも右肩の上の空間と左肩の空間の質感が違ってきます。うまくいくと透明感が出てきます。

一照　こういう感覚ってどこで感じてるんだろう？　自分の外の空間のクオリティ、気配を感じる器官て、六感のなかのどれなんだろう？

松田　わたしはそれも一つの「身体感覚」だって考えていますけれど。わたしは肉体のみというよりは、肉体に内包される「気」のからだ、エネルギー体としての身体を扱ってい

ますから、いわゆるエネルギー的身体って肉体の外にも出てるから、それも含め扱うのも「空間」なのだと思ってるんですよ。今この場合、〝気配〟の身体っていうとわかりやすいでしょうか。みんな、気配、自分の身体の周りに出しているでしょう。その人の周囲がスッキリしていたり、モヤモヤしていたり。その人の気配、何となく感じとっているじゃないですか。

一照　気の身体を含めての身体感覚ですか。その内包されたエネルギーは、外には気配として現われる――。

松田　現われるものを認めることもあります。

空間と意識の広がりのなかで

松田　首周りの体操は、日常生活のなかでも利用してもらえるとよいですね。現代人がいつも凝っているのは首根っこですから。本当にここはネック（笑）。この首の運動、前も、後ろも、同じようにしてできます。回転もできます。時間がないときは回転だけでもいいんですけども、このときは自分の頭がボーリングの玉かな、あるいはひまわりの花でもい

いですね。それが遠くに円を描いて大きくゆっくり転がってゆくといった感じで、胴体から頭を遠くにどんどん離してゆく。両肩は止めておきましょう。首がなんとなく長くなった感じはどうでしょう？　できるだけ遠くで、重たい、まあるいものが転がっていくっていうふうにすると……。

こういうやり方で、息で下から頭を繋げておいて、ゆっくり回すように首を前後左右とか回すということをやっただけでも、実は瞑想に入れちゃうぐらいの効果があると思うんですね、やり方次第で。首回しの体操一つにしても、何を意識してどんな感覚を大事にするか。するとどんな速度が生じて、動かさざるを得ないか、ちゃんと身体が示してくれます。からだに任せてみるだけでいつもと同じ体操なのに違った感覚が起こります。首から上が明るくなったような、重さがなくなったような……。ちゃんと下から繋がると、自分の頭ってこんなに軽かったんだってビックリするかもしれない（笑）。

一照　坐禅してるときの空間の利用ってどうでしょうかね。坐禅では今のように動かないんだけど、わたしはときどき、自分の上に広がっている空間を意識してみてくださいと言うんです。亀がびっくりして甲羅のなかに首や腕、脚を引っ込めているような感じで自分の内側の方に向かって、からだをかじかませて坐っている人を見かけたときなんかにね。もっと周りに向かってのびのびと伸び広がるように坐って欲しいと思って。で、そういう空間の広がりは上だけじゃなく右にも、左にも、下もありますよってこう言うんだけど、どこまでみんながそれをやれてるでしょうかね。わたしは何かこうずーっと伸び広がる空間が自分の周りにあるように感じてるんです。何もないんじゃなくて、ちゃんと質感を持った空間が在るように実感してるんですけどね。みんなはそういうものをどのくらいリアルに感じてるんだろう？

松田　そうですねえ……。空間的な拡がりを体験してみようというときには、「水鳥の羽」とわたしは呼んでいるんですけれど、たとえば仙骨を頂点とした逆三角形をだんだん大きくするようなつもりで腕を左右に広げていってみると、それだけで両腕が水の上に浮いているような感覚になります。重力が消えるというか。それから、自分のこの指先がどこまでスーッと伸びるかなあーていうのをやってみたりしたらどうなんだろう。実は自分の意識って空間の先まで広がっているんだよっていうことが感じられるかも。どこまでちゃんと伸びていくのかなあーって。どこまでもスーッと伸びていくようになると、空間の広がりの感じがわかりますよね。相当大きな一照さんの空間になりますよ～。でも、ちょっと欲張ってもっと遠くへと思った途端にオジャン（笑）。だいたい力みがそれを邪魔しますよねぇ。

一照　もっと、もっとという力みが台無しにしてしまうということですか。こういう感覚の世界というのは欲とか頑張りでは届かないところがあるんですね。

松田　ずいぶん、わたしも失敗してきました（笑）。実際、自分の欲がなくなってくると、どんどん拡がりますよね。でも肉体的・筋肉的な実感を求め出すと、その広がり感は急に消えちゃいます。むしろ、そこはかとない、何となくそんな感じがするという状態を安心

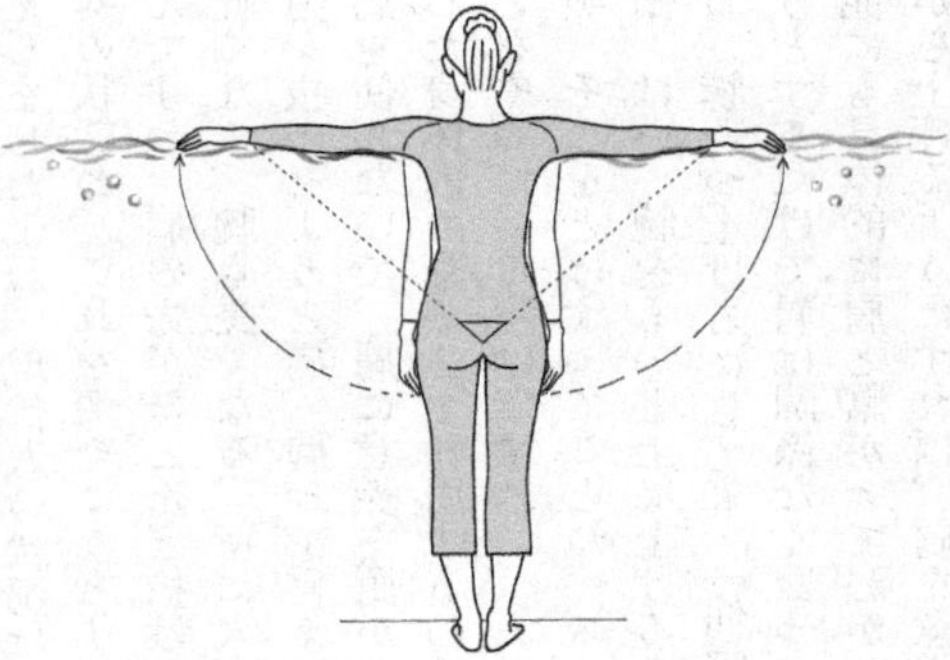

水鳥の羽

して楽しむ余裕っていうか、任せているとそういう感覚に近づけるんじゃないかしら。

からだの繋がりを利用する

仙骨から腕を大きく広げてあげてゆくというこの「水鳥の羽」では、実はからだの繋がりも生かしています。身体内の繋がりを利用すると、腕の重さの感覚も簡単に変わります。物理的な重さは何も変わらないけど、感覚的な重さは変えられるんですね。

一照　それは腕の筋肉だけで支えているんじゃなくて、それ以外のところも一緒に参加してみんなで分担して支えているからですね。同じ重さでも一人で支えるのと十人で支えるのとでは一人当たりの負担が全然違ってきます。からだの繋がりを生かすことができればずいぶん楽に動けるんですね。坐禅もそうやって坐れたらな……。

松田　あのね、最初にたいていの人は上半身に余計な力が入っちゃってるということをお伝えしましたよね。現代人の状況は「上実下虚」これは造語ですけど（笑）。上虚下実の反対の状態ね。これを変えようとするときに首と同様にやっかいなのが肩じゃないかと思うんですね。肩の力がほとんど抜けないの。ここの力みさえ抜ければ首は長くなるし、頭も軽くなる、腕も長くなる、特に大事なのは肩が降りれば胸も広がるんですよ。でも、肩の力を抜かせようと肩、肩って言えば言うほど、肩で頑張っちゃうの。だから、そのときに肩を使わないで、肩に意識を置かないでそことは違うところを使う。そこで先ほどお伝えした身体内の繋がりを利用するわけです。肩を使わずして肩を実は動かしているということをやっているわけですね。

一照　そこをとばすってことね。スルーする。

松田　はい。腕をもっと上に上げるといっただけで、みんな肩から動かしてしまいますからね。腕一つ上げるにしても、「仙骨」を意識してそこを頂点にした大きな逆三角形を作ろうとするだけで肩は関係なくなってしまう。

他にも具体的に肩と繋がってわかりやすいのは肋骨ですよね。腕を上に上げるとき、肋骨から上げるようにすれば、肩を意識しないで上げられますね。このとき、肋骨をもう片方の手で触れておくと、ちゃんと肋骨から上げているのかチェックできます。下ろすときは、胸と繋げた肘で胸の横から下ろします。このときに腕の行きたい方向速度に任せて下ろしてゆきます。すると自然と胸が広がってくるわけです、肘と胸は繋がってますから。自分の身体の繋がりを自覚しながら、感覚に添って丁寧に動かせば、普通の人で三回、あまり運動してない人でも五回くらいやれば、肩関節に丸みと柔らかみが出てきたり、肩がストンと降りてくるでしょう。終わったあと腕を上げた側の胸の広がりとやっていない側の胸の広がりが違うんですよ。肩が降りれば胸が広がるんだって自分でわかることが大事です。

一照　要するに肩を使うことを意識しないで、からだの自然な繋がりを使って他所を意識的に動かす、そうすると肩を使わないで、たとえば腕を楽に上げられるんですね。すごく刺激的でおもしろい話です。極端な話、坐禅しようということさらな意識をやめて、他の行為に意識を寄せたら自ずから坐禅がそこに現出するということも考えられますよね。坐禅するときには坐禅をやめる――う～ん、まさに禅だなあ（笑）。

内観される身体

一照　長くなってしまいましたが、空間を使うという話、もう少しいいですか？

松田　はい。これは一般向けじゃないけど、わたしがよくやるのは、息が静かになるでしょ。姿勢が定まるでしょ。そのときに自分のおなかの前で軸をとることも可能ですね。

一照　えっ、外に？

松田　そう、出すの。外に出して自分の正中線の前のあたりでとるの。むしろ、外に出ているものを意識した方が、自分のからだの内側がよくわかることもあります。

一照　なるほど。

松田　あるいは初夏や秋の季節は、腰や背中側を使った方がわかりやすい時期なので、前でとるよりも後ろで取る、後ろへスーッと動かす。背中から大体十センチくらいかな、人によっては二十センチくらいの距離もあります。そこにスーッとずらす。でも、イメージではないので、どうご説明したらよいのか……。こういうのは空間利用としてはちょっと難しいかもしれません。

一照　頭のなかでそういうイメージを作るんじゃなくて、微細で、かつリアルな身体感覚を感じながらそれをやるんですね。これは練習しないとなかなか……。動かしている途中で軸の感じが立ち消えてしまいますね。

松田　それならば……、ウーンと……、空間の利用と、スウーッと伸びる軸の感覚ということで思い出したんですが、坐禅で用いる警策は何の樹でできているんですか？

一照　たいていは樫《かし》や栗ですね。すぐに折れない材質なんでしょうね。

松田　へえー、わたしは叩くためではないんですが、竹の棒を背中に当てるというのを、講座で年に何回かやるんです。竹の子が生えてきて、おいしい初夏の時期が一番ベストかな。スウーッと伸びている軸の感覚を体感させてもらうのには、竹ってすごい力があると思うんです。この時期日毎に、グングン空に向かって伸びていく地面に生えている竹の勢いもさることながら、もう枯れて、ただの棒になっている竹にも、その感覚は残っていて。竹の棒は生きているのか死んでいるのか、と聞いたら、みんな死んでいるって言うんですけどね。で、その竹棒を立てて、どっちが根っ子でどっちが天辺《てっぺん》だったか当てっこをします。もちろん、自然観察のように節を見たりするだけでない、感覚的な判断なので、それぞれの答えがすごく面白い。

一照　ふ〜ん、身体感覚教育家というのは何とも面白いことを考え出すもんですね（笑）。

松田　いや、考え出すんじゃなくて、思いつくんですよ。それが楽しくて……。共通の判断材料としては、息をつかうとみんな納得します。根っ子の方から上へ、自分の吸う息とともに目や手を添わせていったとき、息が詰まらないでスムーズにスウーッと伸びてゆく感覚が生じると、それはその向きで地面に生えていたんだなあとわかります。天辺の方を下にしちゃうと、息がウッとかギューッとか詰まったり、意識や手で強引にたどろうとするから違うんですね。自然な息をしてみて、息の詰まらない方が自然な向き。でもここで、頭とからだがバラバラになっちゃうと、自然な息と動作が一緒になれない。頭が優先になってきちゃうと違った意志が入り込んできて。

一照　う〜ん、これは今度ぜひやってみて、自分で確かめてみなくては……。

松田　地面に生えている竹ならなおさらわかりやすいです。と同時にここでは、外を見ながら内を観るってこともやってるんですね。外にある竹の在りようにも意識を向けながら、同時に自分の内側に起こる出来事にもこころを配っているという心持ち。「空間の広がり」と聞くと、やはりこの「心持ち」は欠かせないと思うんです。
一照　外と内を同時に、なんですね。
松田　はい。そして竹の生えていた向きがわかったら、今度はその棒を背骨に当ててみます。すると、竹の力をもらうのか、自分の背骨の付近の感じがはっきりしたり、あるいは、背骨を中心にスゥーッと伸び上がる感覚が生じたりします。竹の向きが逆だと、何かヘンというのも結構感じとれるものですよ。
一照「感応」というやつですね。われわれの身心は意識するしないを問わず、実は常にそういう微妙な感応によって周りのものと通い合っている。共振している……。
松田　空間を閉じたらつまらないと思うのは、やはり自分の内側も外の世界と共鳴して、外の世界と共振することで、自分のなかに増幅してきたり、新たに立ち上がる感覚を大事にしたいと思うからでしょうね。
一照　それができるようになれば、どこかに出て行かなくても今ここで生きていることを深く楽しめるようになりますね。
松田　出会うことが喜びになってくる。さらには竹の棒を背骨のところから少しずつ離していってみるんです。離れていっても、案外、背中でわかっちゃう。そして、竹を離してゆくほどに、そのある地点から、外の空間にある竹によって、自分の中心にグンと迫るとしか言いようのない軸が立ち上がり、クッキリとリアルさを増してくることも起こります。そのとき、竹の棒が、わたしの深い中心を立ててくれているとしか思えない。一人では起こりえないだろうってわかる。即《すなわ》ち、その前までは、わたしも背中を立てる感覚を持っている、竹もスッと伸びている、それがどんどん増幅してゆくって感じだったのが、あるところから、わたしではない、一本の竹の棒がやってくれたとしか思えない境地の感覚が起こるんです。わたしがそれをしているんじゃなくて、竹の棒がわたしをそうさせてくれているっていうか――竹の棒はどう思っているかわかりませんが（笑）。自らの意志なんて、どっかすっ飛んじゃって「自ずから」の世界です。わたしはそんな関係性のあり方をとれるのが「型」の持つ本来の豊かさではないかなと思うんですね。わたしにとって坐禅は、坐るという「型」の世界の話なんです。

一照　今の竹の棒の話を聞いていて、ふと連想したのは、釈迦成道図でお釈迦さまが坐禅している後ろには大きな木がまっすぐにすっと立っていたなあということでした。あれは何かシンボリックな意味もあるのかもしれませんね。あのときのお釈迦さんは自分も樹みたいになっていたのかも……。大地深くに根を張り、幹を天空に伸ばしてね。わたしの単なる妄想ですけど。

松田　あっ、するとね、育児の真っ最中だった若いころ、なんであんなに突然坐りたいと思ったのかという謎がやっと今、解けるような気がしますね。

外を見つつ内を観ながらちゃんと坐れたら、子供たちの世界ともっと渾然《こんぜん》一体となれて、そのなかから、何か新しい深まりが生まれたかもしれない、という可能性。坐る姿勢から、鑑《かんが》みることは多いですねぇー。

一照　おかげさまで面白いアイデアをたくさん仕入れることができました。松田さんが絞りに絞ってくれたこの三つを手掛かりにしながら、これからも坐禅の実参実究を続けていきますので、今後ともいろいろ教えてください。

松田　こういうことが、少しでもみなさんのお役に立つことがあれば幸いです。きっとご自分の身体と関わってゆくときに大事なことは、「自分の身体の内側に起こる出来事を素直に任せて見守っていけるこころの余裕はありますか」っていうことなんでしょうね。

一照「ありのままに」ってことですか？

松田　むしろ自分の身体が何を見せてくれるのか、こちら側が謙虚に迎え入れるという姿勢。想像しない、予期しない、怖がらない……。

一照　ああ、あらかじめ勝手なイメージを造らないで、虚心にね。

松田「どんな自分でも冷静に観ていくことができる」こころの余裕とでも言うのかな。それを実は自分の身体、その感覚を用いながら育んでいるんだろうなと思っています。

一照　はい、それがまさに坐禅そのものだと思います。今日はありがとうございました。

松田　わたしの方こそ坐ることの奥深さを改めて教えていただきました。よい機会を本当にありがとうございました。

あとがき――感謝にあふれて

まず、本書で献辞を捧《ささ》げさせていただいた今は亡き三人の善知識について記しておきたいと思います。お会いした順でいうと野口三千三先生、伊藤真愚《いとうしんぐ》先生、内山興正老師ということになります。

わたしは大学院生であった五年間、野口体操創始者である野口三千三先生が主宰していた下落合《しもおちあい》の野口体操教室にほとんど毎週のように通いました。この教室での学びを通して、人間がからだとして存在していることをあまりにも考慮にいれない心理学に疑問を抱いていた自分の前に全く新しい世界が開けていきました。既存の学問の枠にとらわれない野口先生の旺盛《おうせい》な探究精神はわたしを魅了し続けました。「今日の授業はいったい何が飛び出すのだろう……」毎回の稽古《けいこ》に臨むときのあの宝箱を開けるようなわくわくした気持ちは忘れることができません。わたしは自分の主宰する坐禅会を、野口先生の教室のように実験的精神のあふれる探究の場にしたいと願いつつ、試行錯誤を重ねています。わたしが骨格標本だとかホバーマン・スフィア、独楽《こま》、生卵、鎖、蛇のおもちゃなど、普通の人が見たら坐禅となんの関係があるのかと不審に思うような品々を坐禅会で持ち出すのは、ひとえに野口先生の影響というか真似なのです。

伊那《いな》の漢方思之塾《かんぽうしじゆく》の主宰者であった伊藤真愚先生はわたしを最初に禅の世界に導いてくださった方です。いろいろな意味で行き詰まっていた大学院生のわたしは、伊藤先生の東洋医学入門講座に参加することで、東洋医学の奥深い世界に眼を開かされ希望の光が見えた気がしました。「東洋医学と心理学を統合した新しい学問と実践を生み出したいのです。先生の下でそれを本格的に学ばせてください」とお願いしたわたしに伊藤先生は、「わたしの漢方の基盤は禅ですから、弟子になりたいのならまず坐禅の修行をしてもらわなくてはなりません」と返答されました。指示されるままに、先生が学生時代から久しく参禅している鎌倉の円覚寺《えんがくじ》の居士林で冬の学生大接心《せつしん》に何もわからず参加したのでした。わたしにとっては、身心ともに本当にきつい一週間でしたが、接心の終わりころには今の自分に一番必要なのはこれだという思いが否定しようもなく生まれていました。「やっと道が見つかった！」という気がしました。その後、学生をやりながらいろいろなところでの坐禅会や接心に参加していましたが、パートタイムで坐禅をするということに飽き足らないものを感じるようになりました。フルタイムで生活まるごとをかけて坐禅に取り組みたいという思いが高まり、雲水《うんすい》になって僧堂で修行しようと決心しました。このあいだ、伊藤先生にはいろいろアドバイスをいただき、温かく励ましていただきました。伊藤先生という「禅の人」との出会いがなければこの道に入っていなかったことは間違いありません。「医は仁術なり」を掲げて伊那や東京など各地で治療実践をされ（何度か横で拝見させていただきました）、晩年は「庵住期《あんじゅうき》構想」や「医僧教育」といった斬新なアイデアを打ち出され精力的な活動を展開されていました。アメリカにいるわたしのところには出版されたばかりの御著書や論文を、達筆な文字で書かれた巻紙の手紙を添えて何度も送っていただきました。わたしの結婚に際してはご夫妻で仲人をしていただきました。禅道や医道のことでまだまだ教えていただきたいことがたくさんありました。

安泰寺住職第六世の内山興正老師とはわたしがいろいろな縁をいただいて安泰寺で修行することになるだいぶ以前に実は一度お会いする機会があったのです。当時わたしが住んでいた大学の寮のすぐ近くに柏樹社という出版社がありました。今はもう会社そのものがなくなってしまいましたが、そのころは在野の教育家和田《わだ》重正《しげまさ》さん、自然農法の福岡正信《ふくおかまさのぶ》さん、野口三千三先生、内山興正老師、伊藤真愚先生など、わたしに大きな影響を与えた方々の本を出版していた、わたしの人生にとって非常に重要な意味を持った出版社でした。本書で謝辞を捧げさせていただいたお三人はみんなこの柏樹社から著書を出版されています。社長の中山信作《なかやましんさく》さんとの知遇を得て、会社の応接室で早朝に岡田《おかだ》式静座法を一緒にやったりしていました。伊藤先生の東洋医学入門講座はこの柏樹社が主催したもので、当時わたしがいろいろ悩んでいることを知っていた中山さんが親切にも声をかけてくださったのでした。その中山さんから「京都に住んでおられる内山興正という偉い老師様がＮＨＫテレビの収録で東京に来られることになりました。うちで何冊も本を出させてもらっています（そのときはまだ内山老師のことも知りませんでしたし柏樹社から出ている本ももちろん読んでいませんでした）。滞在されている旅館にごあいさつに行きますから、あなたも一緒に行きませんか？」というお誘いを受けました。好奇心の強いわたしは「老師と言われるような人がどんな人物なのか見てやろう」という気持ちでついていきました。旅館の一室でお会いした内山老師は着物姿で煙草をくゆらせていました。そばには法衣をきたお坊さんがいました（今から思えばその方は安泰寺から最初に渡米して、わたしが十七年余り滞在したパイオニア・ヴァレー禅堂の基礎を築いた、現在は埼玉県新座《にいざ》市の滝見観《たきみかん》音堂《のんどう》におられる唐子正定《からこしょうじょう》さんでした）。老師がその時何をお話しされたのか今では何一つ覚えていませんが、われわれとは全く違う価値観で生きている人なんだなという鮮烈な印象だけは今でもよく覚えています。将来、内山老師の法嗣《ほうし》の渡部耕法《わたなべこうほう》老師の下で得度して、自分がこの老師の孫弟子になる運命にあることなどそのときのわたしには知る由もありませんでした。出家後わたしは安泰寺から降りる機会があるたびに、またアメリカから一時帰国するたびに、宇治《うじ》の木幡や塩尻《しおじり》に隠棲《いんせい》されていた内山老師を訪ねました。煎茶《せんちゃ》をごちそうになりながら老師が最近作った法句詩を解説していただいたり、新作の折り紙（内山老師は折り紙の名人なのです）を披露していただくのはわたしにとって至福の時間でした。わたしの師匠は老師のことを「口語体の人《ひと》だ」とよく言っていました。老師が今現在まさに参究していることを何のてらいもなく一鍬《くわ》でも掘り下げてわかりやすく語ろうとする老師の姿勢にどれほど励まされたかわかりません。新刊が出るたびに本を贈っていただいていましたが、万年筆で書かれた近況と励ましの言葉がいつも添えられていました。「わたしはね、『これまでの禅僧』ではなく『これからの禅僧』になろうとしているんですよ」と闊達《かったつ》に語る老師の風貌《ふうぼう》はまぶたに焼きついています。

　このわたしにとっての三人の大善知識は奇《く》しくも三人とも同じ一九九八年にお亡くなりになりました。内山老師が三月十三日（八十六歳）、野口先生が三月二十九日（八十四歳）、伊藤先生が六月十七日（六十二歳）でした。わたしは「同じ年に大先達が三人とも次々にこの世からいなくなるなんて……」とひどく落ち込みました。わたしはそのころ四十代の半ばに差しかかっていましたから、この出来事が何か人生の節目のように感じられました。

　また、ここでは詳しいいきさつは記しませんが、伊藤真愚先生の御推挙で住み込みの塾生として鍼灸《しんきゅう》、漢方の手ほどきをしていただいた我孫子《あびこ》市の漢方無為塾塾主横田《よこた》観風《かんぷう》先生、そして横田先生の禅の師であり当時練馬《ねりま》の臨済宗広徳寺《こうとくじ》住職（のちに大徳《だいとく》寺《じ》派管長を務められました）であった福富雪底《ふくとみせってい》老師のお二人もここに名を記して感謝申し上げます。毎週参加していた広徳寺の坐禅会が終わった後、臨済宗の雲水になって公案修行をするつもりで福富老師に弟子入りをお願いしたところ、「君は寺の住職になるのが目的ではないのだろう。坐禅を純粋にやりたいのだったら曹洞宗に安泰寺という修行道場があるからそこへ行ってみたらどうかね」という思いがけない返事をいただきました。どうするか思いあぐねていたときに、横田先生の治療を受けに中山信作さんがいらして（実は中山さんは長年横田先生の治療を受けていたのです）、治療の後のお茶の席でその話をしたら「それはちょうどいい。明日《あした》、京都の内山老師のところに本の出版のことでお邪魔しますから一緒に行きましょう。安泰寺のことなら内山老師に直接相談するのが一番いいですよ」ということになったのです。それ以降はあれよあれよという間に、ドアが向こうから次々と開いていくような感じで、気がついたら安泰寺に上山する自分がいました。あのとき、福富老師がなぜわたしに安泰寺を勧めたのか、ご遷化された今はお尋ねするすべはありませんが、言われた通りにして本当に良かったと思っています。横田先生ご夫妻にはその後も家族ぐるみのおつき合いをしていただき、時には治療もしていただいています。「日本的ないやしの道」を探究し学・術・道の一致を目指して多くのお弟子さんたちを育てておられる、飄々《ひょうひょう》とした鍼灸の名人です。

＊

この他にも、信州《しんしゅう》の高森草庵《たかもりそうあん》の押田《おしだ》成人《しげと》神父、ベトナム人禅僧ティク・ナット・ハン師、在野の仏教指導者スティーブン・バチェラーさん、仏教的心理学・心理療法の道を追究しているデビット・ブレイジャーさん、ケンブリッジ・インサイト・メディテーションセンターの指導者ラリー・ローゼンバーグさん、バリー仏教研究所のディレクターであるム・ソン（無性）さん、スミスカレッジの仏教学教授の海野大徹《うんのたいてつ》先生、ジェミー・ハバード先生、ピーター・グレゴリー先生たちとの打ち解けたオープンな議論はわたしの仏教の理解にさまざまな刺激と洞察を与えてくれました。ここに特に名を記して感謝したいと思います。

対談をこころよく引き受けてくださった、佐々木奘堂さん、舟橋史郎さん、小林俊雄さん、塩澤賢一先生、松田恵美子さんに感謝いたします。この方がたとの対談はわたしのつたない講義を力強くバックアップしてくれていますし、坐禅のなかにある人間にとって何か普遍的に重要なことを異口同音に浮き彫りにしてくれています。また、イラストを描いてくださった矢田加代子《やだかよこ》さんにもお礼を申し上げます。矢田さんはわたしが主宰している坐禅会の常連で、わたしが坐禅に関して表現したいと思っていることをよく理解してくれているので、イメージ通りの絵を描いてくれました。彼女のような人が坐禅会にいたのは「ラッキー!」としかいいようがありません。最後になりましたが、わたしの思いつくままに自由にやらせていただいている実験的な坐禅会で実験の被験者(?)としておつき合いいただいているみなさんに感謝いたします。みなさんからの様々な反応がわたしには貴重なフィードバックになっております。坐禅会のコンテンツはこれからもどんどん変わっていくと思いますがどうか長い目で見ていてください。

＊

この本の原稿を書いている途中であの東日本大震災と福島第一原発の事故が起きました。その被害のあまりの甚大《じんだい》さに圧倒され、しばらく何も書く気がしませんでした。そして、東北の復興と原発の事故処理のためにわれわれにはこれから「やらなければならない」ことが山のようにあるのに、「何もしないでじっと坐る」、「なんにもならない」、「自然に任せる」、「くつろぐ」などという悠長なことを勧める本など書いていていいのかという思いが大きく胸のなかにわだかまるようになりました。被災されて悲しみや苦しみのなかにいる人たちにそういうメッセージを発してもいいのか……。このことでわたしなりにだいぶ悩みました。しかし、こういうときだからこそかえって人類最高の文化遺産としての坐禅のことを率直に語るべきではないのかと思い直して書き続けました。どのような状況のなかにいようとも、「とても坐禅どころじゃない」というような事態になっても、だからこそ余計に意味と価値を輝かせ続けることができるような坐禅のことを書かなければいけないと思ったのです。「この世にはあてにできるようなものは何一つない」と透徹した洞察を得た釈尊が終生続けたのが他ならぬ坐禅だったのですから。「何はともあれ、まず一坐を建立する」。そうすることで、大変なのは大変なりに、つらいのはつらいなりに、大変なだけではない、つらいばかりではないところがそこはかとなく生活のなかに生まれてきます。生活の荒波に揉《も》まれるばかりではないところが感じられてきて、人生が「多義的」になってくるのです。人生が単に苦しいだけではない、もっといろいろな意味を豊かに含んだものになるということです。からだをかがめてある部分にばかり目を奪われていたときには見えていなかったものが、姿勢を正して見晴らしがよくなってくると、万法が自分の方に進んできて語りかけているところが見えてくるからです。道元禅師が「世人の愛処にあらざれども、諸人の実帰なり」（『正法眼蔵　行持　上』）と言っているように、坐禅は「畢竟帰《ひっきょうき》（行き着くところへ行きついた落ち着きどころ）」です。しかし、それは人生から逃避したり、独りよがりの隠遁《いんとん》を決め込む場所ではなく、誰の真似でもない自分独自の人生を発明するために、そこから立ち上がって勇気ある一歩を新鮮に踏み出していくベースキャンプのような場所なのです。そういう坐禅をこそ自らが実践し、後世に伝えていかなければならないと強く思いつつ筆をおきます。

二〇一二年五月二十二日　記

サンフランシスコ禅センターの一室にて

藤田一照

付記：本文の最後の部分を書き上げた直後に、ボディマインド・センタリング（BMC）の創始者ボニー・ベンブリッジ・コーエンさんが来日し、筑波大学で「骨と内臓を Embody する」と題したBMCのワークショップと「Body Work と身心統合」というシンポジウムが開かれました。アメリカの禅堂にいたころ、彼女のお弟子さんたちが参禅に来たのがきっかけでBMCのことを知り、幸い車で通えるところにボニーさんが住んでいたので、毎夏彼女が主宰するBMCの学校の一年目の課程を履修することができました。解剖学、生理学、胎生学、運動発達学、ダンスなどに関する広い知識と深い洞察にもとづくボニーさんのBMCは、坐禅とは何かをからだを通して探究するうえで、野口体操と並んで、わたしの大きな導き手になってきました。野口三千三先生もそうでしたが、ボニーさんの存在自体、佇《たたず》まい自体がわたしを鼓舞してやまない力を持っていることを今回久し振りにお会いして改めて実感しました。「からだは名など必要としていないがアタマは名前を知っておいた方がよい」、「手はのどから生えてきている」、「丸い受精卵が平たくつぶれてできる front-body、back-body をそれぞれ意識して動くことで質の違いが生まれる」、「cranio nerve（脳神経）0（ゼロ）の存在」、「内臓のすきまに息を入れていく胎息」、「大人は頭でわからないと動けないが、子供は感じたら即自然に動く」、「middle-body からできてくる脊索《せきさく》はわれわれにはなくなっているがその記憶はからだに残っている。それが体軸になる」、「われわれは胎盤に付着する前にすでに自分が生きるための栄養源と自分を守る羊水を持って自立している。胎盤は頼るものではなく育てる環境である」、「からだが動くとき内臓も適度に動いているようだと、運動が内臓をマッサージする」など坐禅をより深く理解し実践していく上で新たな視点と課題をたくさん与えていただきました。ボニーさんの流れるような立ち居振る舞いや、智慧《ちえ》と慈愛を体現したような人への触れ方を見ていると、編集部に最終原稿を送ったばかりだったのですが、それにまたいくつも書き足したいと思うことが生まれてきました。坐禅について、まだまだ書き足りないこと、深めていかなければならないことがいっぱい残されているな、ということを強く思わされました。本書はこれまで坐禅について考えてきたことを、ともかく今の時点でしっかり書き留めておこうということで作られたものです。今後はこれをたたき台として、さらにそれを乗り越えて広く深く「坐の尽界」に分け入っていきたいと思います。

参考文献リスト

この講義を準備するに当たっては、坐禅を始めてから約30年間に読んだ書物や論文だけでなく、それ以前に若いころに読んだ、今はほとんど記憶にない書物や論文たちからも有形無形の影響を受けていることは間違いありません。そのすべてがわたしにとっては参考文献というべきなのですが、もちろんそれを網羅することは不可能です。ここでは本文で引用したり、この原稿を書くにあたって直接参照したもののみを挙げることにします。

『もうひとりのあなた――頭蓋仙骨治療法　体性感情解放法』J．E．アプレジャー著　仲井光二訳　一九九四　科学新聞社

『気功の学校――自然な体がよみがえる』天野泰司　二〇一〇　筑摩書房

『大森荘蔵セレクション』飯田隆・丹治信春・野家啓一・野矢茂樹編　二〇一一　平凡社

『まど・みちお全詩集』伊藤英治編　一九九四　理論社

『天心象水流拳法　柔の道』岩城象水　二〇〇九　私家版

『御いのち抄』内山興正　一九九〇　柏樹社

『坐禅の意味と実際』内山興正　二〇〇三　大法輪閣
『祈り』奥村一郎　一九七四　女子パウロ会
『禅に聞け――澤木興道老師の言葉』櫛谷宗則編　一九八六　大法輪閣
『坐禅用心記』瑩山『両祖大師坐禅聖典』所収　一九五九　曹洞宗宗務庁教育部
『瞬間を生きる哲学――〈今ここ〉に佇む技法』古東哲明　二〇一一　筑摩書房
『新版禅学大辞典』駒沢大学内禅学大辞典編纂所編　一九八五　大修館書店
『禅マインド　ビギナーズマインド』鈴木俊隆著　松永太郎訳　二〇一〇　サンガ
『ひとりでできるアレクサンダー・テクニーク』ジェレミー・チャンス著　片桐ユズル訳　二〇〇

六　誠信書房

『気功への道』津村喬　一九九〇　創元社
『正法眼蔵（一）～（四）』水野弥穂子校注　一九九〇～九三　岩波書店
『道元禅師全集』道元著　鏡島元隆、酒井得元、桜井秀雄ほか監修　春秋社
『正法眼蔵随聞記』道元述　懐奘編　水野弥穂子訳　一九九二　筑摩書房
『原初生命体としての人間――野口体操の理論』野口三千三　一九六六　岩波書店
『野口体操――からだに貞く』野口三千三　二〇〇二　春秋社
『野口体操――おもさに貞く』野口三千三　二〇〇二　春秋社
『からだの設計にミスはない――操体の原理』橋本敬三　一九七八　柏樹社（二〇〇二年、たにぐ

ち書店より復刻版）
『パンセ』パスカル著　前田陽一・由木康訳　一九七三　中央公論社
『ダルマの実践――現代人のための目覚めと自由への指針』スティーブン・バチェラー著　藤田一照訳　二〇〇二　四季社
『足の裏は語る』平澤弥一郎　一九九一　筑摩書房
『保健体育――新しい人体論』平澤弥一郎　一九八四　放送大学教育振興会
『自分の息をつかまえる――自然呼吸法の実践』ドナ・ファーリ著　佐藤素子訳　一九九八　河出書房新社
『身体のホームポジション』藤本靖　二〇一〇　BABジャパン
『骨盤力――フランクリン・メソッド』エリック・フランクリン著　ディスマーゆかり訳　二〇一〇　スキージャーナル
『旧暦美人のすすめ』松田恵美子監修　二〇〇七　東洋経済新報社
『内臓のはたらきと子どものこころ』三木成夫　一九八二　築地書館
『胎児の世界――人類の生命記憶』三木成夫　一九八三　中央公論社
『大智――偈頌・十二時法語・仮名法語（禅入門6）』水野弥穂子　一九九四　講談社
『からだのメソッド――立居振舞いの技術』矢田部英正　二〇〇九　バジリコ
『唯識　仏教辞典』横山紘一　二〇一〇　春秋社

『普勧坐相みほとけ』横山祖道著　柴田誠光編　二〇〇八　大法輪閣
『自我の狂宴――エロス・心・死・神秘』頼藤和寛　一九八六　創元社

英書

Bonnie Bainbridge Cohen *Sensing, Feeling, and Action: The Experiential Anatomy of Body-Mind Centering* Contact Collaborations 1994
Will Johnson *Breathing Through the Whole Body: The Buddha's Instructions on Integrating Mind, Body, and Breath* Inner Traditions 2012
Will Johnson *Aligned, Relaxed, Resilient: The Physical Foundations of Mindfulness* Shambhala 2000
Will Johnson *Balance of Body, Balance of Mind: A Rolfer's Vision of Buddhist Practice in the West* Humanics Ltd Partners 1993
Will Johnson *The Posture of Meditation: A Practical Manual for Meditators of All Traditions* Shambhala 1996
Reginald A. Ray *Touching Enlightenment: Finding Realization in the Body* Sounds True 2008

著者の雑誌への寄稿

私の坐禅参究帖――打坐をめぐる断想（一）～（一二）「大法輪」一九九七・二月号～一九九八・

一月号　大法輪閣

新・坐禅の仕方——正身端坐　はじめての人もやってみよう「大法輪」二〇一二、二月号　大法輪閣

坐禅は習禅にあらず「サンガジャパン」vol.1　二〇一〇　サンガ

本書は、二〇一二年に佼成出版社から刊行された
ものに加筆修正し、文庫化したものです。

現《げん》代《だい》坐《ざ》禅《ぜん》講《こう》義《ぎ》

只管打坐《しかんたざ》への道《みち》

藤《ふじ》田《た》一照《いっしょう》

平成31年 1月25日　初版発行
令和7年 6月25日　13版発行

発行者●山下直久

発行●株式会社KADOKAWA
〒102-8177　東京都千代田区富士見2-13-3
電話　0570-002-301（ナビダイヤル）

角川文庫 21425

印刷所●株式会社KADOKAWA
製本所●株式会社KADOKAWA

表紙画●和田三造

ISBN 978-4-04-400431-6　C0115

角川文庫発刊に際して

角川源義

第二次世界大戦の敗北は、軍事力の敗北であった以上に、私たちの若い文化力の敗退であった。私たちの文化が戦争に対して如何に無力であり、単なるあだ花に過ぎなかったかを、私たちは身を以て体験し痛感した。西洋近代文化の摂取にとって、明治以後八十年の歳月は決して短かすぎたとは言えない。にもかかわらず、近代文化の伝統を確立し、自由な批判と柔軟な良識に富む文化層として自らを形成することに私たちは失敗して来た。そしてこれは、各層への文化の普及滲透を任務とする出版人の責任でもあった。

一九四五年以来、私たちは再び振出しに戻り、第一歩から踏み出すことを余儀なくされた。これは大きな不幸ではあるが、反面、これまでの混沌・未熟・歪曲の中にあった我が国の文化に秩序と確たる基礎を齎らすためには絶好の機会でもある。角川書店は、このような祖国の文化的危機にあたり、微力をも顧みず再建の礎石たるべき抱負と決意とをもって出発したが、ここに創立以来の念願を果すべく角川文庫を発刊する。これまで刊行されたあらゆる全集叢書文庫類の長所と短所とを検討し、古今東西の不朽の典籍を、良心的編集のもとに、廉価に、そして書架にふさわしい美本として、多くのひとびとに提供しようとする。しかし私たちは徒らに百科全書的な知識のジレッタントを作ることを目的とせず、あくまで祖国の文化に秩序と再建への道を示し、この文庫を角川書店の栄ある事業として、今後永久に継続発展せしめ、学芸と教養との殿堂として大成せんことを期したい。多くの読書子の愛情ある忠言と支持とによって、この希望と抱負とを完遂せしめられんことを願う。

一九四九年五月三日

角川ソフィア文庫ベストセラー

仏教の思想 6
無限の世界観〈華厳〉

鎌田茂雄
上山春平

律令国家をめざす飛鳥・奈良時代の日本に影響を与えた華厳宗の思想とは？ 大乗仏教最大巨篇の一つ『華厳経』に基づき、唐代の中国で開花した華厳宗の複雑な教義をやさしく解説。その現代的意義を考察する。

仏教の思想 7
無の探求〈中国禅〉

柳田聖山
梅原猛

『臨済録』などの禅語録が伝える「自由な仏性」を輝かせる偉大な個性の記録を精読。「絶対無の論理」や「禅問答」的な難解な解釈を排し、「安楽に生きる知恵」という観点で禅思想の斬新な読解を展開する。

仏教の思想 8
不安と欣求〈中国浄土〉

塚本善隆
梅原猛

日本の浄土思想の源、中国浄土教。法然、親鸞の魂を震撼し、日本に浄土教宗派を誕生させた善導の魅力、そして中国浄土教の基礎を創った曇鸞のユートピア構想とは？　浄土思想がもつ人間存在への洞察を考察。

仏教の思想 9
生命の海〈空海〉

宮坂宥勝
梅原猛

「弘法さん」「お大師さん」と愛称され、親しまれる弘法大師、空海。生命を力強く肯定した日本を代表する宗教家の生涯と思想を見直し、真言密教の「生命の思想」「森の思想」「曼荼羅の思想」の真価を現代に問う。

仏教の思想 10
絶望と歓喜〈親鸞〉

増谷文雄
梅原猛

親鸞思想の核心とは何か？『歎異抄』と「悪人正機説」にのみ依拠する親鸞像を排し、主著『教行信証』を軸に、親鸞が挫折と絶望の九〇年の生涯で創造した「生の浄土教」、そして「歓喜の信仰」を捉えなおす。

角川ソフィア文庫ベストセラー

法然 十五歳の闇（上、下） 梅原猛

日本宗教の常識を覆した浄土宗開祖・法然とは何者なのか。父の殺害事件、亡き母への思慕、比叡山後の足跡――。ゆかりの地をめぐる綿密なフィールドワークで、隠された真実と浄土思想の真意を導き出す！

選択本願念仏集 法然の教え 訳・解説／阿満利麿

仏法末世が信じられた鎌倉初期、念仏だけを称えれば救われると説いた法然。従来の仏教的価値観を根本的に覆した思想の真髄を、平易な訳と原文で紹介。強靭な求道精神の魅力に迫る浄土宗・浄土真宗の基礎文献。

法然を読む 「選択本願念仏集」講義 阿満利麿

法然が膨大な行の体系の中から選び取った「南無阿弥陀仏」の一行は、不条理や不安が生み出す絶望から人々を自由にする唯一の言葉だった。主著『選択本願念仏集』をテキストとして、その信念と意義を読み解く。

坐禅ひとすじ 永平寺の礎をつくった禅僧たち 角田泰隆

坐禅の姿は、さとりの姿である。道元、懐奘（えじょう）、義介――。永平寺の禅が確立するまでの歴史をわかりやすく綴りながら、師弟間で交わされる問答を通して、受け継がれてきた道元禅の真髄を描き出す。

禅のすすめ 道元のことば 角田泰隆

『正法眼蔵』『普勧坐禅儀』……数多くの道元の著作から、禅の思想を読み解く。「只管打坐――ただ座る」「空手還郷――あたりまえの素晴らしさ」など、現代社会に通じる普遍的なメッセージの深遠を探る。

角川ソフィア文庫ベストセラー

ダライ・ラマ「死の謎」を説く

ダライ・ラマ
取材・構成／大谷幸三

チベットの精神的指導者ダライ・ラマ一四世が、輪廻転生の死生観を通してチベット仏教の考え方をわかりやすく説く入門書。非暴力で平和を願う、おおらかなダライ・ラマ自身の人柄を髣髴とさせる好著。

ダライ・ラマ般若心経を語る

ダライ・ラマ
取材・構成／大谷幸三

観音菩薩の化身、ダライ・ラマがみずから般若心経の価値と意味を語る！　空、カルマ（業）、輪廻、そして仏教の宇宙観、人間の生と死とは……日本人に最も愛される経典を理解し、仏教思想の真髄に迫る。

自分をみつめる禅問答

南　直哉

「死とはなにか」「生きることに意味はあるのか」――。生について、誰もがぶつかる根源的な問いに、「禅問答」のスタイルで回答。不安定で生きづらい時代に、仏教の本質を知り、人間の真理に迫る画期的な書。

いきなりはじめる仏教入門

内田　樹
釈　徹宗

仏教について何も知らない哲学者が、いきなり仏教に入門!?「悟りとは何か」「死は苦しみか」などの根源的なテーマについて、思想と身体性を武器に、自らの常識感覚で挑む！　知的でユニークな仏教入門。

仏教のことばで考える

松原泰道

縁起、無常、法、恩……仏教語のなかには長い間使われてきたために意味が変わってしまったものも多い。現代の語り部として仏教の思想を広く人々に説き続けた著者が、その本当の意味を分かりやすく伝える。

角川ソフィア文庫ベストセラー

仏教経典散策
編著／中村 元

仏教の膨大な経典を、どこからどう読めば、その本質を探りあてられるのか。17の主要経典を取り上げ、読み、味わい、人生に取り入れるためのエッセンスを解き明かす。第一人者らが誘う仏教世界への道案内。

ブッダが考えたこと
仏教のはじまりを読む
宮元啓一

仏教の開祖ゴータマは「真理」として何を悟り、〈ブッダ＝目覚めた人〉となりえたのか。そして最初期の仏教はいかに生まれたのか。従来の仏教学が見落としてきた、その哲学的独創性へと分け入る刺激的論考。

わかる仏教史
宮元啓一

上座部か大乗か、出家か在家か、実在論か唯名論か、顕教か密教か――。ひとくちに仏教といっても、その内実はさまざま。インドから中国、日本へ、国と時代を超えて展開する歴史を徹底整理した仏教入門。

図解 曼荼羅入門
小峰彌彦

空海の伝えた密教の教えを視覚的に表現する曼荼羅。大画面にひしめきあう一八〇〇体の仏と荘厳の色彩には、いかなる真理が刻み込まれているのか。豊富な図版と絵解きから、仏の世界観を体感できる決定版。

白隠
禅画の世界
芳澤勝弘

独特の禅画で国際的な注目を集める江戸時代の名僧、白隠。その絵筆には、観る者を引き込む巧みな仕掛けと、言葉に表せない禅の真理が込められている。作品図版の分析から時空を超えた叡智をよみとく決定版。